全彩图解版

运动训练基础理论

[日]横滨市运动医学中心 编 韩诺 译

人民邮电出版社

北 京

致所有与运动
有关的人！

序言
Prologue

在运动中，人们会有一段时间成绩"突飞猛进"。那是几个月甚至几年脚踏实地的努力换来的结果。我们有时会产生一种错觉，以为出现这种飞速增长的原因是之前进行了一些特殊的训练，训练时恰好运用了划时代的训练方法。其实没有什么"突飞猛进"，但是正确的训练方式的确可以令成绩稳步提升。我们要不断适应自己身体的变化，并及时调整练习技术的要点和心态等要素，当这些要素相互协调工作时，可能就会出现运动成绩"突飞猛进"的结果。

目录
CONTENTS

第二部分 63 ➡ 182
实战训练

❶ 训练的基础理论

❷ 力量训练的基础理论

第三部分 183➡229
运动管理

1 运动、训练与营养

7

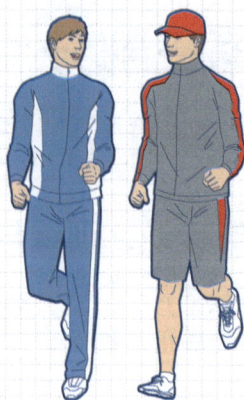

第一部分

Structure of the Body

我们常常疑惑，我们的身体有着怎样的构造以及动作是怎样产生的。第一部分将从人体的基本构造出发介绍各部位肌肉的名称、发力的机制以及各个器官和组织的相互关系等，详细讲解身体的各种结构。

身体结构

身体结构如何帮助实现身体活动和体育运动

身体的基本构造

Structure of Human Body

人体内运行着极其精密而复杂的系统。在运动和竞技体育中，了解自己身体的构造和工作机制是十分有益的。

人的身体由细胞组成，细胞则由氧、碳、氢、氮、钙、磷等元素组成的蛋白质、脂肪、糖类维生素等有机化合物组成。相同或相似的细胞聚集在一起，就会形成组织。

组织相当于机器人的零件，但只有组织还是无法形成完整的人体系统。例如，肌肉组织需要与血管、神经、韧带、骨骼等其他组织组合在一起，才能实现肌肉的功能。

像这样，各种组织相互组合，形成了具有特定功能的构造，我们称之为器官（胃、心脏、肺等）。

人体的结构层次

组织

皮肤和汗腺等"上皮组织"，
血液、骨骼和软骨等"结缔组织"，
心肌、骨骼肌、平滑肌等"肌肉组织"，
脑、脊髓、周围神经等"神经组织"。

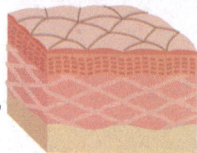

上皮组织

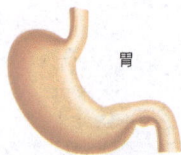

胃

器官

消化系统

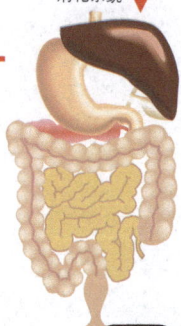

系统

多个器官相互联系共同完成生理功能，即构成系统（消化系统、循环系统、运动系统等）。正是这些系统执行着人体生存和活动所必需的工作，才使全身能够保持协调稳定，组成一个完整的人体。

此外，如果人体不从外部摄取必需的物质，不仅无法维持身体构造，也无法实现人体机能的正常运转。

我们通过饮食从其他物质中获取身体所需的营养物质。之后，营养物质在细胞和组织内被分解为更为简单的物质。这一消化过程会释放出能量（异化作用），然后人体利用这些能量，合成自己身体的组成物质。

这种化学反应（代谢）会不断进行，使得我们的身体能够每天进行日常活动或者体育运动。

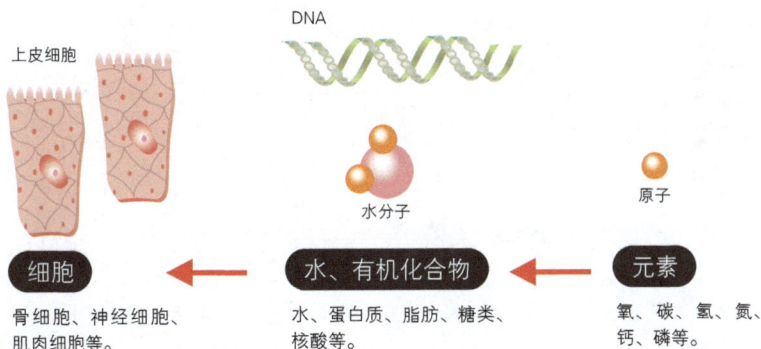

上皮细胞

DNA

水分子

原子

细胞 ← 水、有机化合物 ← 元素

骨细胞、神经细胞、肌肉细胞等。

水、蛋白质、脂肪、糖类、核酸等。

氧、碳、氢、氮、钙、磷等。

●器官和系统的功能

系统	主要器官	主要功能
神经系统	脑、脊髓、自主神经系统、躯体神经系统	刺激的传导和调节
呼吸系统	肺	氧和二氧化碳的交换
循环系统	心脏、血管、淋巴管	血液和淋巴液的循环
消化系统	口腔、胃、小肠、大肠、肝脏、胰	食物的消化和吸收
肌肉骨骼系统	肌肉、骨、关节	支撑躯体、运动、造血
泌尿系统	肾脏、膀胱、尿道	排泄废物、调节体内水盐代谢和酸碱平衡
生殖系统	生殖器官、输精管、输卵管、子宫、睾丸	繁衍生命
内分泌系统	脑垂体、甲状腺、肾上腺、胰腺、性腺	分泌调节生理活动的激素
感觉器官	眼、耳、鼻、舌、皮肤	通过感受器接收、传导刺激

Nervous System

脑和神经系统

负责人体机能控制和调节的系统

中枢神经系统和周围神经系统

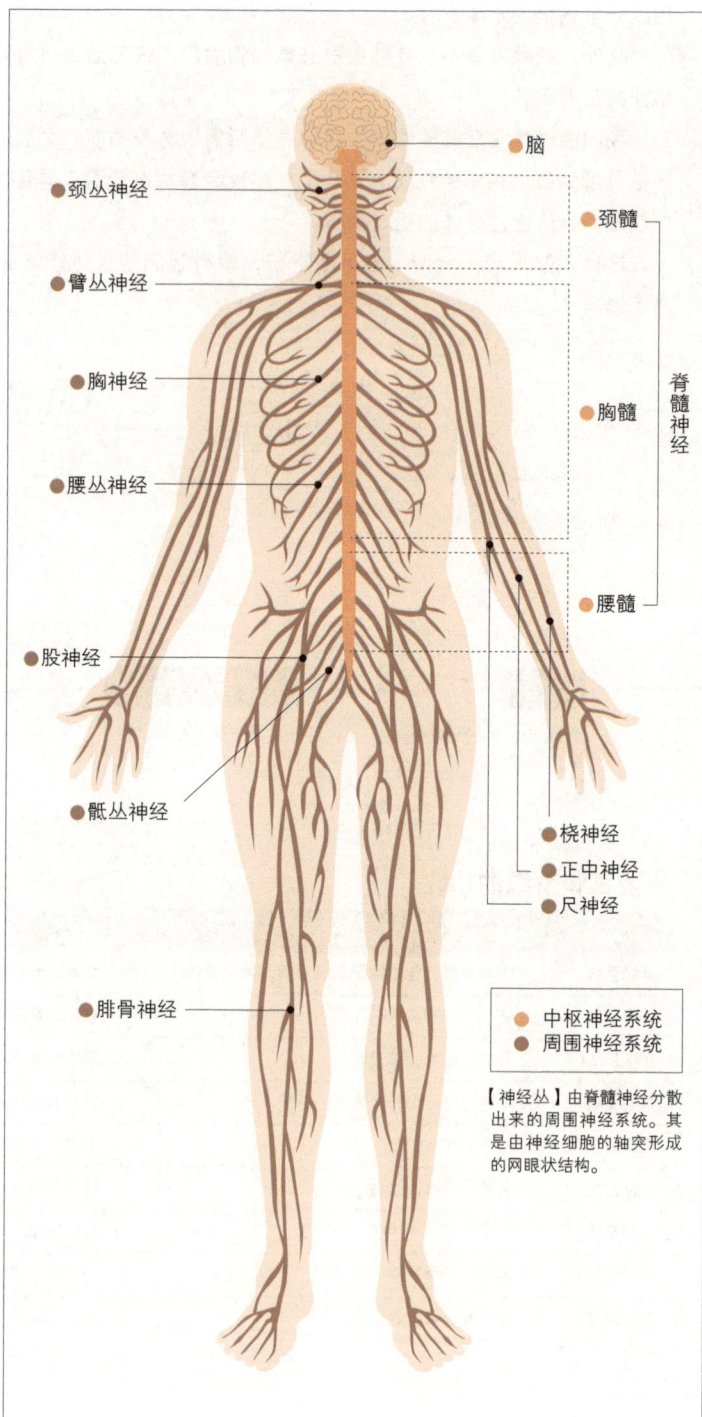

- 脑
- 颈丛神经
- 颈髓
- 臂丛神经
- 胸神经
- 胸髓
- 腰丛神经
- 腰髓
- 股神经
- 骶丛神经
- 桡神经
- 正中神经
- 尺神经
- 腓骨神经

脊髓神经

- 中枢神经系统
- 周围神经系统

【神经丛】由脊髓神经分散出来的周围神经系统。其是由神经细胞的轴突形成的网眼状结构。

相关页	
运动单位	P50

神经系统负责身体机能的调节和人的思考，大致分为中枢神经系统和周围神经系统。

中枢神经系统包括脑和脊髓，脑由脑干（延髓、脑桥、中脑）、小脑、间脑及大脑组成。

大脑的运动皮质这一部分负责身体各部分的调节和控制。脑干负责控制心跳、血压、呼吸和消化功能。小脑是调节肌肉之间的协调性、控制姿势平衡、调整运动准确度和动作学习的中枢。间脑是自主神经的最高中枢。脊髓是反射中枢，是感觉和运动信息的传输通道。

周围神经系统包含通过脊髓接收脑发出的信号后再由脊髓前角细胞将信号延伸到身体各处的神经，以及直接由脑延伸至末梢的脑神经。此外，在周围神经系统中，可以有意识地控制手脚肌肉收缩的运动器官和感受器的神经称为躯体神经系统，而心跳、呼吸、消化、体温调节等无法有意识控制的神经称为自主神经系统。

躯体神经系统包括将身体外部的信息转化为来自皮肤、肌肉、关节的感觉信息并传递给中枢的感觉神经，以及由中枢神经系统向骨骼肌传递运动信息的运动神经。

自主神经系统大致分为交感神经和副交感神经，它们通过发挥相反的作用保持机体平衡。交感神经是在兴奋时较为活跃的神经，而副交感神经有使身体放松休息的功能。

交感神经活跃时血管收缩，副交感神经活跃时血管舒张。在其他诸如心脏跳动和排汗等身体活动中，二者也分别发挥着各自的作用。

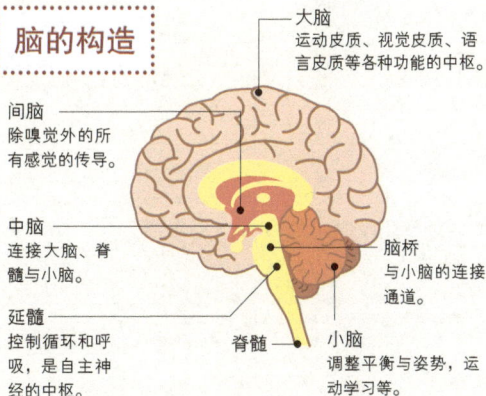

脑的构造

大脑
运动皮质、视觉皮质、语言皮质等各种功能的中枢。

间脑
除嗅觉外的所有感觉的传导。

中脑
连接大脑、脊髓与小脑。

延髓
控制循环和呼吸，是自主神经的中枢。

脑桥
与小脑的连接通道。

脊髓

小脑
调整平衡与姿势，运动学习等。

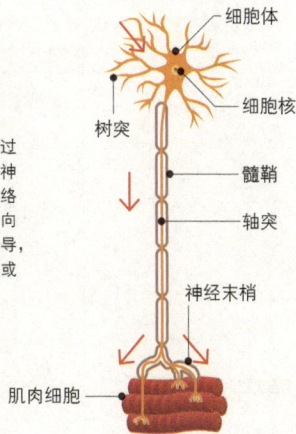

神经细胞

神经信号的传导是通过基本单位神经细胞（神经元）组成的神经网络进行的。信号从树突向细胞体、轴突的方向传导，传递给下一个神经元或细胞体。

细胞体

细胞核

树突

髓鞘

轴突

神经末梢

肌肉细胞

呼吸系统
Respiratory System

负责摄入生成能量所不可缺少的氧

呼吸器官与呼吸运动

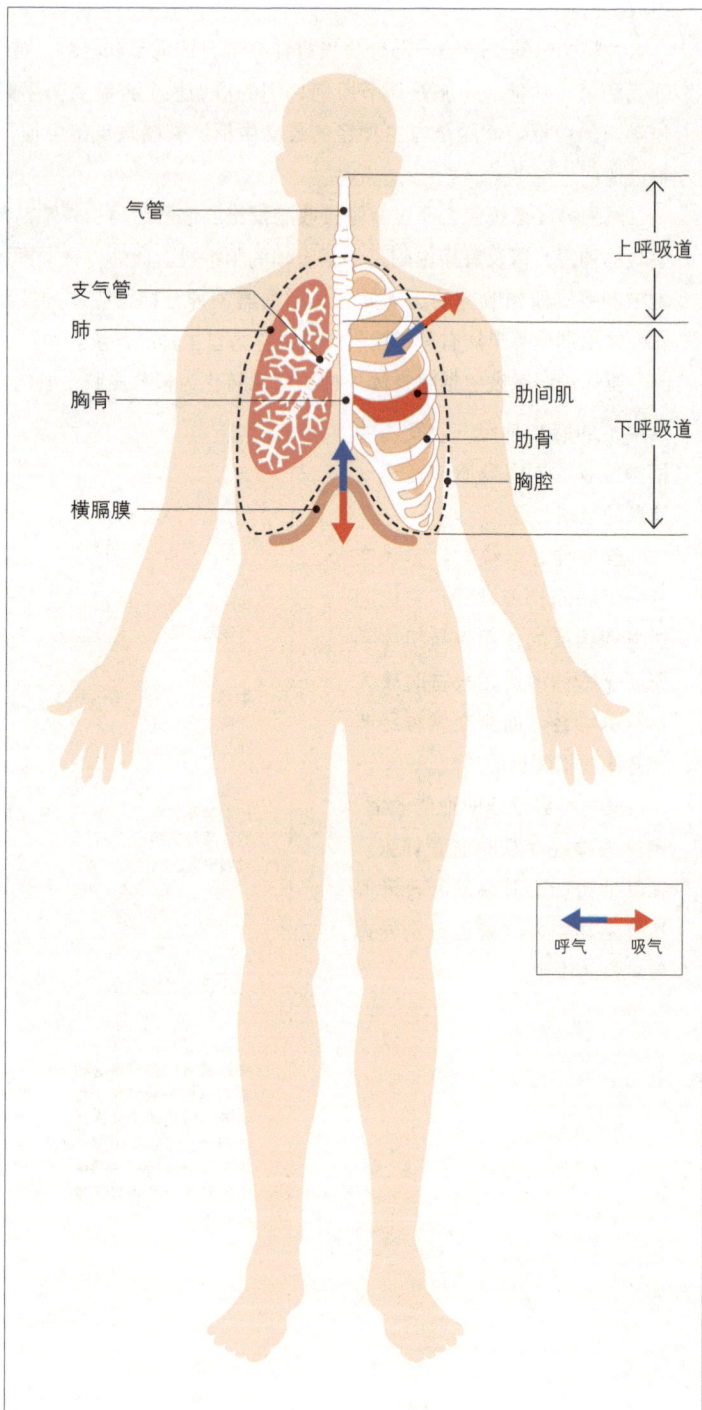

气管

支气管

肺

胸骨

横膈膜

上呼吸道

下呼吸道

肋间肌

肋骨

胸腔

呼气　吸气

人类和鱼类都需要向体内摄入氧以维持生存，这是为了使细胞获得能量。因为消化和吸收的营养物质不能直接转化为能量，其需要在氧的参与下才能转化为能量。

鱼通过鳃摄取水中的氧气，而人通过肺（肺泡）获取空气中的氧气。进入人体的氧通过循环系统（P16）运往各个细胞。与此同时，二氧化碳被排出。这一生理现象叫作呼吸。

空气与血液之间的气体交换称为外呼吸（肺呼吸），血液与细胞之间的气体交换称为内呼吸（组织呼吸）。

呼吸系统由呼吸道和肺构成。鼻腔到咽部称为上呼吸道，气管、支气管称为下呼吸道。支气管反复分枝，在末端形成数亿个肺泡。

肺泡呈囊状，直径为 100~200 微米，极其微小。肺泡周围被毛细血管包裹。人吸入的空气中所含的氧在肺泡中通过毛细血管进入血液并移动，从全身汇集的二氧化碳也从血液进入肺泡中，以此进行气体交换（安静时的气体交换量为每分钟 200~250 毫升）。

呼吸由延髓中的呼吸中枢控制，由吸气运动和呼气运动交替完成。吸气（吸入空气）时，肋间外肌和横膈膜收缩，胸腔（胸骨、胸椎、肋骨和横膈膜围成的空间）扩张，吸入空气。呼气（呼出空气）时，肋间内肌收缩，横膈膜舒张，胸腔缩小，将气体排出。

肺泡与气体交换

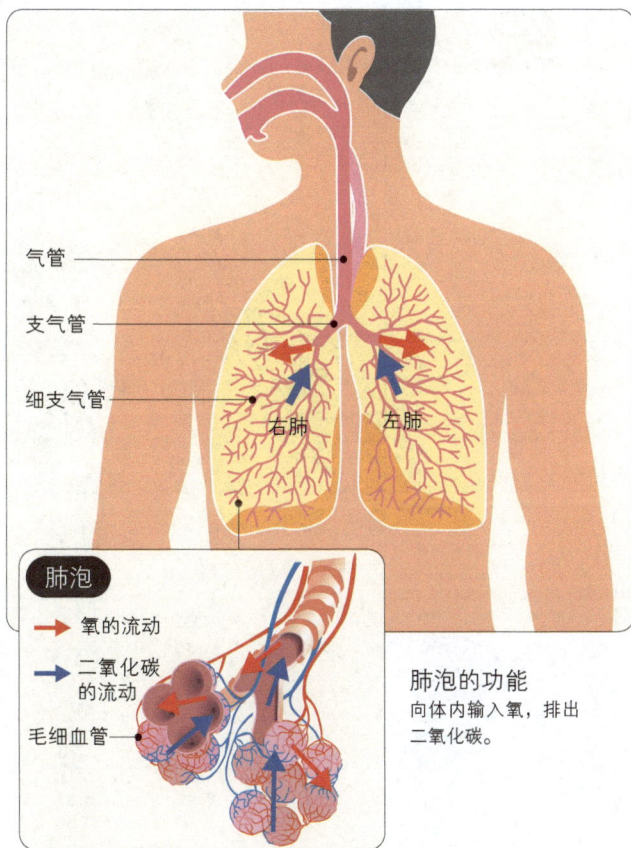

气管
支气管
细支气管
右肺　左肺

肺泡

→ 氧的流动
→ 二氧化碳的流动
毛细血管

肺泡的功能
向体内输入氧，排出二氧化碳。

循环系统
Circulatory System

负责体内物质向全身的运输、供给

循环系统（心血管系统）

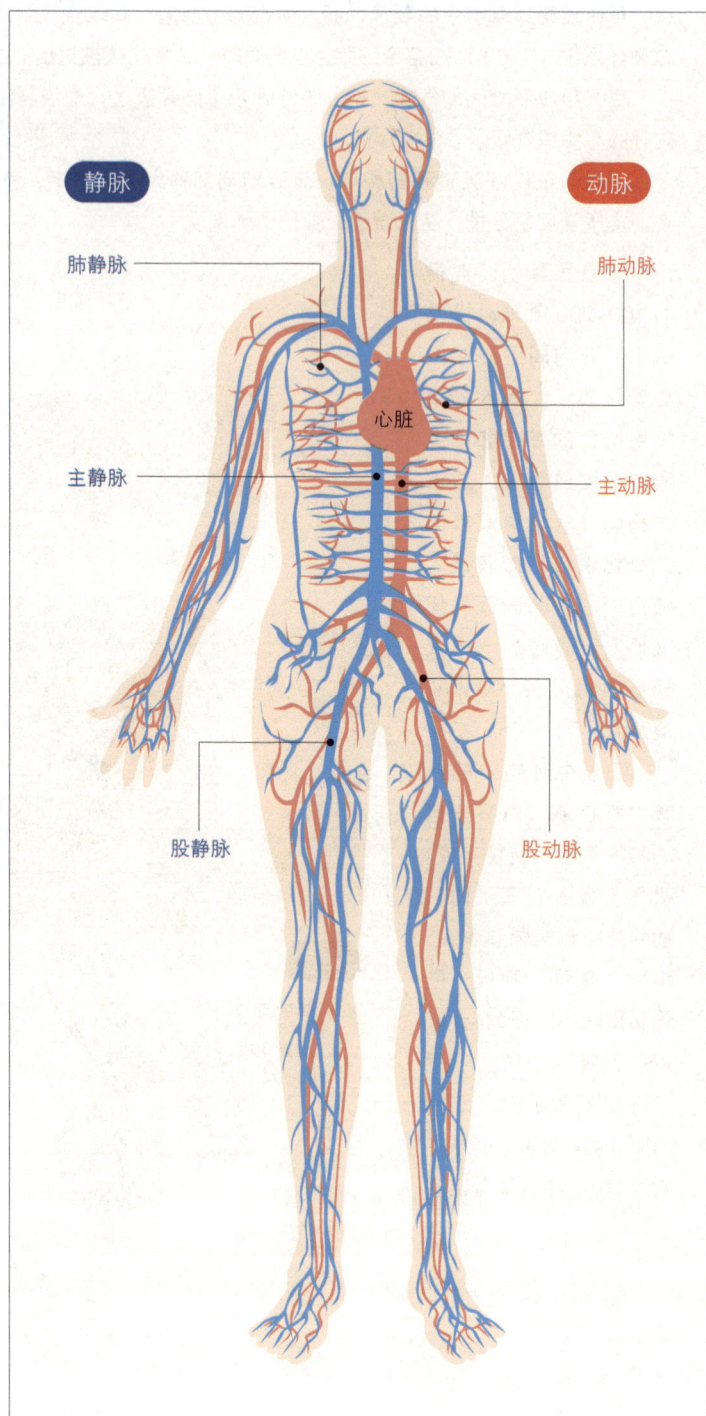

静脉

动脉

肺静脉

肺动脉

主静脉

主动脉

心脏

股静脉

股动脉

循环系统由心脏和血管构成，负责全身的血液循环。

心脏是将血液输出的压力泵。心脏每分钟跳动的次数称为心率，成年人安静状态下心率一般为每分钟 60~70 次。此外，心脏每次跳动一般向全身输送 60~70 毫升血液。

运动时，能量代谢（P44）旺盛，对氧的需求增加。因此，心脏将含有大量氧的血液输送至全身，一般（成年人）最大心率可达每分钟 160~200 次。

另一方面，血管是将血液运送至全身的网络。由心脏向全身输送血液的血管称为动脉，而将全身血液运回心脏的血管称为静脉。血液的循环分为体循环和肺循环。体循环是血液在全身（肺除外）的循环，肺循环是血液流经肺部的循环。

在体循环中，血液经由呼吸系统摄入氧，起于左心室的大动脉分枝形成的动脉，将富含氧的动脉血输送至全身。动脉反复分枝，形成毛细血管，遍布各个器官、组织，进行氧和二氧化碳的交换。然后毛细血管再度汇合，将含有较多二氧化碳的静脉血经静脉输送回心脏。

在肺循环中，静脉血经肺动脉输送至肺部，在肺泡中进行二氧化碳和氧的气体交换，之后变为动脉血，经肺静脉流回心脏。二氧化碳通过呼吸系统排出体外。

氧与红细胞中的血红蛋白结合，经动脉流至末梢组织。血红蛋白具有在氧浓度高的地方与氧结合、在氧浓度低的地方将氧释放的特性。利用这一特性，氧在肺泡中与血红蛋白结合，被运输到组织中释放。除了氧，经由血液循环运输的还有激素。激素是指调节体内平衡（稳态）、生长发育、生殖、能量代谢和行为的化学物质。

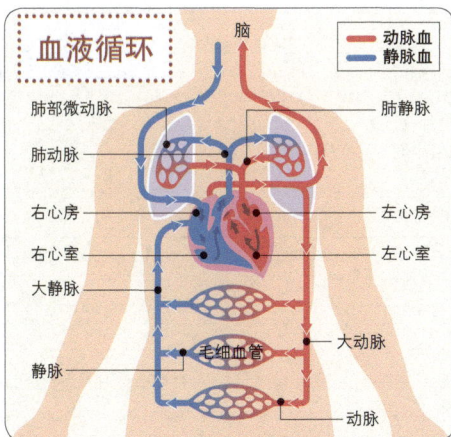

血液循环

动脉血
静脉血

脑

肺部微动脉 — 肺静脉
肺动脉
右心房 — 左心房
右心室 — 左心室
大静脉 — 大动脉
毛细血管
静脉 — 动脉

知识点

毛细血管

大动脉反复分枝，形成中动脉、小动脉甚至微动脉。微动脉分布于器官及肌肉等组织中，继而形成毛细血管。毛细血管直径为 5~10 微米（0.005~0.010 毫米），血管壁极薄，因此可以允许物质穿过。毛细血管与周围的细胞之间不断进行氧、二氧化碳、营养物质和代谢产物等的物质交换。

Digestive System

消化系统

负责体内物质向全身的运输、供给

相关页	
饮食	P184

消化器官与消化液

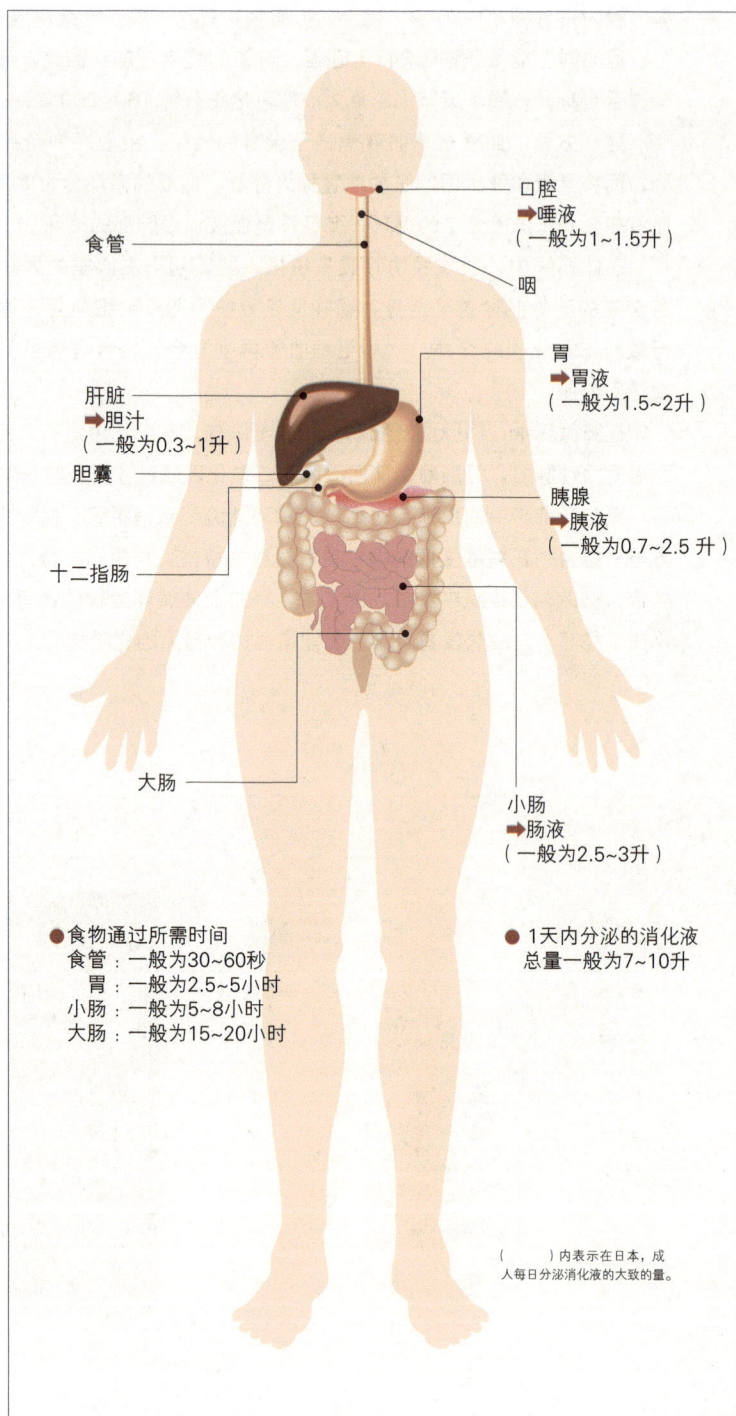

口腔
➡唾液
（一般为1~1.5升）

咽

食管

胃
➡胃液
（一般为1.5~2升）

肝脏
➡胆汁
（一般为0.3~1升）

胆囊

胰腺
➡胰液
（一般为0.7~2.5升）

十二指肠

大肠

小肠
➡肠液
（一般为2.5~3升）

●食物通过所需时间
食管：一般为30~60秒
　胃：一般为2.5~5小时
小肠：一般为5~8小时
大肠：一般为15~20小时

●1天内分泌的消化液
总量一般为7~10升

（　　　）内表示在日本，成
人每日分泌消化液的大致的量。

为了产生维持人类生存的能量，人的身体需要吸收营养并在细胞内进行代谢（P44）。为此，我们要通过饮食（P184）摄取必要的营养物质。

人摄入体内的食物无法直接作为能量使用。因此，身体将食物分解为能在细胞中被吸收的营养物质，这一过程叫作消化。

食物从口腔进入消化道，从肛门排出体外。在这一过程中，从口腔到咽、食管、胃、小肠、大肠的管状通道称为消化道。唾液腺、胃腺、肝脏、胰腺和肠腺分泌消化液（酶）对营养物质进行分解，这些腺体为消化腺。这些具有消化功能的器官被统称为消化系统。

除胆汁外，消化液中含有酶。酶通过参与化学反应来分解食物。此外，消化道的内壁除黏膜外，还有一层平滑肌。平滑肌收缩（蠕动）碾碎食物，使食物与消化液混合，并推动食物在消化道中前进。

消化从口腔内的唾液分泌开始。

这一分泌是由食物的香气、味道或对食物的想象催生的，受神经系统调节。口腔中的唾液会分解碳水化合物（淀粉），人通过咀嚼将食物磨碎，提高胃和小肠的消化效率。

在口腔被嚼碎的食物通过咽和食管被送往胃。胃会储存食物，通过蠕动让食物与胃液混合以分解食物。食物在这里变为黏稠的糊状，并被一点点运往小肠。

营养的吸收主要在小肠中进行。胰腺分泌的胰液与肝脏分泌的胆汁，加上小肠自身分泌的肠液，帮助对食物进行消化。

碳水化合物、蛋白质和脂肪这三类营养物质分别被分解为葡萄糖、氨基酸和脂肪酸，被小肠壁上的毛细血管吸收，葡萄糖与氨基酸经门静脉进入肝脏。

另一方面，大部分脂肪酸在小肠的上皮组织中与蛋白质结合，顺着淋巴管流经心脏并被运往全身。

被运送至肝脏的营养物质经过代谢被转化、合成。葡萄糖转化为糖原储存在肝细胞内。氨基酸用于合成构成人体的各类蛋白质并被运往身体中的各种组织。

最后，剩余的食物残渣进入大肠，水分被吸收，其余物质以粪便的形式排出体外。

● 主要的消化酶及其作用

消化腺	消化液	酶的名称	分解的营养物质
唾液腺	唾液	淀粉酶	碳水化合物（淀粉）
胃	胃液	蛋白酶	蛋白质
肝脏	胆汁	—	脂肪 *
胰腺	胰液	胰蛋白酶 胰凝乳蛋白酶 淀粉酶 脂肪酶	蛋白质 蛋白质 淀粉 脂肪
肠腺	肠液	肽酶 蔗糖酶 麦芽糖酶 乳糖酶	蛋白质 蔗糖 麦芽糖 乳糖

（　）内是分解过程中的物质。

*胆汁可以促进脂肪分解，但不含消化酶。

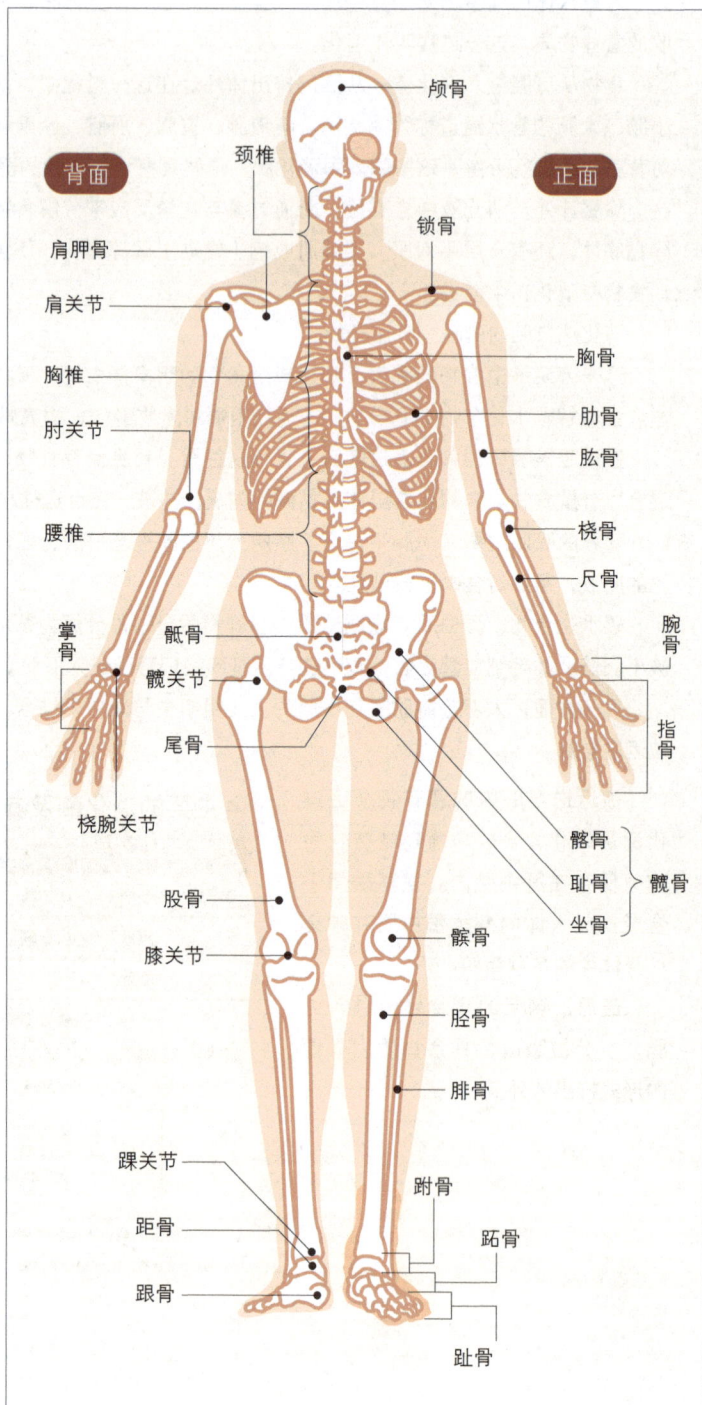

Skeletal System

骨骼系统

支撑、保护身体并构成运动基础的系统

背面

正面

- 颅骨
- 颈椎
- 锁骨
- 肩胛骨
- 肩关节
- 胸椎
- 肘关节
- 腰椎
- 胸骨
- 肋骨
- 肱骨
- 桡骨
- 尺骨
- 掌骨
- 骶骨
- 髋关节
- 尾骨
- 腕骨
- 指骨
- 桡腕关节
- 髂骨
- 耻骨
- 坐骨
- 髋骨
- 股骨
- 膝关节
- 髌骨
- 胫骨
- 腓骨
- 踝关节
- 距骨
- 跟骨
- 跗骨
- 跖骨
- 趾骨

人体的骨共计 206 块，其中头部 29 块，躯干骨 51 块，上肢 64 块，下肢 62 块。骨互相连接形成骨骼。

骨的构造分为外侧较为紧密坚硬的骨密质和内侧的骨松质。骨松质呈蜂巢状，质地松脆，其内部被称为骨髓的组织有造血功能。

骨的形状、大小不一，分为长骨、短骨、扁平骨、含气骨、不规则骨。

骨的作用包括支撑身体、在运动中保护内脏、储存钙质和造血。

骨是人体最坚固的支撑结构，支撑着各种器官，保持站立或坐姿时人体姿势的稳定。同时，肌肉伸缩产生运动时，骨的连接部分作为支点、力点和作用点协助运动。

此外，骨还负责保护脑、心脏、肺和胸部的柔软内脏器官不受外力伤害。

为身体机能发挥贡献的营养元素钙的 99% 都储存在骨中，并根据需要溶解到血液和细胞中。

位于骨中心部分的骨髓是造血组织，负责生产红细胞、白细胞和血小板等。

健康的骨通过衰老骨的破坏（骨吸收）和新骨的形成（骨形成）不断循环，保持骨的强度。这种骨的新陈代谢被称为骨重建，由成骨细胞（形成骨的细胞）和破骨细胞（吸收骨的细胞）完成。骨折后骨的愈合与骨重建的能力密切相关。

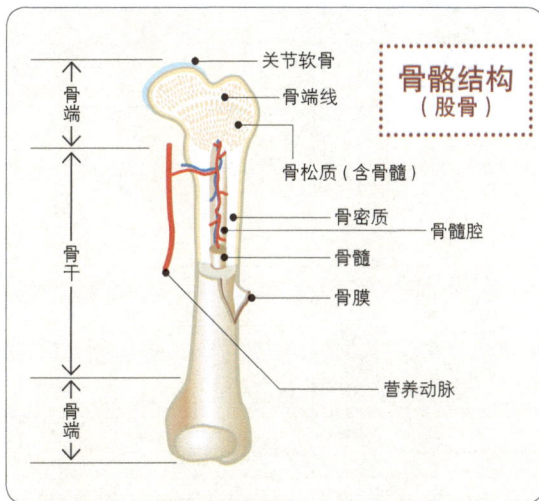

骨骼结构（股骨）

- 关节软骨
- 骨端线
- 骨松质（含骨髓）
- 骨密质
- 骨髓腔
- 骨髓
- 骨膜
- 营养动脉
- 骨端
- 骨干
- 骨端

知识点

生产血液的骨髓

骨的中心充满骨髓。骨髓是一种包括造血细胞和血管的软组织。人体内有红骨髓与黄骨髓。富含造血细胞的骨髓是红骨髓，随着生长发育逐渐失去造血功能的是黄骨髓。成年人的红黄骨髓各占一半，主要形成于躯干的扁平骨（颅骨、脊柱、胸骨、肋骨和髂骨）和长骨（肱骨和股骨）等体温较高的部位。较粗的毛细血管从骨髓中穿过，血管外被纤维形成的网状结构包裹，网眼处聚集着大量造血细胞。

肌肉系统
Muscular System

支撑、保护身体并构成运动基础的系统

全身的主要肌肉

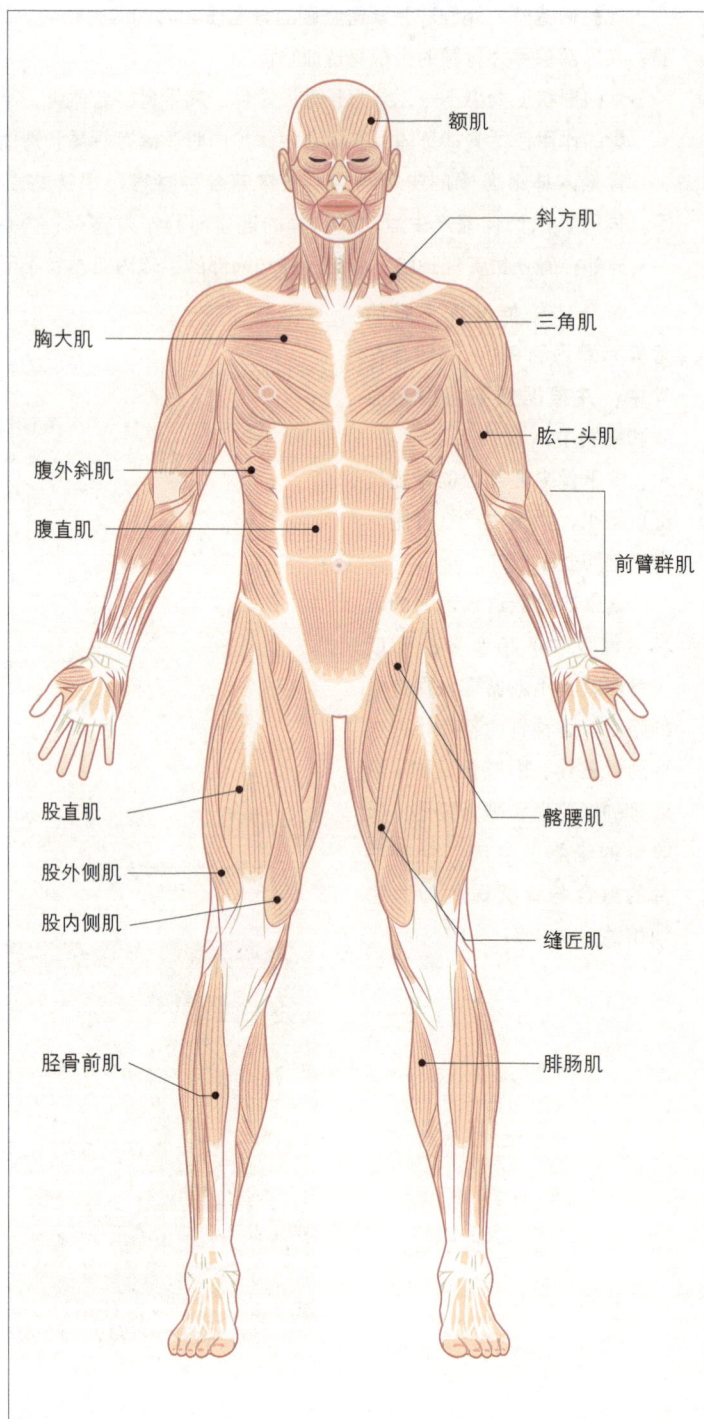

- 额肌
- 斜方肌
- 三角肌
- 胸大肌
- 肱二头肌
- 腹外斜肌
- 腹直肌
- 前臂群肌
- 股直肌
- 髂腰肌
- 股外侧肌
- 股内侧肌
- 缝匠肌
- 胫骨前肌
- 腓肠肌

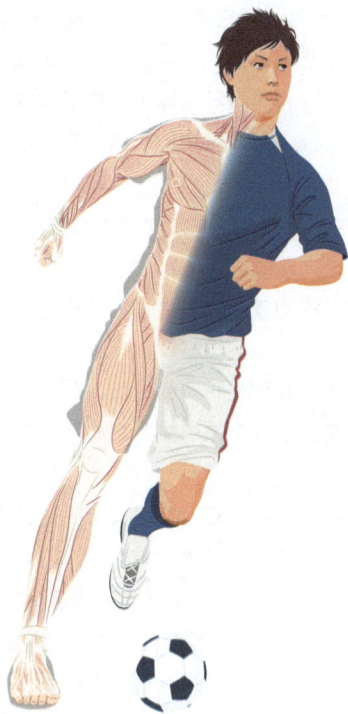

熟悉骨骼肌的构造和性质对于提高体育运动的成绩十分有帮助。

人体大小肌肉共计600多块，分为骨骼肌、心肌和平滑肌3种。

一般所说的肌肉是骨骼肌，通常附着于骨，跨过关节附着在两侧的骨上(P42)。

人类在运动时，神经系统（P12）的大脑运动皮质兴奋并发出信号。这一信号经延髓、脊髓、运动神经传导给骨骼肌内的肌纤维，引起肌肉收缩（P46）。这一连串的反应带动骨骼和关节活动，形成身体活动。

此外，适度使用骨骼肌可以增大其体积和力量，长时间不用的话肌肉容易萎缩，肌肉力量也随之减弱。

另一方面，除产生身体活动以外，骨骼肌还有如下功能。

第一，保持体温所必需的热量中约三分之二是由肌肉收缩提供的（其余三分之一来源于肝脏和肾脏），这部分热量使体温上升。第二，骨骼肌还有吸收来自外部的冲击、保护骨骼和内脏的作用。第三，被称为"第二心脏"的小腿肚通过肌肉收缩和舒张的反复交替，像水泵一样压迫静脉，使静脉血向上回流。第四，在骨骼肌内，血管流经的周围部位储存着作为能量源的糖原，所以肌肉也有储藏营养的功能。

●基于关节运动的骨骼肌分类（P59）

屈肌	引起屈曲（关节弯曲）的肌肉
伸肌	引起伸展（关节伸直）的肌肉
外展肌	引起外展（上肢、下肢远离躯干）的肌肉
内收肌	引起内收（上肢、下肢接近躯干）的肌肉
外旋肌	引起外旋（向外侧旋转）的肌肉
内旋肌	引起内旋（向内侧旋转）的肌肉
旋前肌	引起关节旋前（上肢向内侧旋转）的肌肉
旋后肌	引起关节旋后（上肢向外侧旋转）的肌肉

形成身体活动的各种肌肉的形状和种类

肌肉与肌腱

Muscle & Tendon

根据构造和功能的不同，肌肉可分为骨骼肌、心肌和平滑肌。骨骼肌负责走路、跑步等有意识的自主运动，又被称作随意肌。心肌、平滑肌负责心脏和内脏器官等不受意识控制的肌肉运动，被称作不随意肌。另外，骨骼肌和心肌因带有横纹，也被称作横纹肌。

一个人的身体约有 400 块骨骼肌，占体重的 40% 左右。

多条肌纤维组合成束，即肌束，一定数量的肌束聚集形成骨骼肌。而肌纤维由肌原纤维构成，其中由细肌丝和粗肌丝构成的肌节有规律地排列着。

骨骼肌在身体不同部位会形成不同的形状，分为肌纤维与肌腱平行排列的梭形肌和肌纤维以肌肉中央为中心呈羽毛状排列的羽状肌。

肌肉力量与肌肉整体的粗细呈正比，但羽状肌比较特别。羽状肌的肌纤维相对于肌肉整体方向是斜向排列的，因此肌纤维整体的横截面积（生理学上的横截面积）比实际看到的横截面积（解剖学上的横截面积）要大，肌肉能产生更强大的力量。

肌肉是一种非常柔软的组织，如果直接附着在骨上，其连接处较柔弱，力量无法顺利传递。因此，肌肉与骨骼连接前，先与肌腱连接，通过肌腱附着在骨上。

肌腱由大量的胶原纤维构成，胶原纤维能随意弯曲，同时对于拉伸有极强的抵抗力，具有不易延展的特性。胶原纤维顺着长轴方向平行排列，所以肌腱自身不会伸缩，但能将肌肉收缩（P46）产生的力量有效传递至骨骼。

骨骼肌的直接能量源是肌肉内储存的 ATP（三磷酸腺苷）。ATP 被分解为 ADP（二磷酸腺苷）会释放能量，肌肉利用这一能量进行收缩。另外，骨骼肌内能储存的 ATP 较少，所以肌肉会不断分解、代谢通过饮食摄取并储存在体内的糖类和脂肪，生成 ATP。

●肌肉的种类和特征

肌肉种类	位置	肌纤维	调节方式	支配神经
骨骼肌	附着在骨骼上	横纹肌	随意	运动神经
心肌	心脏壁	横纹肌	不随意	自主神经
平滑肌	内脏（心脏除外）和血管壁	平滑肌	不随意	自主神经

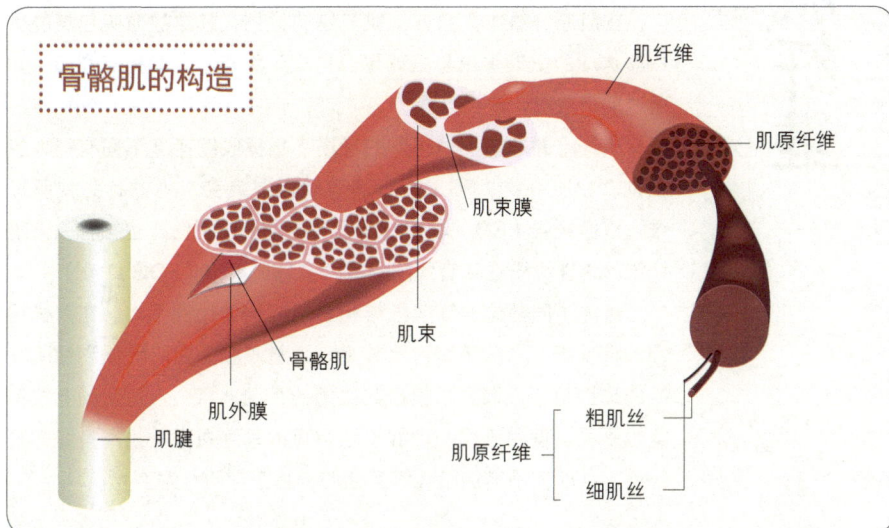

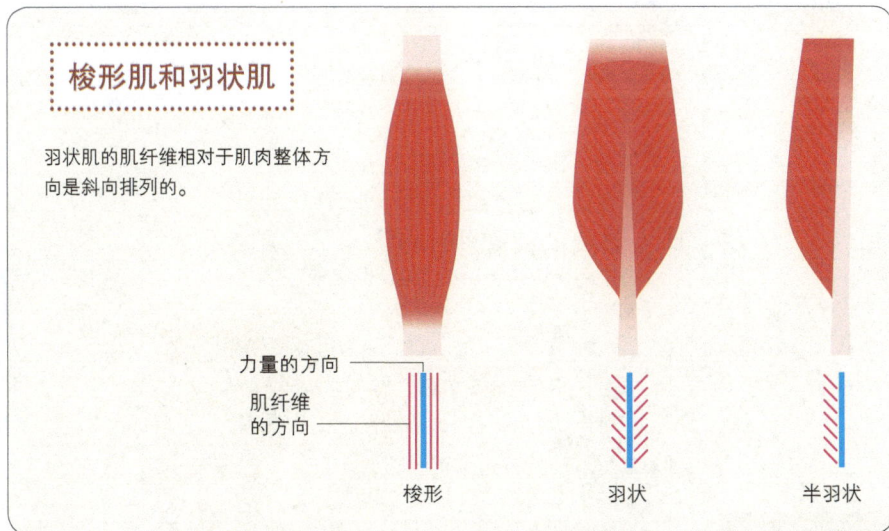

骨骼肌的构造

肌纤维

肌原纤维

肌束膜

肌束

骨骼肌

肌外膜

肌腱

粗肌丝

肌原纤维

细肌丝

梭形肌和羽状肌

羽状肌的肌纤维相对于肌肉整体方向是斜向排列的。

力量的方向

肌纤维
的方向

梭形

羽状

半羽状

理解肌肉的结构

肌纤维

Muscle Fiber

肌肉中有一束一束的肌束，肌束由被肌束膜包裹的数千根丝状肌纤维组成，每条肌纤维又可以分解为数百根肌原纤维。

肌束结合在一起形成肌肉，通过肌腱附着在骨上。

每条肌纤维的直径为 10~150 微米（0.01~0.15 毫米）。运动中，该丝状肌纤维通过收缩产生力量，纤维越粗产生的力量越大。此外，肌纤维的长度为 1~30 毫米。几十到几百条肌纤维组合在一起，受同一神经支配。这种组合叫运动单位（P50）。

在肌原纤维中，数万个肌节纵向排列，其中被薄膜包裹的蛋白质构成的肌动蛋白与肌球蛋白构成了肌丝。它们相互穿插，并通过肌节收缩，产生力量。

肌纤维并非都拥有相同的性质，根据收缩速度不同有很大的差别。白肌纤维（FG）能迅速收缩但易疲劳，也被称为快肌纤维；红肌纤维（SO）收缩速度迟缓但是有持久力，也被称为慢肌纤维。性能介于这二者之间的称为红白肌纤维（FOG 纤维）。

身体不同部位的红肌纤维和白肌纤维的比例不同。在同样粗细的情况下，白肌纤维占比越高，力量越强。白肌纤维和红肌纤维的比例也因人而异。根据其比例的不同，每个人适合的竞技种类也不同。使用不同的训练方法，可以只练白肌纤维或只练红肌纤维，从而在不增加肌纤维数量的前提下使肌纤维变粗。

相关页	
肌肉与肌腱	P24
肌肉收缩	P46

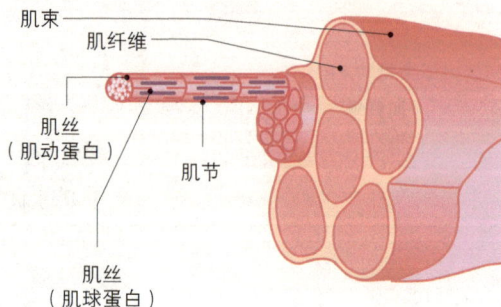

肌肉的内部结构

肌束
肌纤维
肌丝（肌动蛋白）
肌节
肌丝（肌球蛋白）

细肌丝与粗肌丝

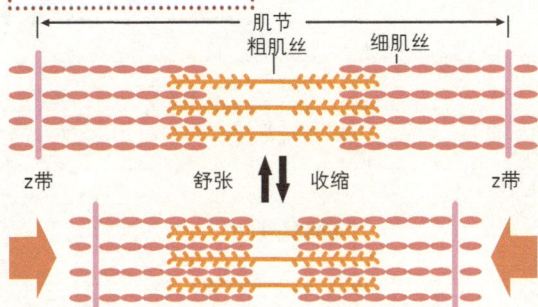

细肌丝与粗肌丝互相穿插，并通过肌节缩短，产生肌肉收缩。

肌肉组成示意图

根据红肌纤维和白肌纤维构成比例的不同，各人适合的竞技项目也不同。例如短跑选手白肌纤维比例高(红肌约占26%)，长跑选手红肌纤维比例高(红肌占79%～88%)。

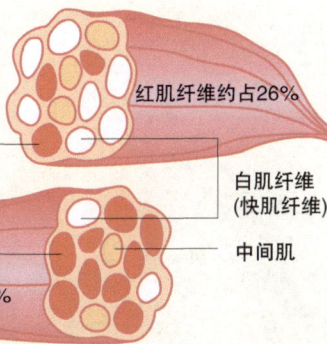

红肌纤维约占26%

短跑选手

长跑选手

红肌纤维
(慢肌纤维)

白肌纤维
(快肌纤维)

中间肌

红肌纤维
占79%～88%

训练效果

即便无法改变天生的红白肌纤维比例，但只要对不同肌肉加以相应训练，就可以提高肌纤维的强度，使其增粗。

红肌纤维变粗 = 耐力提升

白肌纤维变粗 = 爆发力提升

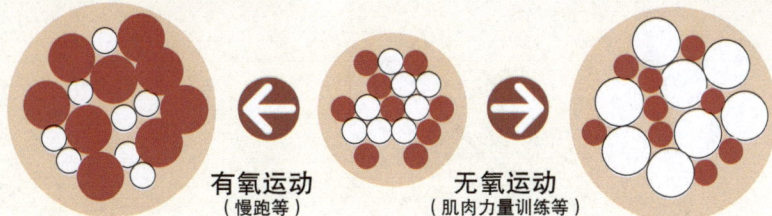

有氧运动
(慢跑等)

无氧运动
(肌肉力量训练等)

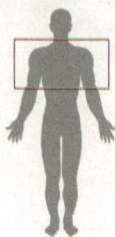

第一部分
身体结构

①
身体的构造

Upper Muscles
Neck, Chest & Back

上半身的

Back

背面

④斜角肌

◉主要功能：
颈部的伸展、侧屈。

⑤斜方肌

◉主要作用：
肩胛骨上提、内旋
和向上方旋转。

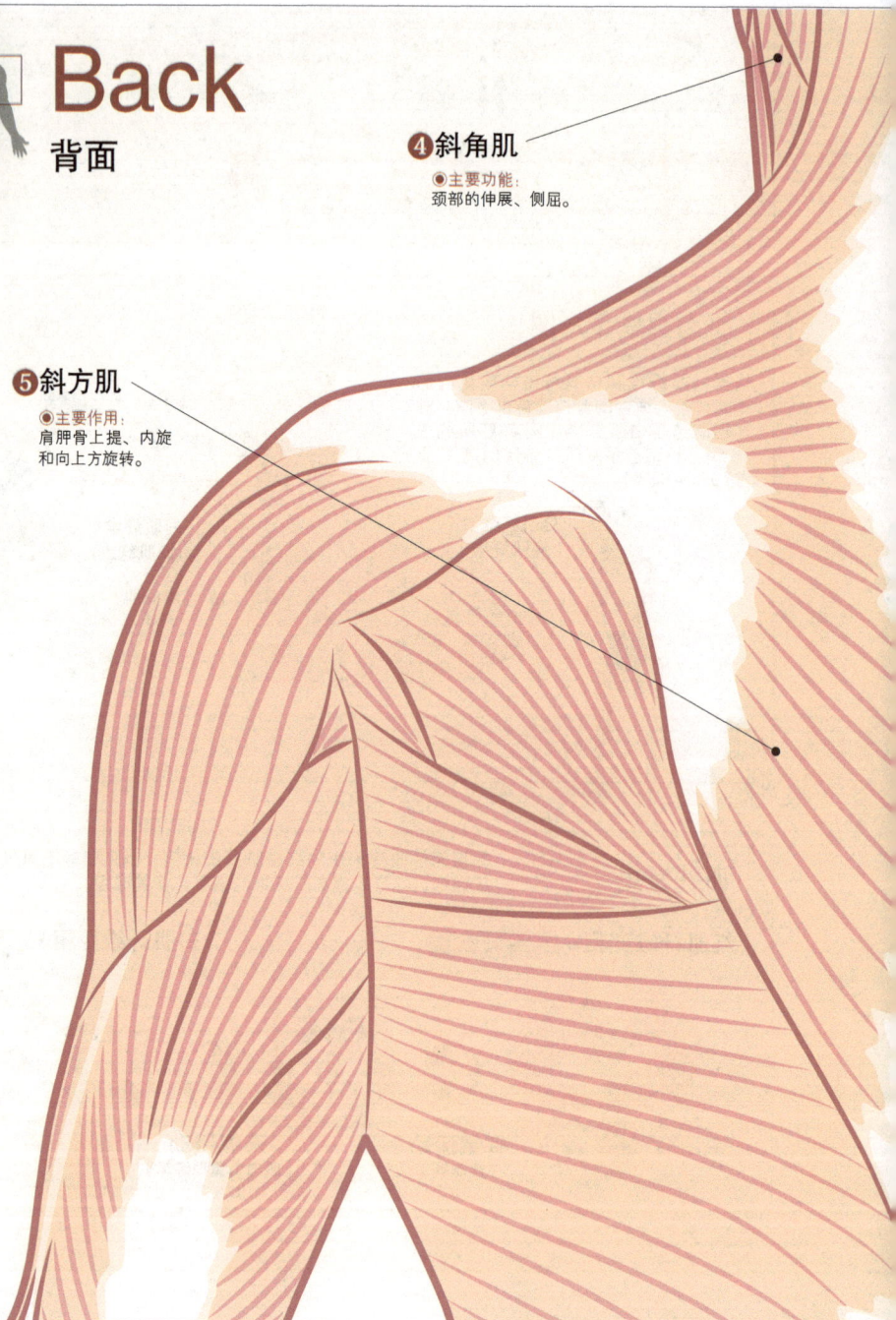

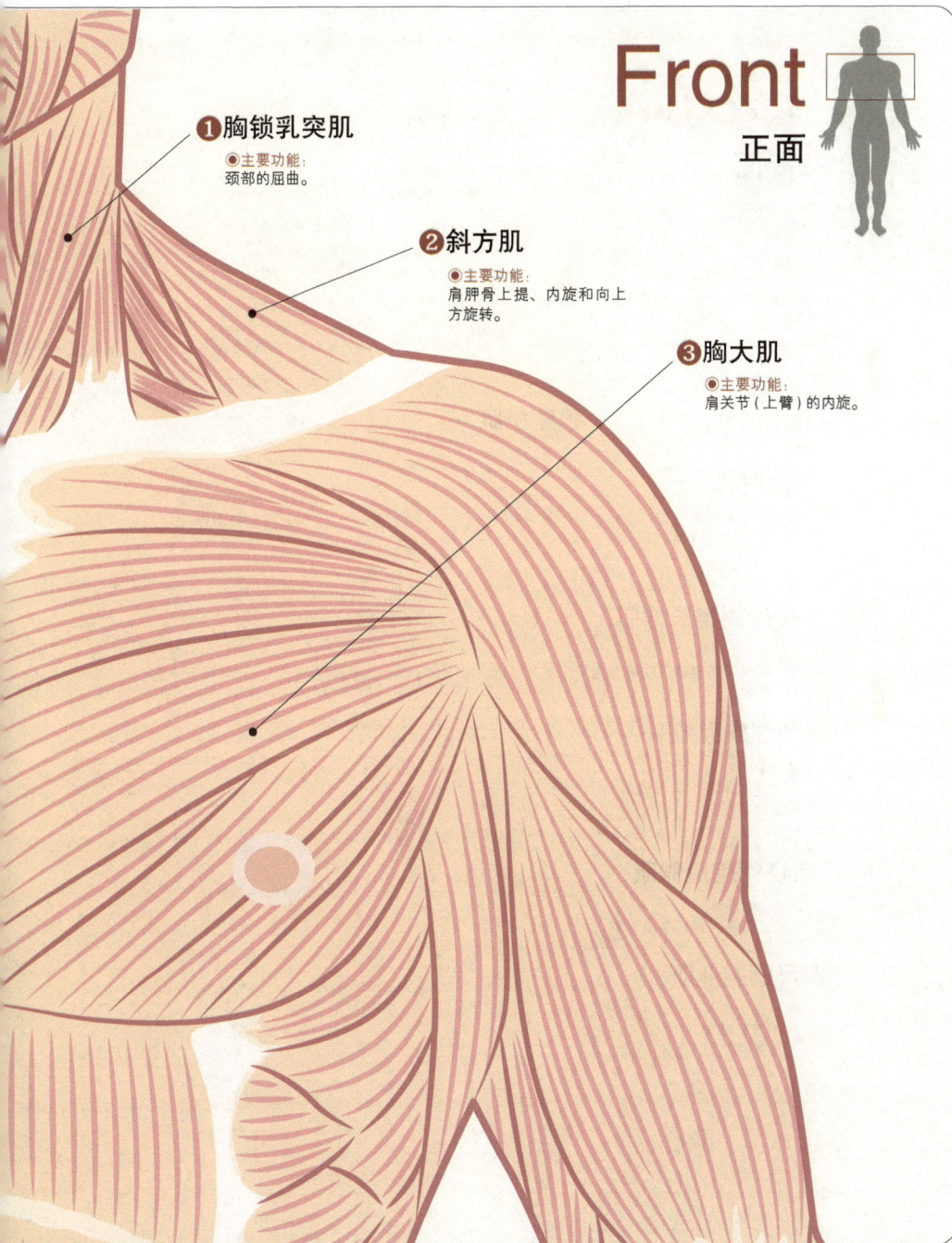

肌肉（头、胸、背）

Front
正面

❶ 胸锁乳突肌
◉主要功能：
颈部的屈曲。

❷ 斜方肌
◉主要功能：
肩胛骨上提、内旋和向上方旋转。

❸ 胸大肌
◉主要功能：
肩关节（上臂）的内旋。

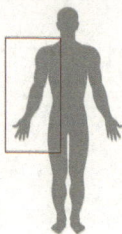

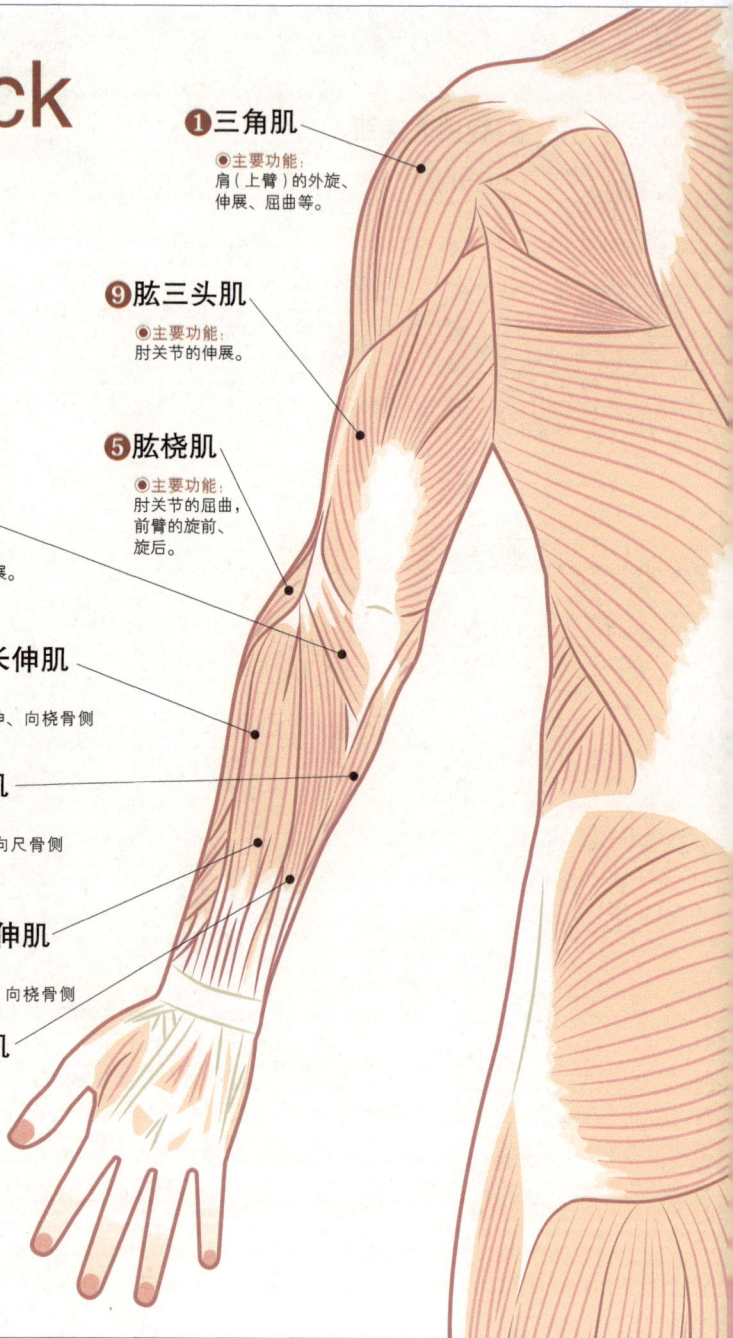

第一部分
身体结构
①
身体的构造

Upper Muscles
Shoulder & Arm

上半身的

Back

背面

❶三角肌
◉主要功能：
肩（上臂）的外旋、
伸展、屈曲等。

❾肱三头肌
◉主要功能：
肘关节的伸展。

❺肱桡肌
◉主要功能：
肘关节的屈曲，
前臂的旋前、
旋后。

❿肘肌
◉主要功能：
肘关节的伸展。

⓫桡侧腕长伸肌
◉主要功能：
腕关节的背伸、向桡骨侧
屈曲。

⓬尺侧腕屈肌
◉主要功能：
腕关节的掌屈、向尺骨侧
屈曲。

⓭桡侧腕短伸肌
◉主要功能：
腕关节的背伸、向桡骨侧
屈曲。

⓮尺侧腕伸肌
◉主要功能：
腕关节的背伸、
向尺骨侧屈曲。

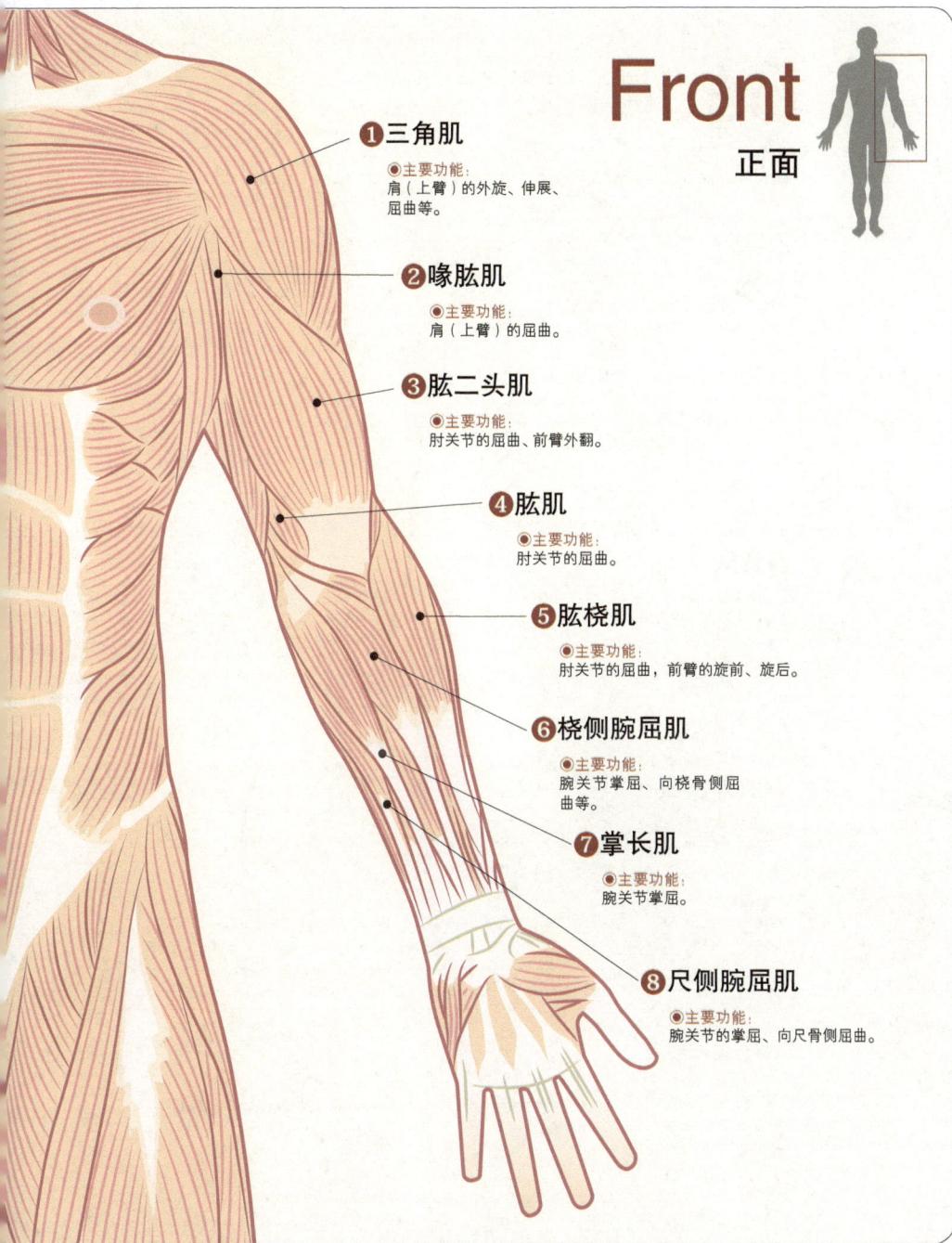

Front
正面

❶三角肌

◉主要功能：
肩（上臂）的外旋、伸展、屈曲等。

❷喙肱肌

◉主要功能：
肩（上臂）的屈曲。

❸肱二头肌

◉主要功能：
肘关节的屈曲、前臂外翻。

❹肱肌

◉主要功能：
肘关节的屈曲。

❺肱桡肌

◉主要功能：
肘关节的屈曲，前臂的旋前、旋后。

❻桡侧腕屈肌

◉主要功能：
腕关节掌屈、向桡骨侧屈曲等。

❼掌长肌

◉主要功能：
腕关节掌屈。

❽尺侧腕屈肌

◉主要功能：
腕关节的掌屈、向尺骨侧屈曲。

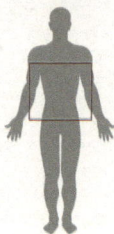

Back
背面

❶背阔肌

◉主要功能：
肩（大臂）的内旋、伸展。

❹腹外斜肌

◉主要功能：
躯干的侧屈、向相反方向回旋。

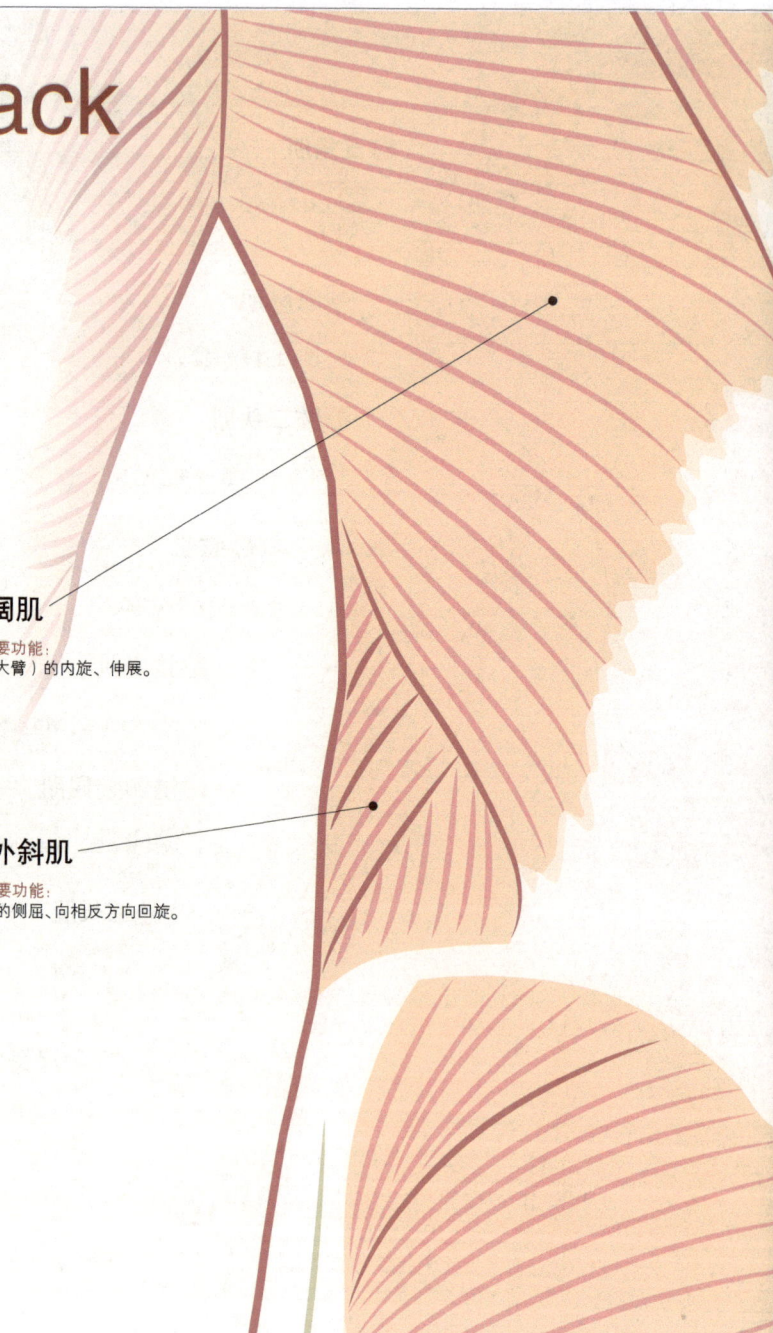

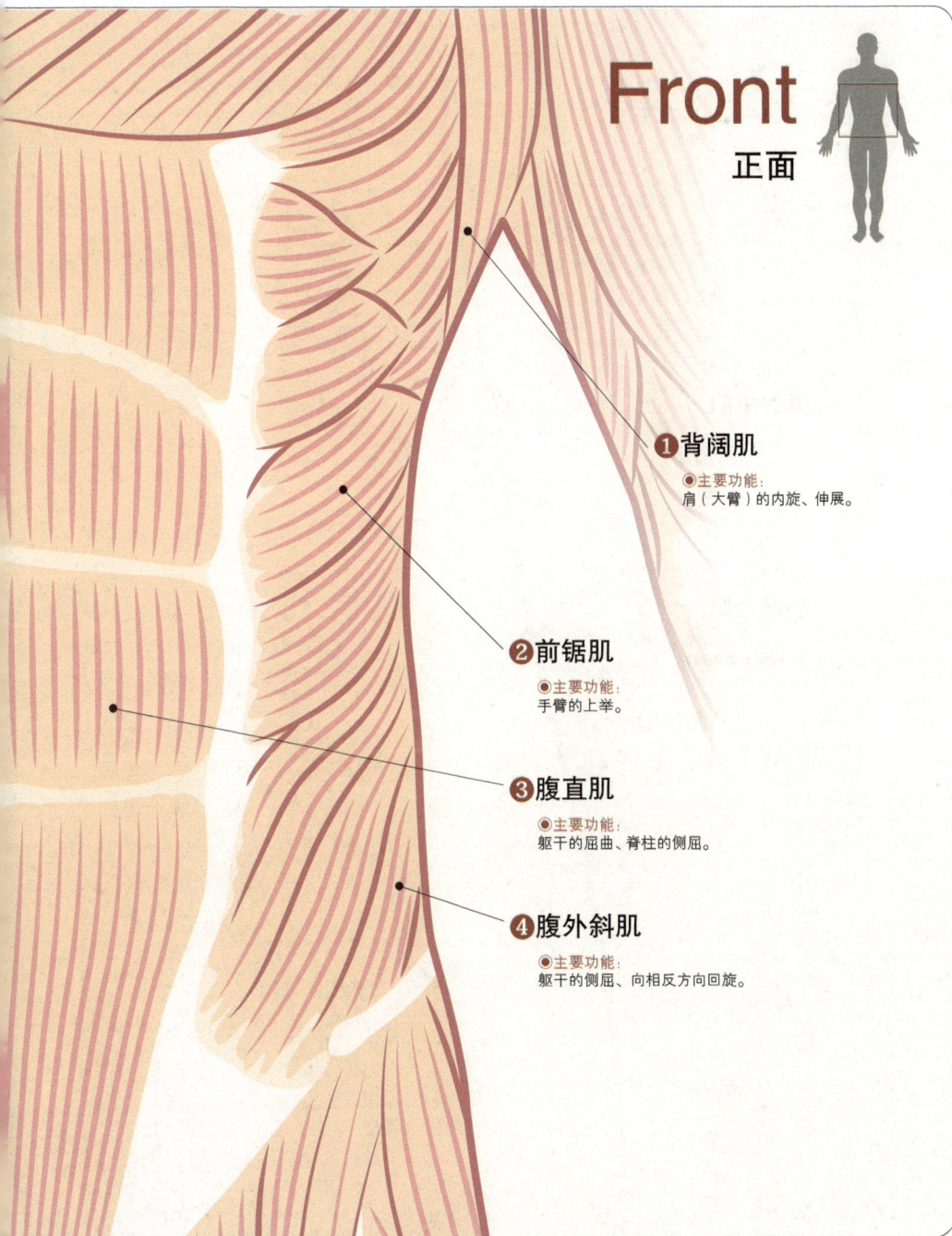

肌肉

Front
正面

❶ 背阔肌
◉主要功能:
肩(大臂)的内旋、伸展。

❷ 前锯肌
◉主要功能:
手臂的上举。

❸ 腹直肌
◉主要功能:
躯干的屈曲、脊柱的侧屈。

❹ 腹外斜肌
◉主要功能:
躯干的侧屈、向相反方向回旋。

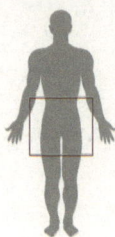

躯干下部的

Back

背面

❼臀中肌

◉主要功能：
髋关节的外旋等。

❽臀大肌

◉主要功能：
髋关节的伸展等。

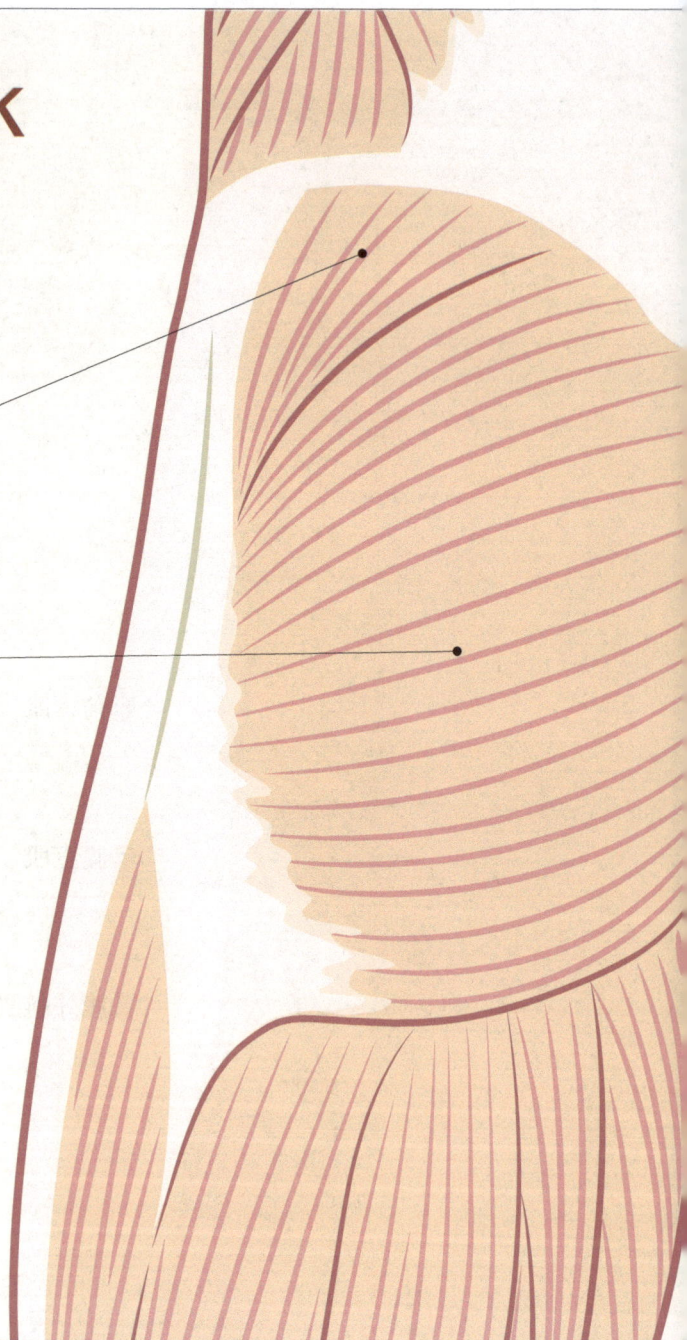

肌肉

Front
正面

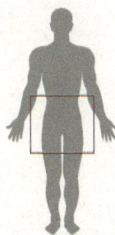

❶ 阔筋膜张肌、髂胫束

◉主要功能：
髋关节的外旋、屈曲、内旋，膝关节的伸展。

❷ 髂腰肌

◉主要功能：
髋关节屈曲，骨盆前倾。

❸ 髋关节内收肌

◉主要功能：
髋关节的内旋。

❹ 长收肌

❺ 股薄肌

❻ 缝匠肌

◉主要功能：
髋关节的屈曲、外展、外旋，膝关节的屈曲、内旋。

第一部分
身体结构

1
身体的构造

Lower Muscles
Leg

下肢的

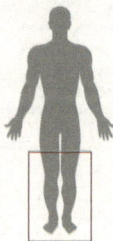

Back
背面

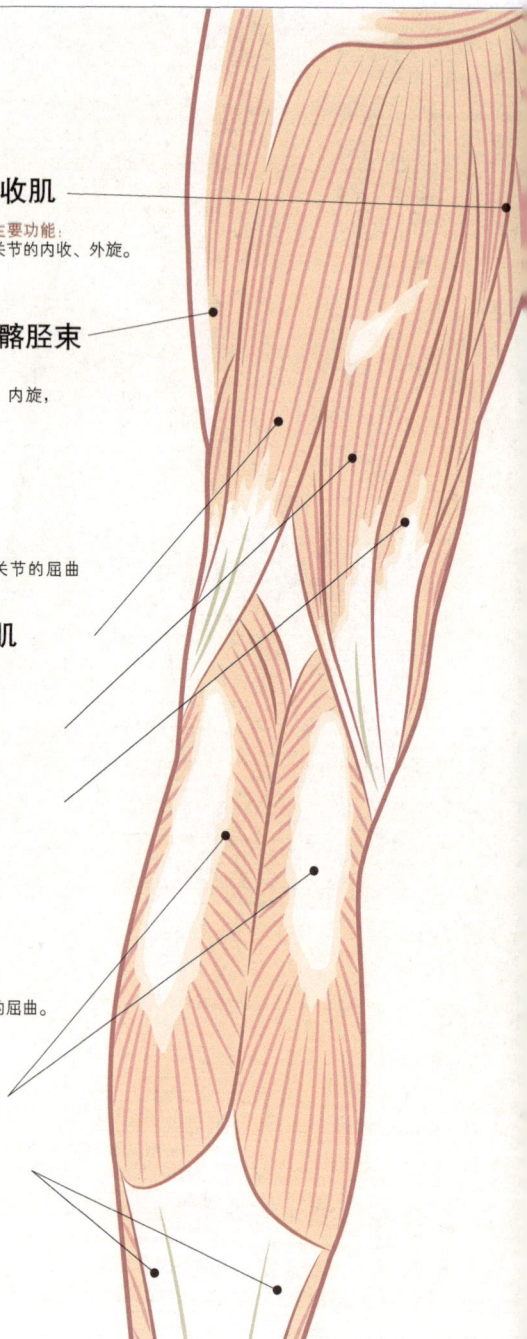

⑩ **大收肌**
◉主要功能：
髋关节的内收、外旋。

⑪ **阔筋膜张肌、髂胫束**
◉主要功能：
髋关节的外展、屈曲、内旋，
膝关节的伸展。

⑫ **腘绳肌**
◉主要功能：
髋关节的伸展，膝关节的屈曲
及内旋。

⑬ **股二头肌**

⑭ **半腱肌**

⑮ **半膜肌**

⑯ **小腿三头肌**
◉主要功能：
踝关节的跖屈、膝关节的屈曲。

⑰ **腓肠肌**

⑱ **比目鱼肌**

肌肉(腿)

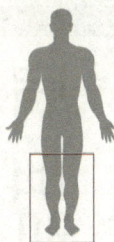

Front
正面

❶ 缝匠肌

◉主要功能:
髋关节的屈曲、外展、外旋,
膝关节的屈曲、内旋。

❷ 股四头肌

◉主要功能:
膝关节的伸展,髋关节屈曲。

❸ 股直肌

❹ 股中肌

❺ 股外侧肌

❻ 股内侧肌

❼ 腓骨长肌

◉主要功能:
踝关节的跖屈、外翻(旋后)。

❽ 胫骨前肌

◉主要功能:
踝关节的背屈、内翻(旋前)。

❾ 趾长伸肌

◉主要功能:
踝关节的背屈、外翻(旋后)等。

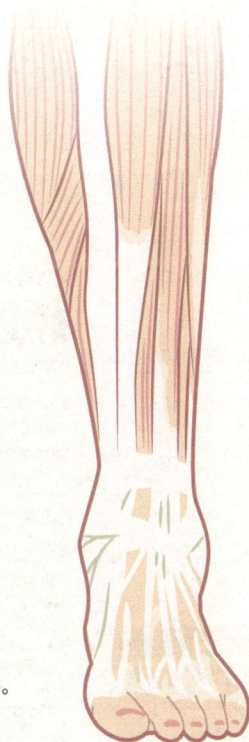

Rotator Cuff
肩袖肌群

使肩部的复杂动作保持稳定的深层肌肉群

身体以骨骼为中心，肌肉收缩使骨骼活动，关节角度发生变化，产生运动。

肌肉是几层重叠在一起的，其中浅表可见的称为"浅层肌肉群"或"外肌"，而在内侧的肌肉则被称为"深层肌肉群"或"内肌"。

外肌位于浅表，负责关节活动等直观可见的动作；与之相对，内肌主要位于深处，维持关节的稳定性，并且负责关节运动的微调整，让关节运动能顺利进行。

肩关节属于球窝关节（P42），相比其他关节是活动范围非常大的关节。但是能自由活动的另一方面是肩关节的构造很不稳定，因此会有关节唇（软骨的一种，有防止骨脱位的作用）、韧带等各种弥补关节不稳定的组织。

肩关节中有 4 块被称作肩袖的深层肌肉。

这些肌肉均是附着在肩胛骨到肱骨上的小型肌肉，从肩胛骨的上方开始，依次是冈上肌、冈下肌、小圆肌，以及肩胛骨前面的肩胛下肌。在肩关节活动时，浅层肌肉起到辅助关节运动和提高肩关节稳定性的作用，使肱骨相对于肩胛骨的旋转轴不发生错位。

◉肩部的关节运动与肌肉

动作	主动肌	协同肌
屈曲	三角肌（前束）、喙肱肌	三角肌（中束）、胸大肌（锁骨部）、肱二头肌
伸展	背阔肌、大圆肌、三角肌（后束）	肱三头肌（长头）
外展	三角肌（中束）、冈上肌	肱二头肌（长头）
内收	胸大肌、背阔肌	喙肱肌、肱三头肌（长头）、大圆肌、小圆肌
外旋	冈下肌、小圆肌	三角肌（后束）
内旋	肩胛下肌、胸大肌、背阔肌、大圆肌	三角肌（前束）
水平内收	三角肌（前束）、胸大肌（下部）	喙肱肌
水平外展	三角肌（后束）、冈下肌、小圆肌、背阔肌	

肩袖

4块肌肉各有不同的功能，但它们通过协调配合共同控制肩胛骨和肱骨的位置。

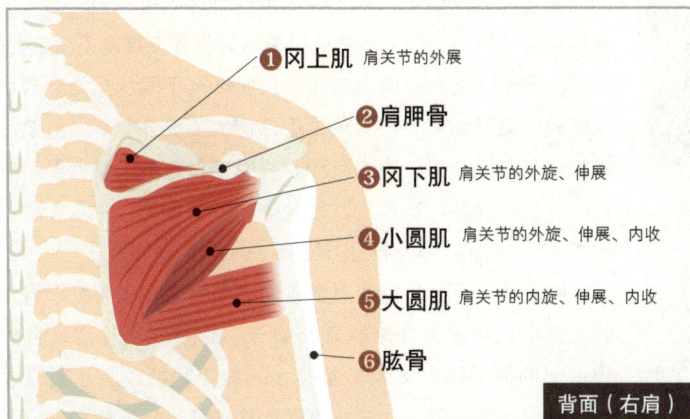

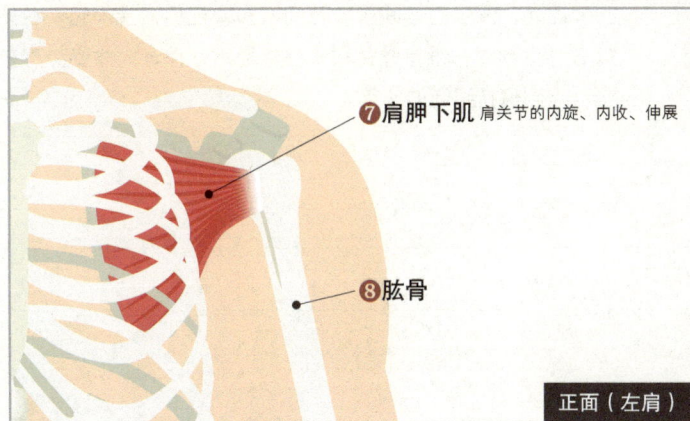

❶ 冈上肌 肩关节的外展

❷ 肩胛骨

❸ 冈下肌 肩关节的外旋、伸展

❹ 小圆肌 肩关节的外旋、伸展、内收

❺ 大圆肌 肩关节的内旋、伸展、内收

❻ 肱骨

背面（右肩）

❼ 肩胛下肌 肩关节的内旋、内收、伸展

❽ 肱骨

正面（左肩）

肩袖的联动

完成手臂从体侧上举这一动作的主要肌肉是三角肌。手臂从体侧上举时，三角肌的强烈收缩使肱骨不至于错位至肩胛骨上方，冈上肌保证肱骨与肩胛骨连接在一起。此外，肩胛下肌、冈下肌与小圆肌将肱骨向下拉动，使关节能顺滑地运动。

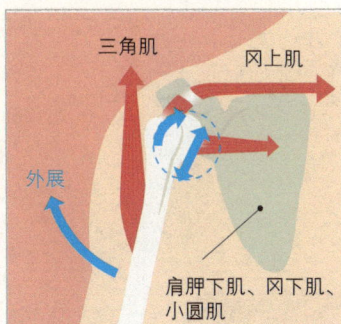

三角肌

冈上肌

外展

肩胛下肌、冈下肌、小圆肌

39

躯干的深层肌肉

Core

使躯干保持稳定的深层肌肉群

躯干一词是指身体的主体部分。要完成从上肢到下肢都参与的力量型的大型运动，躯干的稳定性是必不可少的。而人的躯干是只靠骨盆以上一个个小椎体组成的脊椎骨支撑的不稳定构造。

位于躯干浅层的肌肉与深层的肌肉有不同的功能。若从腹部肚脐的位置环切躯干，可见位于外侧的主要外肌有腹直肌、腰方肌和一部分竖脊肌。腹直肌和竖脊肌发挥着抵抗重力保持直立姿势的作用。此外，这些肌肉是身体向前后运动、左右弯曲以及扭转身体等大幅度活动时的主动肌。

位于躯干深层的主要深层肌肉有腹横肌、多裂肌和骨盆底肌等。这些肌肉呈紧身衣状环绕躯干，保持躯干稳定，另外与位于上部的横膈膜（胸腔与腹腔之间的膜状横纹肌，通过收缩和舒张完成呼吸运动）一起提高腹腔内部压力，支撑脊柱。

此外，深层的椎间肌与棘间肌和脊柱的韧带一起，在外肌完成各种活动时，维持骨盆和脊柱的稳定，保证人体姿势不至于变形，起到保持平衡的作用。

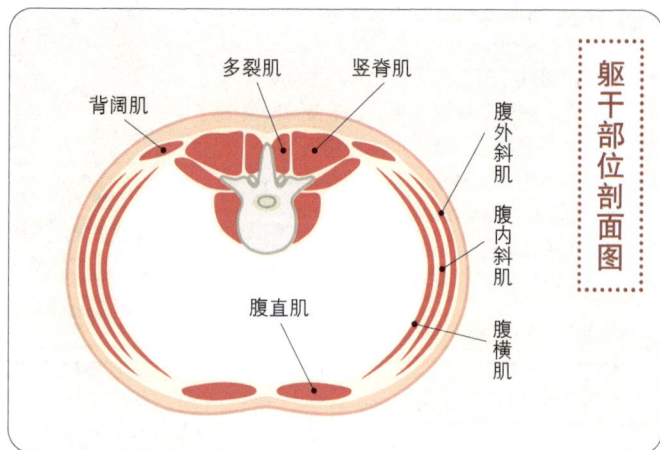

躯干部位剖面图

背阔肌　多裂肌　竖脊肌　腹外斜肌　腹内斜肌　腹横肌　腹直肌

躯干的深层肌肉

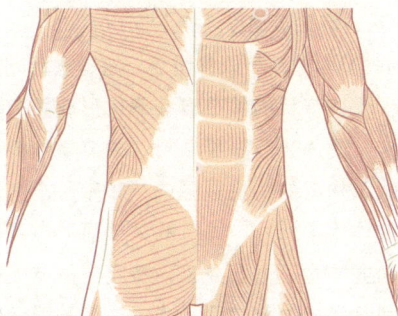

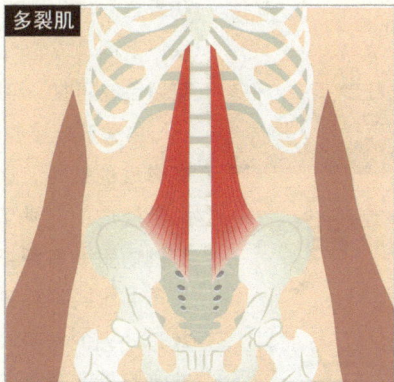

多裂肌

骨盆底肌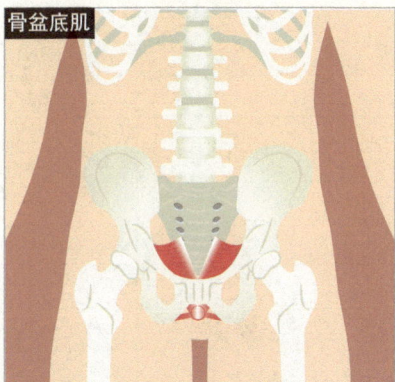

腹横肌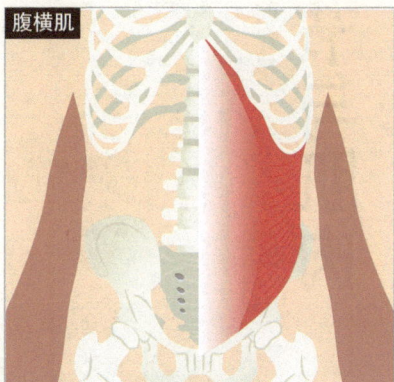

●躯干的肌肉功能

种类	肌肉	主要功能
浅层肌肉	胸最长肌	保持直立姿势（躯干运动的主动肌）
	腰方肌（外侧纤维）	躯干的侧屈、脊柱的侧屈
	腹直肌	躯干的屈曲、脊柱的侧屈
	腹外斜肌	躯干的侧屈、向对侧回转
	腹内斜肌	躯干的侧屈、向同侧回转
深层肌肉	多裂肌	维持姿势的稳定
	腹横肌	传导脊柱活动
	骨盆底肌	完成排泄等，从下方支撑内脏
	椎间肌和棘间肌	脊柱的侧屈、伸展

实现身体活动的连接结构

骨、关节与肌肉

Bone, Joints & Muscle

人体约由 200 块骨头支撑，并约由 400 块肌肉控制运动。骨和骨之间的连接部分称为"关节"。关节是由肌腱和韧带连接两块以上的骨或者肌肉通过肌腱附着在两侧的骨上而形成的。关节可以完成屈曲、伸展和环转等关节动作。

由关节连接的骨的关节面被关节软骨覆盖，它是表面光滑且有弹性的结构。这个软骨被膜状的关节囊包裹，形成关节腔。关节腔内部充满了滑液，使关节活动更顺滑。关节囊外侧和关节腔内附着有纤维性组织构成的韧性很强的"韧带"，有保护关节并维持动作稳定的作用。此外，关节的关节面形态不同，其运动轴的数量和运动方向也不同。并且，特定的关节（膝关节半月板和脊柱的椎间盘等）中有减缓冲击、提高关节适应性的缓冲结构。

膝关节的构造

● 侧面

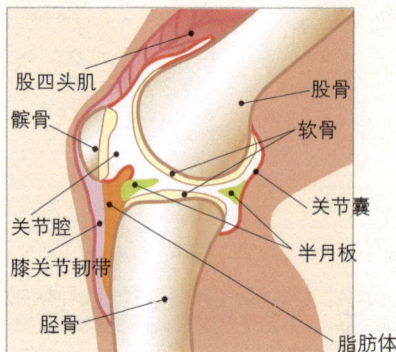

股四头肌
髌骨
股骨
软骨
关节腔
关节囊
膝关节韧带
半月板
胫骨
脂肪体

● 背面

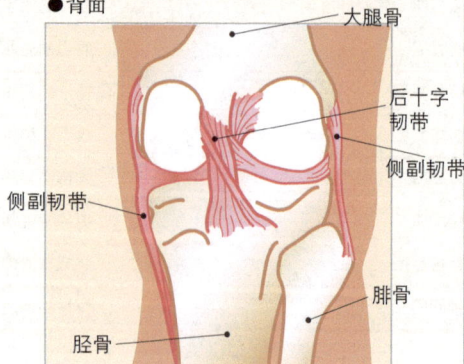

大腿骨
后十字韧带
侧副韧带
侧副韧带
腓骨
胫骨

肌肉跨过关节附着在骨上

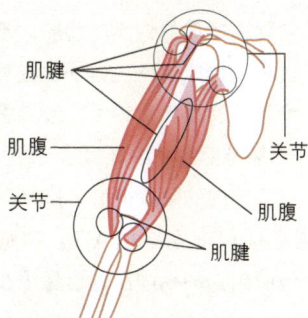

肌腱
肌腹
关节
关节
肌腹
肌腱

骨与骨通过"肌肉、肌腱和韧带"连接

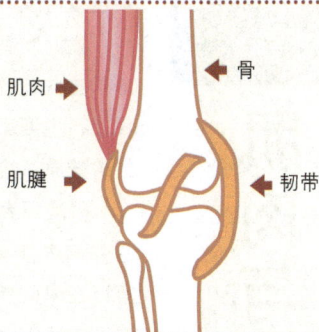

肌肉 → ← 骨
肌腱 → ← 韧带

关节的种类与位置

车轴关节
一侧骨为轴，另一侧骨围绕该轴旋转（例：颈、前臂）。

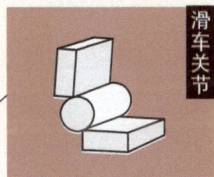

椭圆关节
一个卵形头嵌在与之对应的卵形杯中，可以向横竖两个方向移动（例：手腕）。

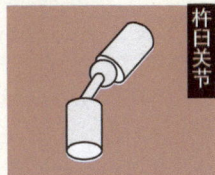

滑车关节
如蝴蝶状活动，只能在单一方向屈伸（例：肘、手指）。

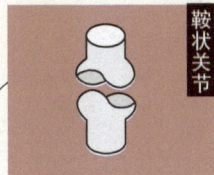

杵臼关节
关节头呈球形，关节窝较浅，可多方向转动（例：髋关节）。

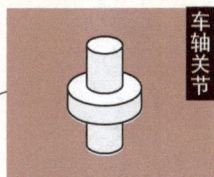

鞍状关节
两个马鞍状关节面彼此嵌合，可以向横竖两个方向移动（例：大脚趾）。

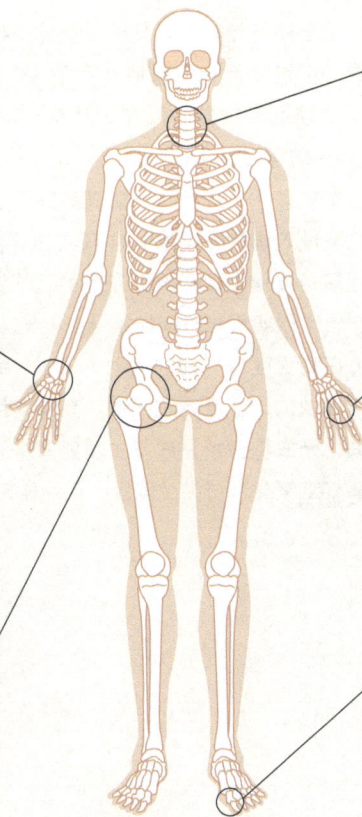

43

实现身体运动的能量生成方式

Muscle & Energy Supply

肌肉与能量供给

人类活动时，即肌肉收缩（P46）时，使用的能量是储藏在肌肉中的ATP（三磷酸腺苷）分解成为ADP（二磷酸腺苷）时释放出的。但是，肌肉中储藏的ATP数量有限，为了继续活动，必须通过合成ATP来补充。

我们的身体里储藏着从食物中摄取的糖类和脂肪，身体通过分解这些营养物质获得能量，再次合成ATP。这一过程称作能量代谢，主要渠道分为有氧气参与的有氧氧化系统、没有氧气参与的磷酸原系统（CP系统）和无氧糖酵解系统3种。

磷酸原系统是指将存在于肌肉内的磷酸肌酸分解为肌酸和磷酸并产生能量，利用这一能量将ADP再合成ATP。磷酸原系统可以在瞬间提供大量能量，但肌肉内的磷酸肌酸含量很少，完全转换的话10秒就耗尽了。

无氧糖酵解系统是指让肌肉中储存的糖类经过多次分解，转换为丙酮酸并释放能量，将ADP再合成为ATP。分解先从血液中的葡萄糖开始，在运动造成血糖不足、无法供能时，通过分解肌肉和肝脏中储存的糖原，用于ATP再合成。无氧糖酵解系统的运转速度和维持时间在3种系统中都处于中等，完全转换的话30秒左右会耗尽。

有氧氧化系统是让无氧糖酵解系统生成的丙酮酸和血液中的脂肪酸进入细胞线粒体中的TCA循环，生成ATP。有氧氧化系统的运转速度慢，但只要有充足的氧气供应，并且有糖类和脂肪为原料，可以实现长时间持续供应能量。

在高强度短时间的运动（100米跑等）中，大部分能量由运转速度快的磷酸原系统提供。高强度且持续时间在1分钟左右的运动，无氧糖酵解系统是主要能量来源。比这强度低的运动，主要靠有氧氧化系统供应能量，运动能持续很长时间。

ATP再合成的3种途径

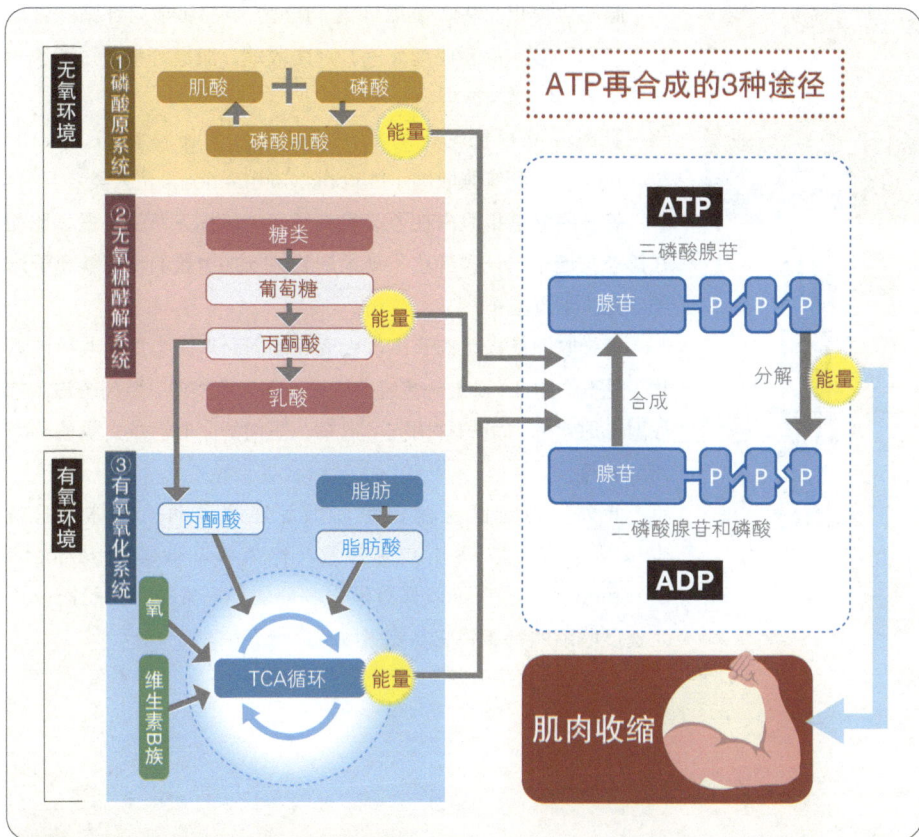

无氧环境

①磷酸原系统

肌酸 ＋ 磷酸
磷酸肌酸
能量

②无氧糖酵解系统

糖类
葡萄糖
丙酮酸
乳酸
能量

有氧环境

③有氧氧化系统

丙酮酸　脂肪
脂肪酸
氧
维生素B族
TCA循环　能量

ATP
三磷酸腺苷
腺苷 — P P P

合成　分解　能量

腺苷 — P P P
二磷酸腺苷和磷酸
ADP

肌肉收缩

知识点

乳酸不是导致疲劳的物质吗？

在强度较低的运动中，无氧糖酵解系统生成的丙酮酸被输送给有氧氧化系统，用于 ATP 再合成。运动强度较高时，丙酮酸会转化为乳酸释放到血液中。乳酸在被生成的肌肉中再次转化为丙酮酸，并通过 TCA 循环参与 ATP 再合成，或是被运往肝脏和其他肌肉，转化为丙酮酸和葡萄糖再次被利用。一直以来，乳酸被认为是导致疲劳、阻碍运动的物质，近年来的研究正在逐渐否定这一看法。

运动时的能量供给

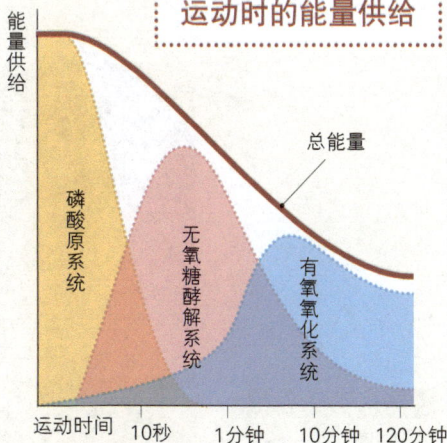

※源自《简明生理学》岩濑善彦等（编）南江堂。

能量供给

磷酸原系统　无氧糖酵解系统　有氧氧化系统

总能量

运动时间　10秒　1分钟　10分钟　120分钟

肌肉收缩
Muscle Contraction

肌肉产生的力量是有方向的

脑一旦发出指令，肌原纤维（P26）中的肌节内纤细的细肌丝会穿插到较粗的粗肌丝之间，产生收缩，肌原纤维缩短变粗。这就是肌肉收缩的原理。

肌肉收缩根据活动方式，可以分为等长收缩（Isometric Contraction）和等张收缩（Isotonic Contraction）两大类。

等长收缩是指肌肉在不改变其长度的前提下产生力量，比如在静态推墙中，这种静止不动地向物体施加力量的状态就属于这类收缩（下页图1）。

等张收缩是指肌肉长度发生变化的同时产生力量的收缩的总称（见下页图2）。进一步细分的话，等张收缩中，肌肉缩短（如屈肘）时产生力量的称为向心收缩，肌肉舒张时产生力量的称为离心收缩。

此外，相对健身器械等以恒定速度运动的物体，肌肉也以恒定速度收缩并产生力量，称为等动收缩（Isokinetic Contraction）。它可以算是等张收缩的"兄弟"，但肌肉以恒定速度收缩的特点将它与等张收缩区分开来。

知识点

体育运动中的肌肉收缩

在体育运动等实际的运动中，肌肉收缩不太会单独发生。大多数情况下离心收缩之后紧接着就是向心收缩。这种离心、向心收缩的组合称为拉长-缩短周期（Stretch-Shortening Cycle）。对运动员的动作灵活性和爆发力有较高要求的运动项目特别看重这一循环。

运动是反复进行肌肉拉伸与缩短的运动。

肌肉收缩形式

等长收缩
Isometric Contraction

等张收缩
Isotonic Contraction
- 向心收缩
  Concentric Contraction
- 离心收缩
  Eccentric Contraction
- 拉长 – 缩短周期
  Stretch–Shortening Cycle

等动收缩
Isokinetic Contraction
- 向心收缩
  Concentric Contraction
- 离心收缩
  Eccentric Contraction

拉长 – 缩短周期属于等张收缩，此外等动收缩中也有向心收缩和离心收缩。

等长收缩

Isometric Contraction
【图1】

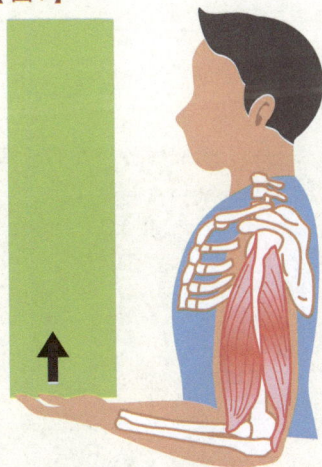

当推墙壁等静止不动的物体时，肌肉不动但是产生力量。

等张收缩

Isotonic Contraction
【图2】

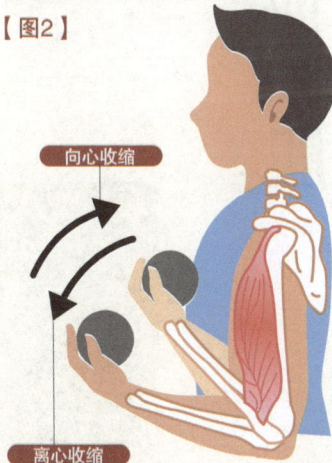

向心收缩

离心收缩

上下托举杠铃时，力量的产生伴随着肌肉长度的变化。如果产生力量时肌肉缩短，就是向心收缩，如果产生力量时肌肉拉长，就是离心收缩。

肌肉联动完成动作

主动肌、拮抗肌与协同肌

Agonist/Antagonist/Synergist

人做出一个动作时，其核心收缩的肌肉称为"主动肌"。除主动肌收缩以外，还需要某些肌肉收缩以加强这一动作，这些肌肉即为"协同肌"。"拮抗肌"则是指主动肌收缩过程中，位于主动肌相反一侧并同时舒张伸长的肌肉。

一块肌肉（主动肌）发挥作用时，与之相应的拮抗肌自发地舒张，使动作能顺利完成，这被称为交互神经支配。

例如，弯曲肘关节时，肱二头肌作为主动肌收缩。同时，肱三头肌受交互神经支配，收到放松指令并舒张伸长。

相反，伸直肘关节时，肱三头肌作为主动肌收缩，肱二头肌称为拮抗肌舒张。拮抗肌的舒张是自发的，但完全放松不用力的话会引发关节疼痛，因此需要保持微微紧张的状态，调整运动速度和角度。

锻炼某块肌肉时，会同时锻炼其协同肌和拮抗肌，优化肌肉力量的平衡，肌肉的力量才能得到更好的发挥。

相反，如果只偏重于某一块肌肉的练习，薄弱处肌肉会紧张，引起肌肉、肌腱和关节的疼痛。

此外，肌肉拉伸时，有意让主动肌相对应的拮抗肌收缩，能更好地让主动肌得到拉伸。

在体育运动中，理解每个动作的主动肌是哪个、协同肌是哪个、拮抗肌是哪个，能提高在运动中的表现，并有助于预防运动损伤。

相关页	
肌肉收缩	P46
肌肉拉伸	P178

知识点

关注身体背面的肌肉

无论在体育运动还是日常生活中，相比身体正面的肌肉，我们往往会忽视背面的肌肉。特别是手臂内侧的肱三头肌和大腿的腘绳肌等，虽然平时注意不到，但是要有意识地去锻炼这些部分。

主动肌、拮抗肌和协同肌的原理

肘的屈曲、伸展

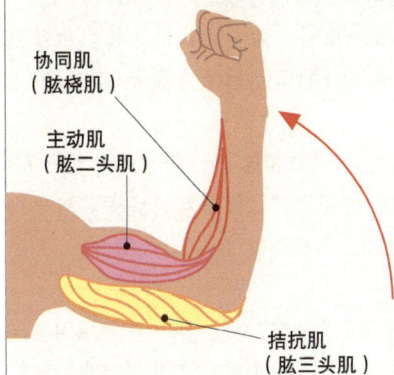

协同肌
（肱桡肌）

主动肌
（肱二头肌）

拮抗肌
（肱三头肌）

拮抗肌
（肱二头肌）

主动肌
（肱三头肌）

屈曲

肘弯曲时，肱二头肌为主动肌，肱三
头肌为拮抗肌，肱桡骨为协同肌。

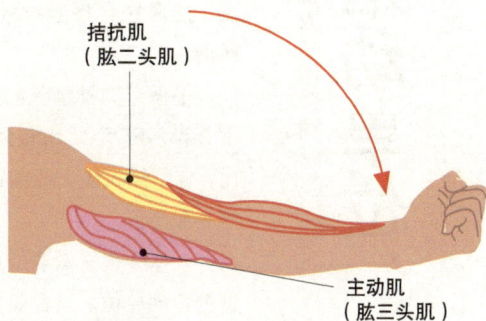

伸展

肘伸展时，肱三头肌为主动肌，肱二头
肌为拮抗肌。

●主要训练项目涉及的主动肌、拮抗肌、协同肌

训练项目	主动肌	协同肌	拮抗肌
卧推	胸大肌	胸小肌	背阔肌、肱二头肌
深蹲	股四头肌、臀大肌和腘绳肌	竖脊肌和小腿三头肌等	—
硬拉	竖脊肌（下束）、臀大肌和腘绳肌	股四头肌、背阔肌和斜方肌	—
仰卧起坐（屈膝）	腹直肌	腹内斜肌、腹外斜肌和髂腰肌等	脊柱伸展肌群
划船	背阔肌	大圆肌、小圆肌、斜方肌和肱二头肌等	胸大肌、三角肌（前束）
伸膝	股四头肌	—	股二头肌
屈膝	股二头肌	半腱肌、半膜肌、腓肠肌等	股四头肌

运动单位

Motor Unit

依据大脑指令同时工作的肌纤维的集合

我们的身体按照大脑发出的指令完成肌肉收缩，使其连接的骨和骨的关节发生活动，从而实现运动。

大脑发出的指令通过脊髓传递给运动神经元，再由这一神经传递到肌肉，使肌肉收缩。

肌肉由无数丝状肌肉纤维合成束构成。分支的运动神经元传来的刺激会令数十甚至数百条肌纤维同时收缩。

这种同时收缩的肌纤维的集合，被称为运动单位。也就是说，这种由许多肌纤维聚合形成的运动单位大量聚集，形成了肌肉。

根据运动神经元的类型，运动单位被分为 FF 型、S 型和 FR 型 3 种。FF 型体积较大且收缩速度快，但是容易疲劳。与之相比，S 型体积小，收缩速度慢，抗疲劳能力强。FR 型介于 FF 型与 S 型之间。

人体会根据需要使用的肌肉力量的水平，来决定使用何种类型的运动单位。所需肌肉力量水平较低时会调动 S 型，水平较高时 FF 型也会被调动。

需要爆发力的超等长收缩会优先调动 FF 型运动单位。

因此，训练时了解该训练是在调动哪种类型的运动单位是十分重要的。

知识点

100%的力量

运动单位在接收到大脑的指令后，都会以 100% 的收缩产生力量。但是，即便处于"全力"状态也并非所有的运动单位都参与，并且各个运动单位产生最大力量的时间是错开的。

因此，提高运动单位的参与率，让各个运动单位发挥最大力量的时间重合，可以使产生的力量最大化。

运动单位

收到大脑指令同时活动的肌纤维的集合，称作运动单位。

脊髓

运动神经元

运动单位

肌纤维

肌腹

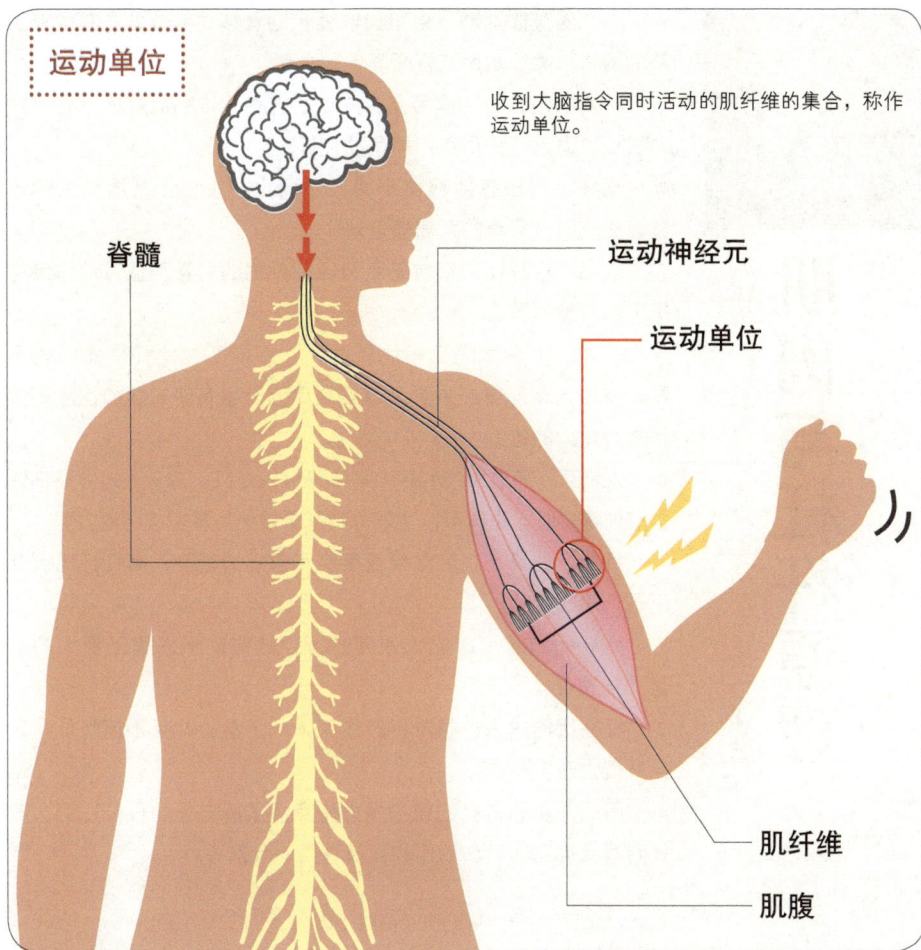

运动单位的3种类型

根据结构中的运动神经元的种类，运动单位被分为3种类型。
各个运动单位根据指令参与相应的运动。

S型

收缩速度慢，抗疲劳能力强。调动的肌纤维是红肌纤维。

FR型

介于 S 型和 FF 型之间。调动的肌纤维是白肌纤维和红肌纤维之间的 FOG 纤维。

FF型

体积大，收缩速度快，容易疲劳。调动的肌纤维是白肌纤维。

肌肉与杠杆原理

Muscle Contraction & Leverage

人体中的杠杆比例决定运动的力量和速度

人类的身体活动是由肌肉收缩带动骨移动完成的。其中有关节的参与，关节利用杠杆原理传递力量。

人体中，有按"作用点、支点、力点"排列的杠杆，也有按"支点、力点、作用点"排列的杠杆。

杠杆比例随身体部位不同而不同，一般动作范围较大的部位，支点到作用点的距离较远。

因此，杠杆比例影响着肌肉实际产生的力量和通过动作传导出来的力量的差。

此外，个体之间互相比较的话，相同部位的杠杆比例也不同，有使末端部位产生更大速度的比例，也有使末端的速度不大但是力量大的比例。

人们可以通过肌肉的耐力训练只锻炼红肌，或者通过力量训练重点训练白肌，这样可以让发力特征更接近力量型或者耐力型。

另外，力量型也分重视速度型和重视力量型，其杠杆比例几乎是无法改变的。

杠杆比例越小、最大速度越低，这有助于发挥出更大的力量和加速度。

杠杆比例越大，越难以产生强大的力量，并且不擅长加速，但是最大速度更快。

因此，熟悉自己的肌肉发力特点，了解自己的杠杆比例，对找到适合自己的运动动作和竞技种类十分重要。

知识点

杠杆原理

（支点到力点的距离）×（力）＝（支点到作用点的距离）×（重力）。这就是杠杆原理。若要产生相同的力量，支点到作用点的距离越远，运动速度越快，但是能负担的重量减少。距离短时，能负担更大的重量，但是运动速度慢。手臂越长的人，能投出越快的球，但是不擅长掰手腕。腿越长的人最大速度越快，但是不擅长起跑。

相关页

肌肉收缩	P46

人体中的杠杆原理

①力点（F）和作用点（W）在支点（O）的两侧

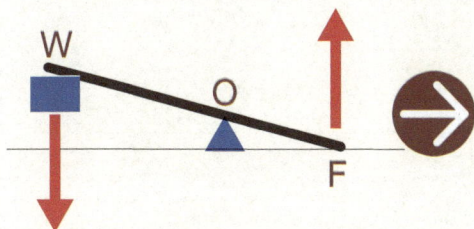

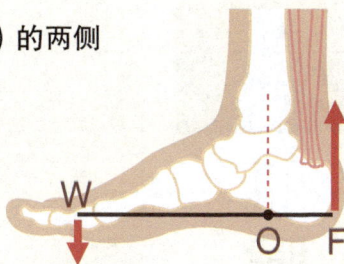

②力点（F）和作用点（W）在支点（O）的同一侧

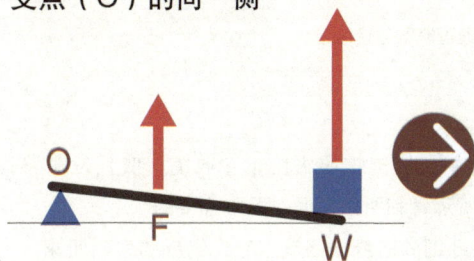

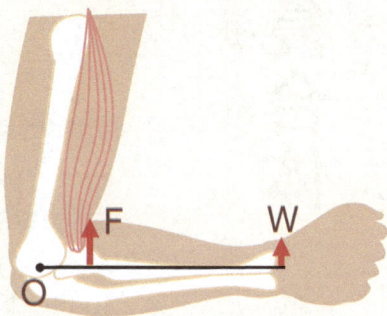

杠杆比例的个体差别

同一个关节的杠杆比例因人而异

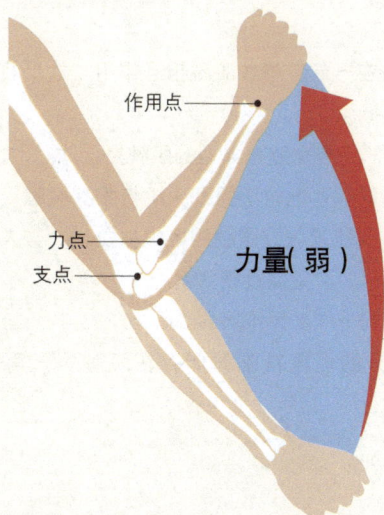

作用点
力点
支点
力量（弱）
速度（快）

肘关节到手的距离长的人，手腕弯曲时的力量较弱，但是速度快。

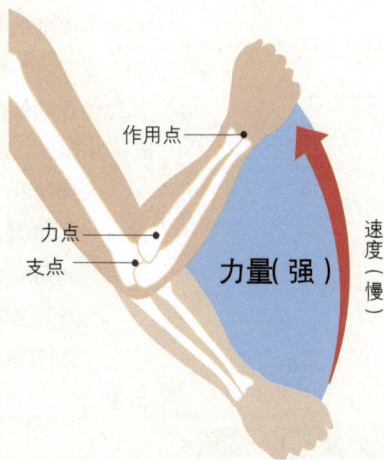

作用点
力点
支点
力量（强）
速度（慢）

肘关节到手的距离短的人，手腕弯曲时的力量强，但是速度慢。

肌腱复合体

Muscle-Tendon Complex

理解肌肉与肌腱的特性，有助于实现更好的跳跃

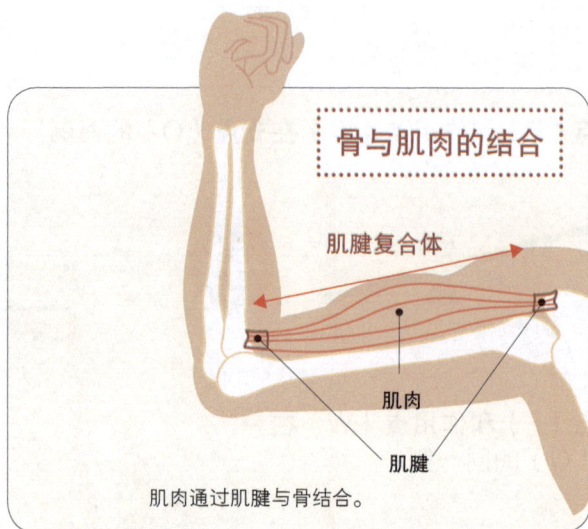

骨与肌肉的结合

肌腱复合体

肌肉

肌腱

肌肉通过肌腱与骨结合。

在人类的身体中，肌肉按照大脑指令收缩，使骨发生移动（P42）。如上图所示骨和肌肉是通过肌腱连接的。

肌肉由一根根纤细的肌纤维组成，它们结成的束叫肌束，进而组合成肌腹。

肌腹与肌腱的连接处称作肌腱结合部，肌腹和肌腱合起来称作肌腱复合体。肌肉与肌腱分工不同，相互协作。

例如，当受到来自外部的力量冲击时，肌肉根据外力收缩、舒张，肌腱会将外部力量（能量）暂时储存起来，它有可以拉长和强力收缩的特殊性质。

这二者的性质结合在一起，称作肌腱相互作用，这是我们理解身体运动所需的重要概念。

小腿肚（小腿三头肌）与跟腱是典型的肌腱复合体。

连续跳跃（弹跳）时，落地时小腿三头肌与跟腱肌腱复合体被拉长，这时，小腿三头肌紧张，跟腱相应地被拉长。当人体可以有效利用缩短的力量时，能提高跳跃效率。

肌腱复合体是像弹簧一样发挥作用的。

身体下落时一部分的能量被临时储存在肌腱中，再释放出来。

跳跃时的肌腱复合体

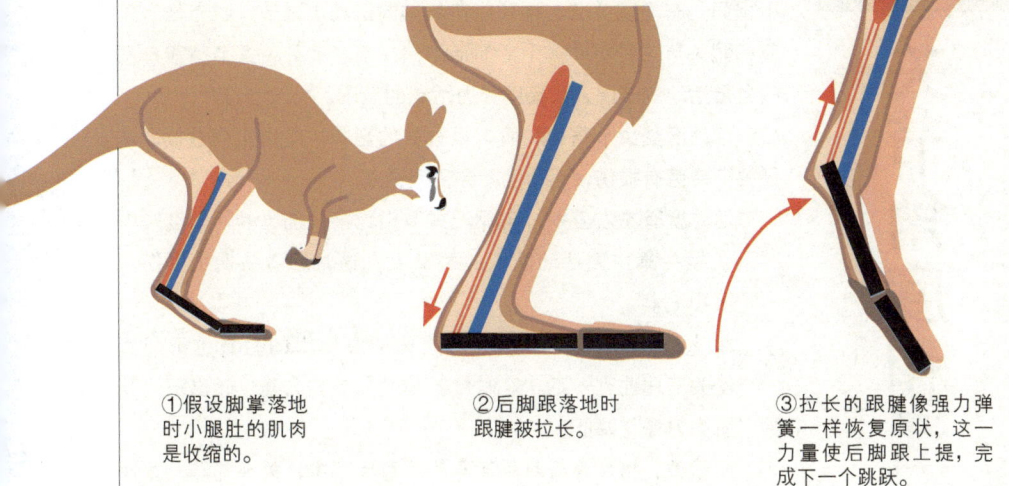

①假设脚掌落地时小腿肚的肌肉是收缩的。

②后脚跟落地时跟腱被拉长。

③拉长的跟腱像强力弹簧一样恢复原状，这一力量使后脚跟上提，完成下一个跳跃。

小腿三头肌与跟腱的肌腱复合体

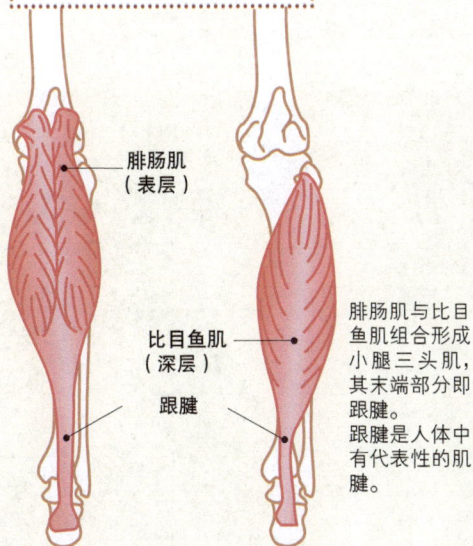

腓肠肌（表层）

比目鱼肌（深层）

跟腱

腓肠肌与比目鱼肌组合形成小腿三头肌，其末端部分即跟腱。跟腱是人体中有代表性的肌腱。

进行肌肉力量和拉伸训练时，要思考各种训练是如何影响肌腱复合体的，然后将各种训练组合起来对训练效果是十分重要的。

特别是跑步和跳跃时，如果能有效利用肌腱的相互作用，就能产生更大的力量，从而用更少的能量跑动。

使肌腱复合体的相互作用发挥作用，利用其弹性能量进行的训练就是快速伸缩复合训练（P126）。

关节角度和活动度

控制动作大小和产生力量的关节构造

Articular Angle & Range of Motion

运动是肌肉按照大脑的指令进行收缩、带动骨移动、使关节角度变化而产生的。

进行屈伸运动和做扭转身体的动作时，相应关节最大限度活动的范围称作"活动度"。

人体内各种各样的关节由于结构不同，各自的标准活动度也不相同。有像膝关节这种只能在单方向活动的关节，也有像肩关节和髋关节这种可向多个方向活动的关节。此外，关节有靠自己的力量活动的范围，和借助外力活动的范围。

活动度受关节结构和肌肉柔软度的影响，肌肉柔韧性低，或是关节疲劳有损伤，活动度就会受到限制。

活动度有左右差别，与邻近关节相比某个部分的活动度较小时，负担会集中到活动度大的关节上，这时后者易发生损伤，一定要小心。

此外，关节活动角度不同的肌肉能发挥出的力量也不同。

使关节屈曲到一定状态时最容易发挥肌肉力量，超出那个范围，肌肉力量将降低。

在球类、格斗等与对手竞争的体育比赛中，关节并非一直保持在最佳角度，因此，在进行肌肉力量训练时，要注意关节角度。在实际训练中不仅要寻找能产生最大力量的角度，也要进行其他角度的训练。

另外，对于老年人来说，恢复活动受限的关节活动度，对于预防跌倒十分重要。

知识点

搏击的必要性

在柔道、摔跤和相扑等运动中，人们要进行"对打"。
在这个过程中人们要找到一个有利的姿势，来使自己处在容易发挥力量的关节角度，而使对手处在关节不易发挥力量的角度。

关节活动度

决定活动度的是关节的构造和肌肉的柔韧性。肌肉僵硬会导致关节活动范围变小。

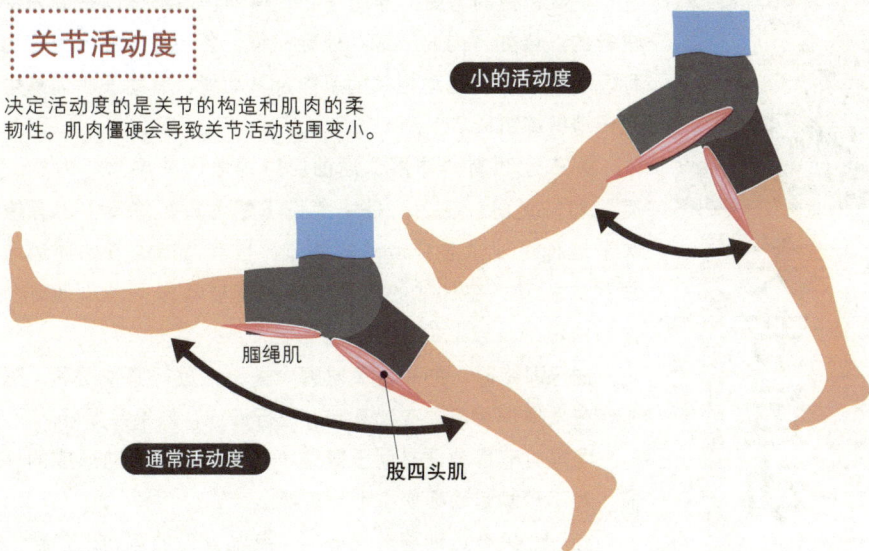

小的活动度

腘绳肌

通常活动度

股四头肌

根据关节角度变化的力量

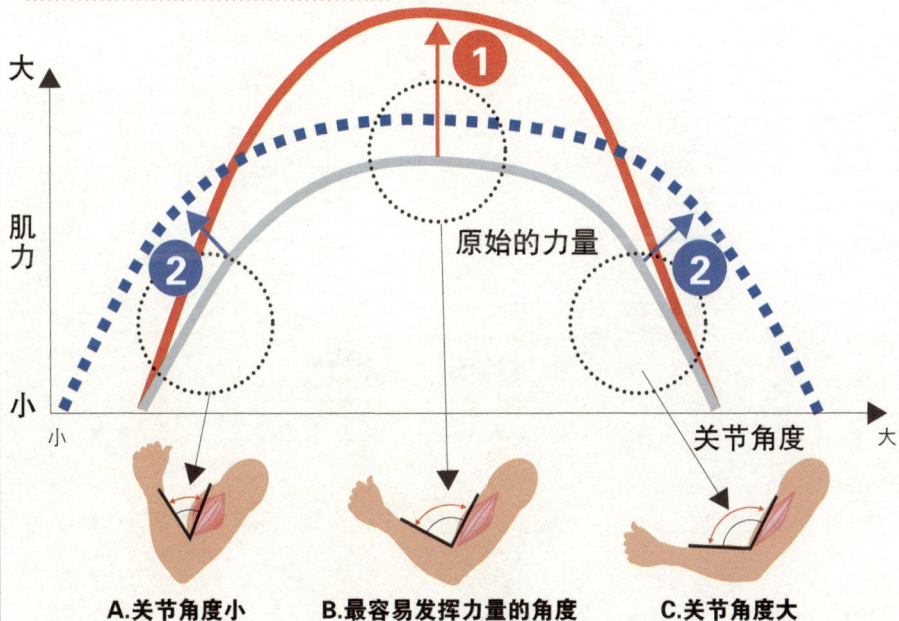

大

肌力

小

① 原始的力量

②

②

小

关节角度

大

A.关节角度小

B.最容易发挥力量的角度

C.关节角度大

● 肌肉产生的力量随关节角度的变化而变化。B角度是最容易发挥力量的角度。越接近角度A和C，力量越弱。
● 要提高力量，可以在B角度提升最大力量①，以及扩大能产生较大力量的范围②。

关节运动

Articular Movements

理解每个动作的结构，并在训练中活用

手臂和腿的弯曲、伸展和旋转等动作，都是以关节为中心进行的。诸如"内收"或"外旋"等，各个动作都有相应的名称。了解与关节运动相关的肌肉及其功能，有助于在训练中有意识地锻炼肌肉。

关节运动有"伸展、屈曲""内收、外展""内旋、外旋"和"旋前、旋后"等（参见下图）。在关节中，有像肩关节这种可以做各种运动的关节，也有像指关节这种运动受限制的关节。在日常的各种动作和竞技动作中，几乎每个动作都由两个及以上的关节运动组合而成。

进行训练时，如果能了解哪个关节在进行哪种运动、哪块肌肉在发挥作用，并在此基础上进行训练，效果会更好。

理解关节运动，有助于避免不平衡的关节运动形成的坏习惯，对于预防运动损伤也十分重要。

当一个关节运动不够充分时，会靠其他的运动来代偿。某个部位受伤或者老年人做某个动作有障碍时，会有其他关节来补充，这种代偿可以说是很方便的。但竞技运动选手如果利用了本不该使用的关节，就会造成问题。

处于入门阶段的训练者要重点注意上述问题，并可以利用肌力训练来更好地理解肌肉与关节运动的关系。

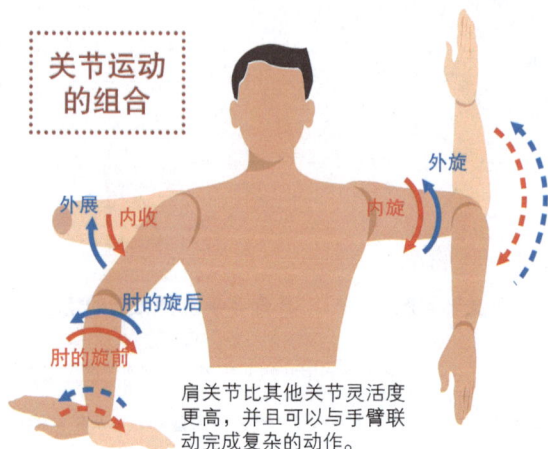

关节运动的组合

外旋

外展 内收 内旋

肘的旋后

肘的旋前

肩关节比其他关节灵活度更高，并且可以与手臂联动完成复杂的动作。

各种关节运动

髋关节

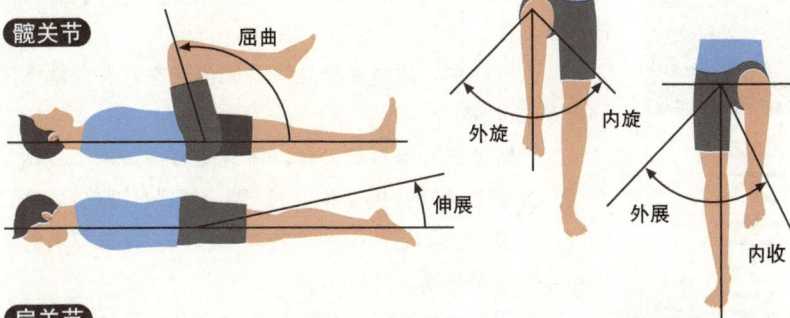

屈曲　伸展　外旋　内旋　外展　内收

肩关节

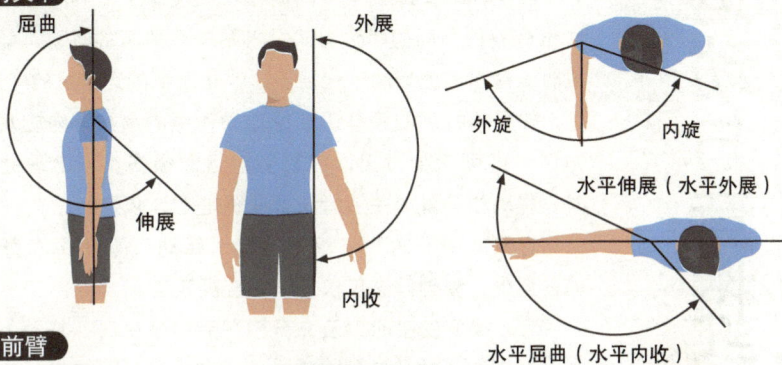

屈曲　伸展　外展　内收　外旋　内旋

水平伸展（水平外展）

水平屈曲（水平内收）

前臂

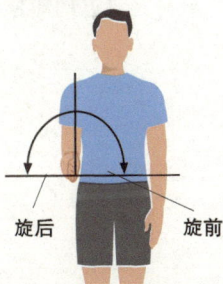

旋后　旋前

踝关节

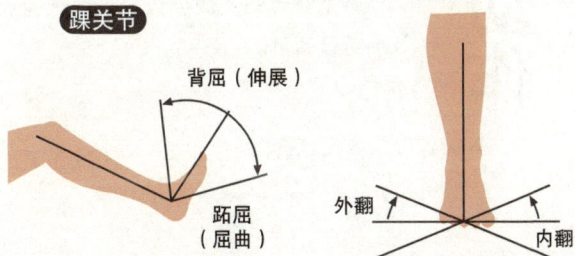

背屈（伸展）　跖屈（屈曲）　外翻　内翻

肘关节

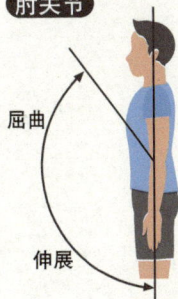

屈曲　伸展

膝关节

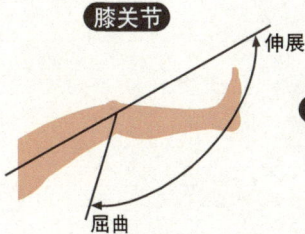

伸展　屈曲

躯干

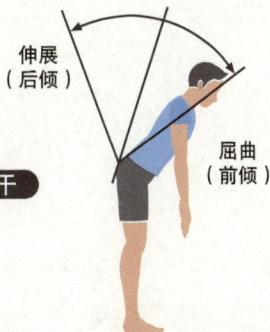

伸展（后倾）　屈曲（前倾）

源自：川野哲英《功能性训练》。

第一部分　身体结构

2　身体与运动

关节运动

关节运动与竞技动作

一种复杂的关节运动的组合

Articular Movement & Motion in Sports

竞技动作几乎都是由数个关节运动组合而成的。

投球动作中单是手臂的动作就非常复杂。例如，只看肩部和肘部，在抬高肘部时，就包含了肩关节外展、外旋和肘关节屈曲这些动作。

体育竞技中，人体必须在短时间内连贯且有力地完成一系列复杂的动作。

为了概括这些复杂的动作，体育竞技中使用了"轴"这个术语。如棒球运动挥棒动作中的"中心轴"，跑步中的"双轴跑法"，高尔夫和游泳中的"转动动作"。这些都是对复杂动作组合的直观描述。

但是，即使外观相同的动作（如投球），其内在的关节运动也有各种不同的组合方式。当某一个关节的运动不能充分完成时，会由其他运动来代偿。这就是所谓的运动员的"个性"。

如果给特定的关节（如投球动作中的肩关节内旋及肘关节伸展）过度增加负担，容易引起运动损伤。当出现动作障碍时，将动作分解成关节运动来理解是十分必要的。

想象"中心轴""双轴"和"转动"等动作本身是有效的，但是，要理解这仅仅是一种直观表达。

运动损伤发生时以及充分预料到会发生时，其他人要注意避免对运动员的姿势轻易地进行调整，或是将自己的印象强加给运动员。

概括动作的直观术语

双轴

从双脚延伸出的"两条轴"穿过身体的活动。在双轴跑法的概念中双脚落在两条轨迹上。

旋转运动

为使球杆头部的轨迹连贯，从后摆到送球这一段，"肩、上半身、腰和手臂"向挥棒方向转动的动作。

中心轴

挥棒等动作中，身体中有一条轴穿过的概念。身体在保持轴心稳定的前提下做转动运动。

代偿动作

锻炼不到目标肌肉
注意该动作会导致训练效率下降

某个动作完成起来很困难时，会由别的动作或别的肌肉来补充，这个补充的动作叫代偿动作。训练中如果不能正确利用应该用的肌肉，就无法取得理想的效果。此外，运动练习中，不能完成正确的动作，就无法提高技术水平。因此，出现代偿动作会妨碍训练效果和技术水平的提高。

例如，开始做侧平举的动作时躯干前后晃动，或是反复深蹲中使用踝关节发力等，这些代偿动作发生时，施加到原本想要锻炼的肌群上的负荷会减少，从而导致目标肌肉的锻炼不充分。

如何不诱发
代偿动作
实现有效的
肌肉训练

❶绝不与他人竞争！
❷不去在意重量和次数！
❸始终注意目标肌肉！
❹将基本动作牢记在心！

第二部分

Practical Training

实战训练

第二部分主要介绍力量和耐力的训练理论、基本原则、训练的设计方法及其管理。此外，本部分会对常见的各种运动训练，以及实战中必要的术语，进行全面解析。

提高竞技能力的训练

运动训练

Sports Training

要提高运动成绩，针对各种竞技运动所需的体能（运动能力）和技术（技巧）的训练是必不可少的。为此而进行的各种各样的"训练"和"学习"在本书中称为"运动训练"。

体能作为运动能力，包含力量、肌耐力、速度、力量（爆发力）、灵活性、平衡性、柔韧性和全身耐力等要素，不同项目所需的体能要素有所差别，此外强化这些要素的训练方法也很多。

以肌肉训练（P74）为例，要根据训练目的（增大肌肉体积，还是提高力量或力量，或者是提高肌耐力）的不同，选择不同的训练强度、重复次数和每组训练的间隔等。

为使力量训练的效果反映到竞技成绩中，在实际的竞技运动中应尽量以与竞技训练相似的运动形式（肌肉活动模式、动作速度、动作形态、动作姿势、关节角度和动作方向等）施加负荷（专业训练）。

在运动训练中，必须明确各体育运动的竞技特点和个人的体能特性（什么是必需的），在此基础上，选择能帮助达到目的的最合适的训练方法。近年来，伴随着各运动项目竞技成绩的提高和体育科学理论的发展，除了过去的训练方法，还产生了很多新的训练方法，并且这些训练方法也得到了普及。

此外，很多运动员和指导者不知道该做什么训练。本书将以基本的运动训练为中心，举例说明其背后的各种理论的特征和案例。

运动训练的要点

● 要根据各种体育项目所需体能要素和个人能力，来进行训练。
● 在实际的竞技运动中，要尽量以与竞技训练相似的运动形式施加负荷，训练效果才能反映到实际的表现中。

● 主要训练项目与主动肌、拮抗肌、协同肌

种类	训练名称	介绍页（讲解*）
抗阻训练 （力量）	自重训练	以自身的体重作为负重的训练。因为不使用器械，可以轻松进行（仰卧起坐和俯卧撑等）
	自由重量训练	➡ P104
	弹力带训练	利用弹力带的伸缩进行的训练。可以有效进行内肌训练（预防损伤），形成正确的动作，安全性较高。效果因项目和对象而异
	器械训练	利用以配重片和液压等为负重的器械进行的训练。因运动轨迹固定，较易掌握姿势。此外，也可以对特定的肌肉进行重点锻炼
	慢速训练、加压训练	➡ P128
	核心训练	➡ P174
爆发力训练 （爆发力）	快速伸缩复合训练	➡ P126
	弹震式训练	在极短时间内发挥爆发力的力量的训练。包含许多增强式要素（例如深蹲、卧推等）
速度训练 （速度、灵活性）	冲刺训练	提高全速跑等快速移动的能力。例如利用摩托车牵引全速跑的辅助训练、在缓坡上全速跑训练，以及拖着轮胎全速跑的重量训练等
	快速训练	对光、声等信号尽快做出反应的反应训练。也可以利用迅速接投球进行训练
平衡训练 （平衡性、协调性）	核心训练	➡ P174
	稳定训练	锻炼躯干的训练方法之一。例如用以自重为负重的各种训练，通过控制重心，起到主动肌、拮抗肌和协同肌三者一起锻炼，提高平衡能力的效果
全身耐力训练 （全身耐力）	间歇训练（组式系统）	➡ P96
	循环训练	➡ P96
	LSD	➡ P160
	低氧训练（高原训练）	➡ P164
柔韧性训练 （柔韧性）	肌肉拉伸	➡ P178
	PNF 拉伸	最早是为脑损伤者的康复训练开发的训练体系。给肌肉刺激使之收缩后，再通过拉伸使肌肉舒张，不断反复，强化肌肉力量的同时，提高柔韧性和神经传递能力
心理训练	意象训练	➡ P176

体能要素
Element of Physical Fitness

所需的体能要素根据竞技项目和目的而有所不同

体能由力量、爆发力、速度、灵活性、柔韧性和耐力等各种要素组成。

发育期时，各要素能均衡提高是最理想的状态。成年人为了保持身体健康，最好能分析体能的每个要素，并均衡地进行锻炼。若要参与体育竞技项目，需要根据竞技项目的特点，在不至于太极端的前提下，打破要素之间的平衡。

例如要参与市民马拉松的话，上半身的肌肉量少一点比较好，但是自由攀登的话上半身的肌肉量就很重要。

此外，在普通人看来，运动员可能存在"所有体能要素水平都很高"的情况，但运动员之间相比较的话，很难有"都很高"的这种情况。

例如，短跑选手这种爆发力型的运动员会将身体训练成白肌比例高的类型，所以按运动员的标准来看，耐力不可能很高。

体能要素的水平根据竞技项目的不同而倾向不同，要强行保持要素之间的平衡只会导致竞技能力下降。因此，要结合项目的特征进行体能训练。

●体能要素

发起行动的能力	
力量	拿起重物，用力拉动等
爆发力	瞬间发力，跳跃、投掷重物等
速度	快速跑动，手臂、腿摆动速度快
调节行动的能力	
灵活性	对刺激迅速做出反应，快速调整脚步
柔韧性	身体的柔软度、肌肉的拉伸和关节活动度
平衡	静止状态下应对稳定和不稳定姿势
维持行动的能力	
全身耐力	维持长时间运动（呼吸循环系统）
肌耐力	能耐住长时间吊挂等

运动项目与体能特征

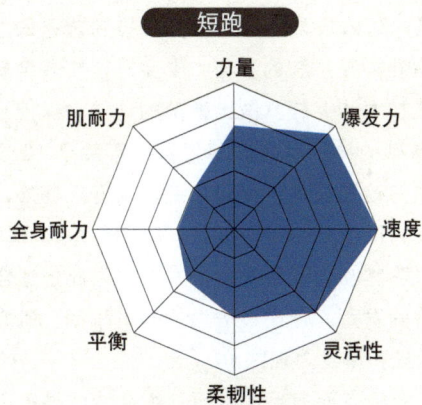

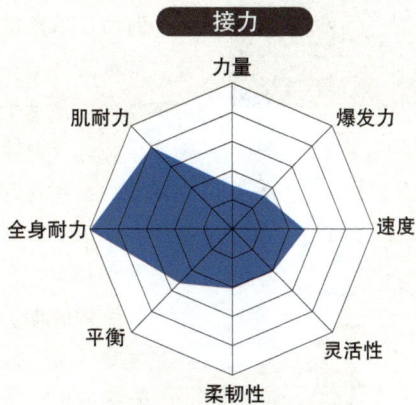

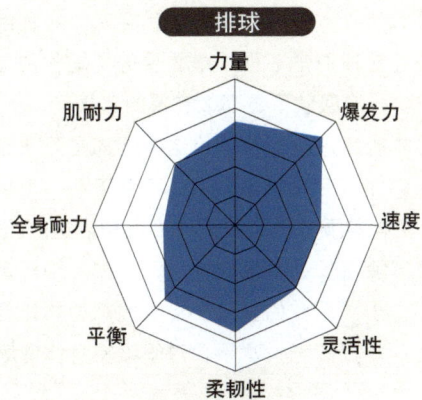

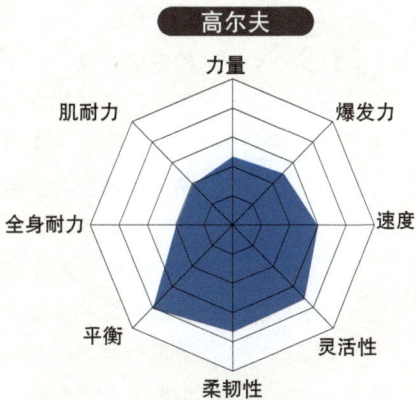

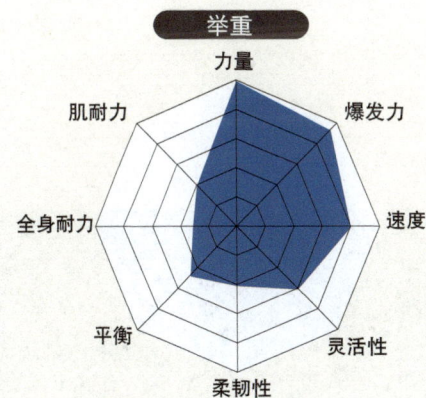

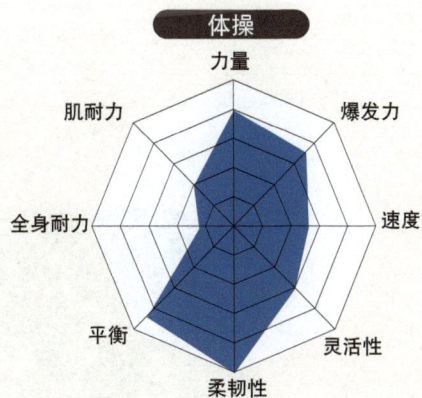

短跑

力量
爆发力
速度
灵活性
柔韧性
平衡
全身耐力
肌耐力

接力

力量
爆发力
速度
灵活性
柔韧性
平衡
全身耐力
肌耐力

排球

力量
爆发力
速度
灵活性
柔韧性
平衡
全身耐力
肌耐力

高尔夫

力量
爆发力
速度
灵活性
柔韧性
平衡
全身耐力
肌耐力

举重

力量
爆发力
速度
灵活性
柔韧性
平衡
全身耐力
肌耐力

体操

力量
爆发力
速度
灵活性
柔韧性
平衡
全身耐力
肌耐力

不同项目对体能要素的要求不同，
因此，对项目必需的要素进行针对性训练是十分重要的。

Aging & Physical Fitness

年龄与体能

掌握体能状况随着年龄增长而发生的变化

人在成长过程中不同体能要素（P66）的发育期不同。如果能在该要素发育较快的年龄段进行相应的训练，训练效果更佳。随成长不断发育的体能，会在成年后呈缓慢下降的趋势。

例如，球类运动里的巧妙控球、体操中灵活控制自己的身体，完成这些动作都需要神经系统的参与。要完成这些多种多样的动作（灵活地完成技术和姿势、做出敏捷的动作、保持平衡等），作为其身体基础的神经系统显著发育的年龄是10岁之前，如果能在那时学习这些技术，效果将会非常好。此外，身体（体型）的显著发育期是初中阶段，这一时期除身高和体重显著变化以外，呼吸器官和循环系统也在发育，因此是适合耐力训练的时期。体型的发育高峰期过去后的高中时期，肌肉开始发育，所以适合力量和爆发力训练。

无视每个阶段的发育特点而盲目地进行训练会造成很多不足。比如，小学时期就大量加入肌肉训练，虽然会有一定程度的成绩提高，但是如果在这段时期忽视了最重要的"动作的习得"，那么想在初高中阶段挽回就不是那么容易的事情了。

一般地，成年之后体能会逐渐下降，但这并不都是无法避免的生理变化。老年人的体能会随着年龄增长逐渐下降，但是从每个要素来看，所有的体能要素并非是同时发育和衰退的。

提前了解体能随着年龄增长会发生的变化，或者定期检查自己身体的实际状况，基于"现在的自己"应当提高的体能要素进行运动和训练，不仅能提高竞技水平，对于维持身体健康也是十分必要的。

知识点

抗衰老

老年人不是不能恢复体能，甚至可以提高一部分体能。重新审视生活习惯的同时，适当地调节饮食、运动和压力等，形成好习惯，由此将年龄增长带来的体能和身体各机能的下降控制在最小范围内，能够最有效地抗衰老。

相关页	
体能要素	P66

体能的变化

根据Scammon的生长曲线，体能的变化如图所示。各个机能在其发育的显著时期加以锻炼，能将效果最大化。

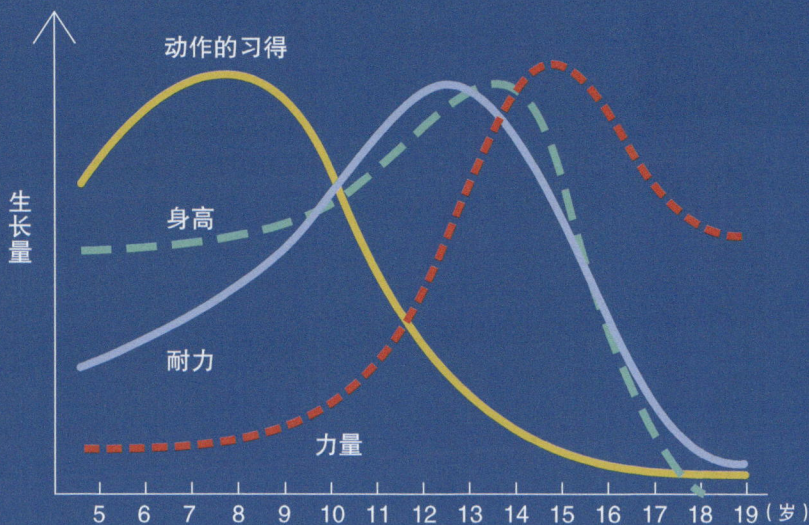

动作的习得

生长量

身高

耐力

力量

5　6　7　8　9　10　11　12　13　14　15　16　17　18　19（岁）

源自：宫下充正《儿童运动医学》南江堂。

年龄增长与体能衰退

伴随年龄的增长，体能衰退不是一成不变的。

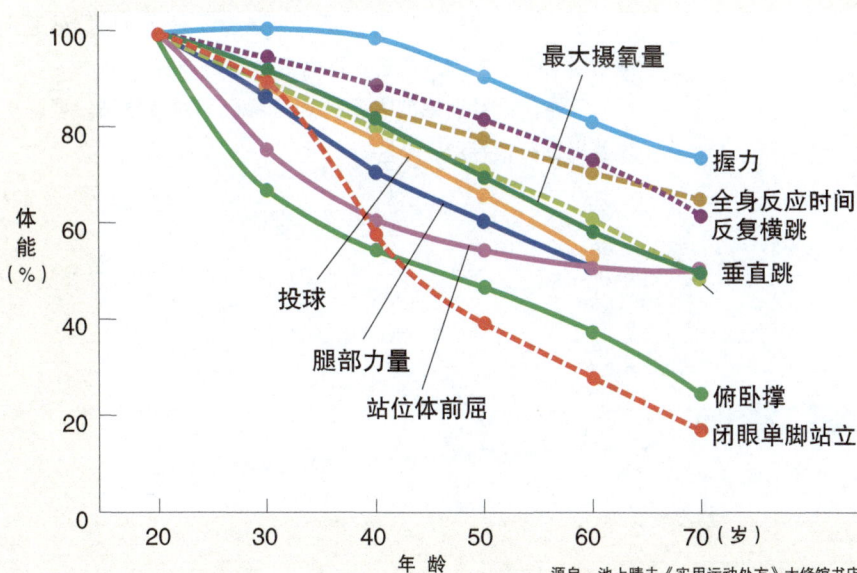

体能（％）

100

80

60

40

20

0

最大摄氧量

握力

全身反应时间
反复横跳

垂直跳

投球

腿部力量

站位体前屈

俯卧撑

闭眼单脚站立

20　30　40　50　60　70（岁）

年龄

源自：池上晴夫《实用运动处方》大修馆书店。

有效训练需掌握的原则

训练的原则

Specific Adaptation to Imposed Demand

"人类所拥有的功能，不用就会退化，适度使用可以使之发育，过度使用则会萎缩。"这是德国学者威廉·卢提倡的生理学的基本原则，即"卢氏使用法则"。基于这一理论，产生了运动、竞技体育训练的各个原则，应用至今。

将该卢氏法则套入训练中，依据该法则可知："适度地进行训练（使用）可以起到充分锻炼的作用，无视法则（不用或过度使用）进行训练不仅效率不会提高，引起运动损伤（退化或萎缩）等的危险性也会提高。"

下面介绍常用的训练原则，有5原则说，也有7原则说，这里讲一下7原则。

①超负荷原则

②渐进性原则

③持续性原则

④特异性原则

⑤系统训练原则

⑥个别对待原则

⑦自觉性原则

这些原则既有经过科学证明的原则，也有通过经验总结出的原则。例如超负荷原则、渐进性原则、持续性原则和特异性原则，这4个是经数据验证的。与此相对，系统训练原则、个别对待原则想要用实验证实十分不易。此外，自觉性原则也很难被科学证实，但可以说是许多训练指导者的共识。

在竞技运动的训练中，要求实施者应充分理解这些原则，然后对照自己的训练内容，取舍后再进行训练。

另外，指导训练的人要特别注意个别对待原则，要基于个体差别进行指导。

训练的

7 原则

提高训练效率的指导方针

1 超负荷原则
Overload Principle

要提高肌肉的活动能力，必须要对肌肉或者神经–肌肉施加比日常的使用强度更大的运动刺激（超负荷）。

2 渐进性原则
Progressive–Overload Principle

配合力量水平的增长，逐渐提高负荷（强度、量和效率等）。同时，调整训练种类和负荷的施加方式（负荷形式）等，以提高其效率。

3 持续性原则
Continuous/Repetitive Principle

为了肌肉和力量的高度发展，必须要在强大意志下，长期持续进行符合目标的训练。

4 特异性原则
Training–Specificity Principle

训练中给予的运动刺激不同会产生不同的效果，选择符合目标的运动形式（负荷形式、强度和关节角度等）进行训练。

5 系统训练原则
Multilateral Principle

均衡地、综合地提高所有的体能要素水平。力量训练中，要均衡强化全身肌群（基础性力量）。

6 个别对待原则
Individualization Principle

认真分析过年龄、性别、体能、体格、健康状态、训练目的和训练经验等个体差别后再选择训练内容。

7 自觉性原则
Consciousness/Activeness Principle

充分理解训练理论（目的、方法、效果），在训练时一直保持目标意识和进取心。

训练效果的特异性

根据想要的效果设定训练条件

Specific Adaptation to Imposed Demand

训练中给予身体的"刺激",肌肉会逐渐适应。也就是说,训练强度与重复次数等不同,得到的效果也会不同。这被称作"训练效果的特异性"。相对于训练所要求的目标,肌肉表现出特有的适应被称为"SAID"（Specific Adaptation to Imposed Demands）。

进行训练时,首先应明确第一个要完成的目标（例如提高最大肌爆发力等）,然后考虑与实际的运动项目尽量类似的运动形式,在此基础上,设定必需的强度和次数等最适当的条件。

进而,同样的运动形式会因竞技种类不同而产生不同的力量输出方式,必须据此对训练方法进行相应调整。

训练目标确定后,应考虑以下内容。

· 肌肉收缩形式（负荷形式）。
· 关节角度（动作姿势、动作方向）。
· 肌肉收缩速度（动作速度）。

选择要使用的训练方法,设定最适合达成训练目标的诸多条件并实施,这些都很重要。

· 负荷强度（刺激强度）。
· 重复次数（刺激时间）。
· 训练量（组数）。
· 组间间隔时间（刺激密度）。

各运动的力量输出方式不同,要相应地改变训练方式。

有的竞技运动项目要求最大力量突出,有的则要求肌耐力良好。

此外,要求肌爆发力突出的运动,又分为要求重视速度要素的爆发力和重视力量要素的爆发力等不同类型。

因此,想提高力量（爆发力）、想让肌肉变大、想提高肌耐力等,要根据运动项目不同而设定不同的训练条件。

影响训练效果的特异性要素

肌肉收缩模式

训练带来的力量提高，会在训练后的肌肉收缩模式上表现得最显著。这是各个肌肉收缩模式的运动单位的动员模式（神经适应）不同造成的。要提高特定运动动作中的力量和爆发力，就要以尽可能类似该动作的肌肉收缩模式进行训练。

关节角度

训练带来的力量提高，会在训练后的关节角度上表现得最显著。这是因为在某一关节角度下运动单位的动员提高等，是由神经适应形成的，所以，要提高特定的运动动作中的力量和爆发力，就要以尽可能类似该动作的关节角度（动作姿势和关节活动度）来进行肌肉训练。

动作速度

训练带来的力量提高，会在训练后的肌肉收缩速度上表现得最显著。这是因为在某一动作速度下特定的动作单位能选择性地被动员，是由神经适应形成的，所以，要提高特定的运动动作中的力量和爆发力，就要以尽可能类似该动作的动作速度来进行肌肉训练。

训练效果的特异性的应用

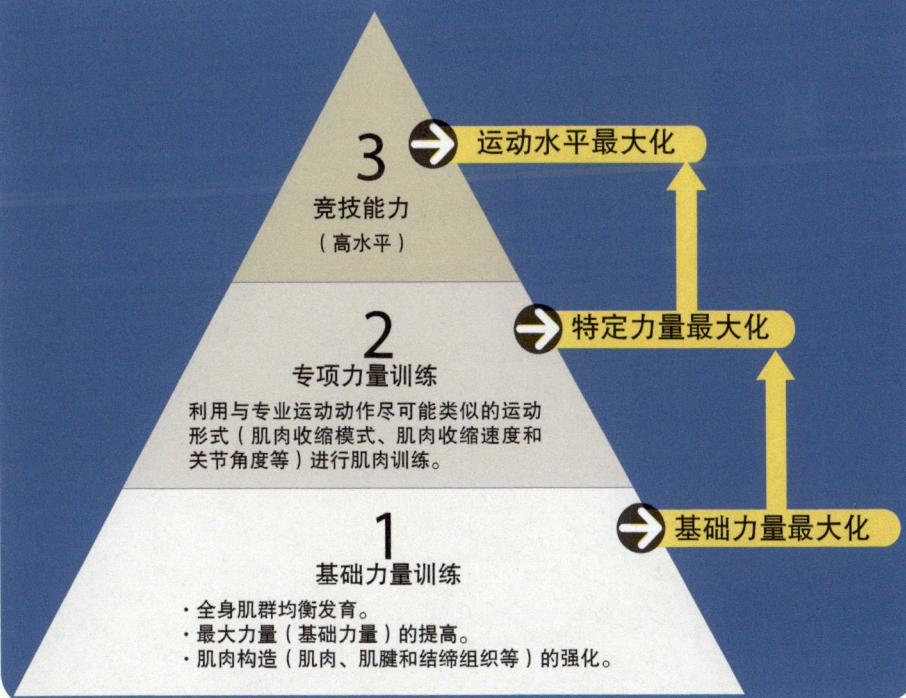

3 → 运动水平最大化
竞技能力
（高水平）

2 → 特定力量最大化
专项力量训练
利用与专业运动动作尽可能类似的运动形式（肌肉收缩模式、肌肉收缩速度和关节角度等）进行肌肉训练。

1 → 基础力量最大化
基础力量训练
· 全身肌群均衡发育。
· 最大力量（基础力量）的提高。
· 肌肉构造（肌肉、肌腱和结缔组织等）的强化。

Resistance Training

抗阻训练的原理

抗阻训练的目的与抵抗的思维方式

为了实现力量的增长和肌肉体积的增大，要给肌肉施加负荷，即进行力量训练。

在力量训练中，既可以利用自身体重进行自重训练，或者利用杠铃等负重器械进行重量训练，也可以利用像弹力带等类似器械进行各种各样的训练，这些训练都在给肌肉施加阻力，所以被称为"抗阻训练"。

根据肌肉只向缩短（收缩）的方向产生力量，所以给予反向的阻力便可形成训练。因此，给肌肉施加阻力最常见的方法就是利用自身重量进行训练，或是利用杠铃等负重器械进行训练。

此外，牵拉弹力带，以及伙伴（双人对抗）施加一个相反方向的力等这些阻力的训练也是可行的。

不管采用哪种训练，都需要在相应条件下的、最大输出的基础上给予一定量的负荷。

股四头肌、腘绳肌、肱二头肌和肱三头肌等，较容易做重量相关的训练。而肩部的深层肌肉不易受到重量的负荷，因此利用弹力带或者双人对抗的训练效果会更佳。

在许多竞技运动中，力量强会更有优势，因此力量训练是必不可少的。不同竞技项目和不同的位置、运动员的竞技水平等对力量特点的要求各不相同。因此，是为增加力量还是为增大肌肉量而锻炼基础力量，这些影响着训练内容的制定。

在体育项目的训练中，不是按一般性的原则制定计划，而是要考虑最适合竞技和比赛的训练是什么样的，要为了在比赛中体现出力量提高的效果而进行专项训练，因此，要明确训练的整体定位。

各种力量训练有各自的特点。本书将主要讲解自由重量训练。

不同阻力与肌长度的关系

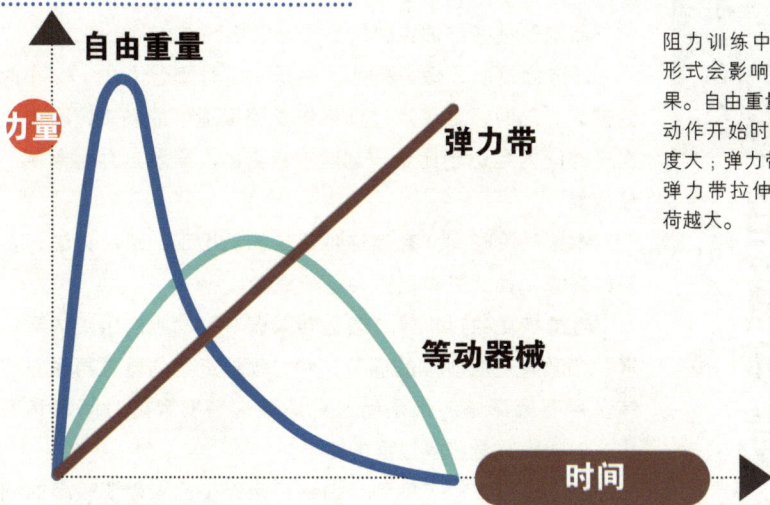

力量

自由重量

弹力带

等动器械

时间

阻力训练中，负荷的形式会影响锻炼的效果。自由重量训练中，动作开始时的负荷强度大；弹力带训练中，弹力带拉伸越长，负荷越大。

（源自：石井直方。）

抗阻训练的效果与危险性

（概念图）

训练效果

损伤的危险性

40%	70%	100%
可进行30次以上	可进行10次（球类项目）	仅1次（力量型项目）

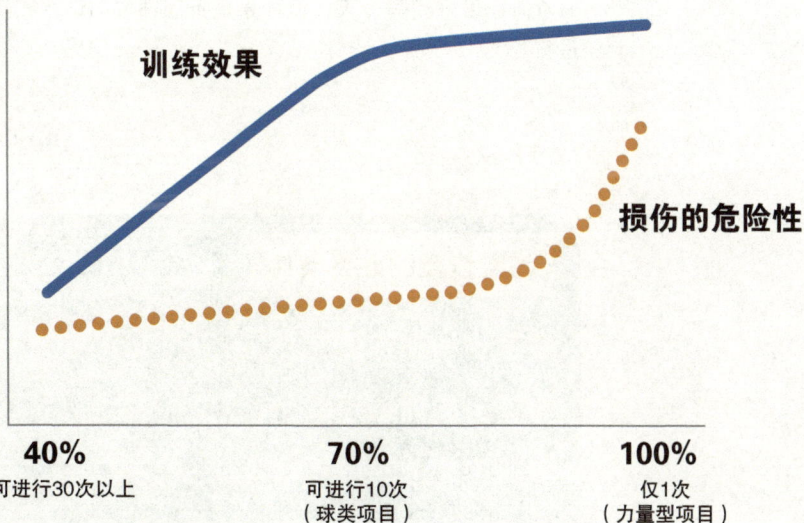

● 抗阻训练中，较低的负荷训练效果一般不理想。
● 最大负荷的30%以内，可以承受重复几十次的负荷，力量提高效果不明显。
● 即便将负荷加到接近最大值，训练效果也没有太大差别，但发生损伤的风险提高。
● 力量型项目中，需要进行接近最大负荷的训练。

（源自：藤牧利昭。）

肌肉的强化机制

超量恢复

Super Compensation

超负荷原则（P70）是指在训练中持续给肌肉强烈的运动刺激，从而使肌肉的机能逐渐提高以适应这一刺激。但在利用这一原则时把握好训练时机是十分重要的。

训练会使肌肉短暂疲劳，但是一定时间后（48~72小时）会恢复。这时，如果通过训练给予强度适中的刺激，肌肉机能在短时间内会达到比给予刺激前更高的水平。这种现象叫"超量恢复"。

休息一段时间，直到这种超量恢复出现，然后再进行接下来的训练，如此肌肉能力会逐渐提高。

超量恢复的过程受"基因转录调节""肌肉组织内环境因素""激素对肌收缩的调节"和"损伤纤维的修复再生过程"等多种要素影响。但是尚未能测量这些要素随时间推移的变化，以明确超量恢复过程的细节。

根据经验我们了解到，训练经验较少的人需要较多时间达到"超量恢复"阶段，而积累了充足训练量的人达到"超量恢复"状态的时间较短。

此外，有研究指出年龄较大的人超量恢复的时间较长。超量恢复所需时间长，也就意味着用两天时间训练比用一天训练效果更好。

训练最好间隔一天，但如果是不同部位的训练，可以每天进行。

超量恢复的必要条件

- 适当的训练强度。
- 适当的训练频率。
- 肌肉疲劳的恢复时间。
- 适当进行减少疲劳物质的运动和拉伸。
- 适当的营养供给。

超量恢复的概念图

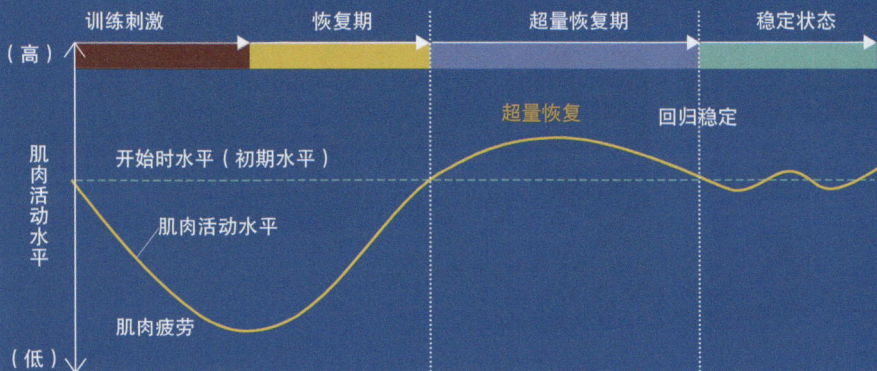

| 训练刺激 | 恢复期 | 超量恢复期 | 稳定状态 |

肌肉活动水平 （高）/（低）

超量恢复　　回归稳定

开始时水平（初期水平）

肌肉活动水平

肌肉疲劳

想要显著提高肌肉活动水平，就必须准确掌握超量恢复的规律。

（源自：松井秀治。）

产生有效的超量恢复的6个要点

① 冷却（适度有氧运动、拉伸）

② 沐浴和按摩

③ 饮食的"量、平衡和时间"

④ 睡眠、休息

⑤ 通过拉伸主动休息（积极休息）

⑥ 通过有氧运动主动休息（积极休息）

训练后，进行适度的有氧运动、拉伸、沐浴和按摩等，可以加快肌肉中的血液流动，促进疲劳物质的代谢，消除肌肉疲劳。此外，尽快补充碳水化合物和蛋白质也可以加速肌肉的恢复。睡眠会促进生长激素分泌，有助于肌肉的生长和恢复，午睡也有效。

最大力量

Maximum Voluntary Contraction

根据力量最大值进行训练，这会影响比赛成绩

最大力量是训练强度的重要指标。

使用杠铃进行训练时，对于训练者来说"只能上举一次的重量"称为"最大力量"。

专业术语称之为"最多重复次数为1次的重量"，这一重量用"1RM"（RM=最大重复次数）表示。

例如，若某训练者一次上举的极限为100千克，则"1RM为100千克"。

用最大努力收缩肌肉产生的最大力量，由以下因素决定。

· 肌肉横截面积。

· 肌纤维的参与率。

· 白肌纤维（快肌纤维）的比例。

力量与肌肉横截面积而非肌肉量呈正比。并且，测量该横截面积时，由于肌肉是顺着肌纤维的方向产生力量的，所以最大力量并非按解剖学上的横截面积来判断，而是要按生理学上的横截面积来判断。

肌纤维（P26）中有白肌纤维与红肌纤维，白肌纤维比红肌纤维能产生更强的力量，因此，肌肉中白肌纤维占比越高，产生的力量越大。

肌肉由许多运动单位（P50）构成，但是产生力量时，并非所有的运动单位都参与，通常只有百分之几十的运动单位参与。提高运动单位的参与率，同时使每个运动单位的收缩时间点一致，可以提升最大力量。

决定最大力量的要素

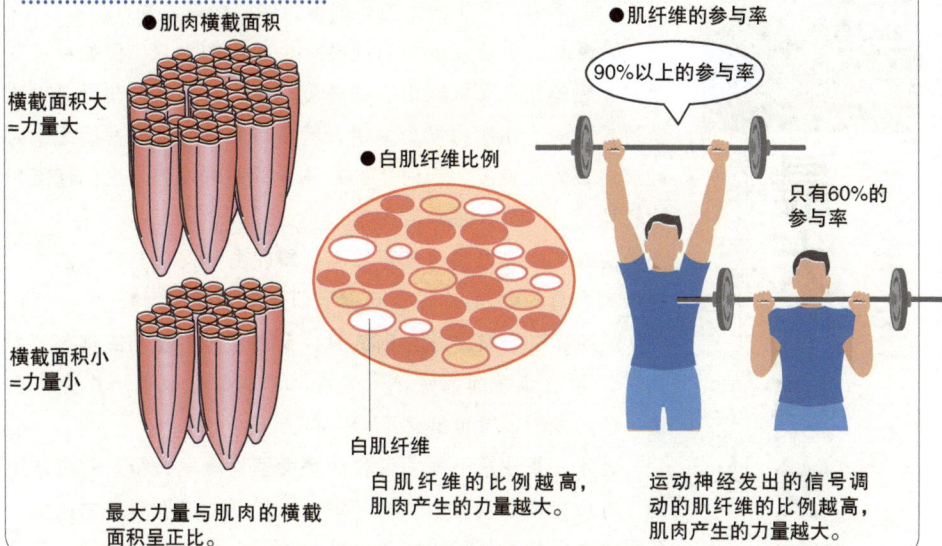

●肌肉横截面积

横截面积大
=力量大

横截面积小
=力量小

最大力量与肌肉的横截
面积呈正比。

●白肌纤维比例

白肌纤维

白肌纤维的比例越高，
肌肉产生的力量越大。

●肌纤维的参与率

90%以上的参与率

只有60%的
参与率

运动神经发出的信号调
动的肌纤维的比例越高，
肌肉产生的力量越大。

生理学上的横截面积

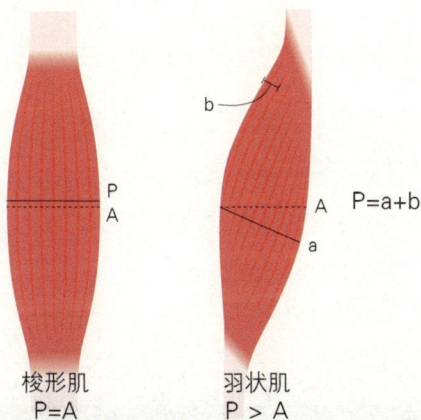

P
A

b

A   P=a+b

a

梭形肌
P=A

羽状肌
P > A

解剖学上的横截面积（A）与生理学上的
横截面积（P）（垂直于肌纤维的延伸方
向截断时的截面积）相比，梭形肌为
P=A，羽状肌为 P>A。

知识点

测量力量！

等速性力量测量装置可以测量高速度下的力量和低速度下的力量。不要急于测量力量的绝对值，还可
以了解体重力量比、上下肢力量比、伸展屈曲力量比、左右力量差、高速低速力量比等情况，这有助
于建立均衡的力量目标。运动员的力量值因项目而异，应该依据项目需要强化训练，极端不平衡容易
引起运动损伤。

最大肌爆发力

Maximum Muscular

力量×速度——这正是竞技运动追求的能力

体育竞技中，快速冲刺、高高跳起、向远处投球，或是向对手发力，这种需要瞬间发挥很大力量的情况很多。在这种情况下，肌肉瞬间产生很大力量的能力叫"肌爆发力"。

肌爆发力表示以多大的速度产生多大的力量，例如投掷东西时，轻的东西可以以很快的速度投出去，但重的东西就很难快速投出去。用肌爆发力来讲，就是对轻的物体发挥肌爆发力能产生较大的速度，而对重的物体发挥肌爆发力产生的速度会比较慢。

根据产生的力和速度可算出肌爆发力是向上凸起的曲线，在最大力量的约30%时，可得到肌爆发力的最大值。

运动员进行肌爆发力训练时，分别通过力量训练提高"力量"，通过速度训练提高"速度"，同时"迅速产生强大力量"的爆发力训练也是必不可少的。

此外，要注意不同项目和比赛类型对爆发力特点的要求不同。进行爆发力训练时，要考虑选择重视力量型爆发力训练，还是重视速度型爆发力训练，或是介于二者之间的训练。

相关页	
最大力量	P78
测功单车	P150

知识点

瞬间爆发力

作为测量最大肌爆发力的方法，普遍使用施加与体重相应的负荷，来测量快速蹬腿时的伸展爆发力。另外也可以用测功单车以体重6%~10%的负荷，全力蹬车，测出最大速度乘以负荷的来测量爆发力。

在户外场地上，可以使用投球、垂直跳、立定跳远或三级跳等方法。

最大肌爆发力的特点

最大肌爆发力出现在最大力量约30%时

获得肌肉收缩的最大速度，要在产生的力量力量最弱（负荷）的时候，相反速度为零时，可以产生最大力量。根据这一特点，最大肌爆发力在最大力量的约30%时出现。

需要的肌爆发力因竞技种类而异

田径的铅球项目比起对速度的要求会更重视力量，相反，标枪更重视速度。而棒球投手比标枪对速度的要求更高。

【图1】力量·速度·肌爆发力的关系

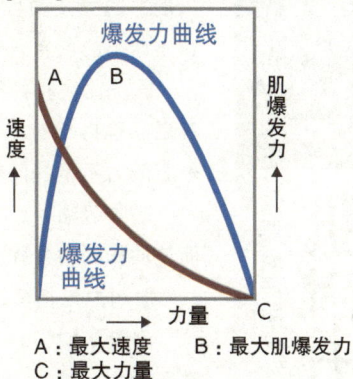

速度↑ 爆发力曲线 肌爆发力↑ 爆发力曲线 力量→

A：最大速度　　B：最大肌爆发力
C：最大力量

【图2】不同项目的最大肌爆发力

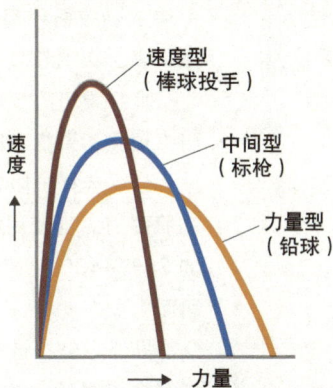

速度型（棒球投手）
中间型（标枪）
力量型（铅球）
速度↑ 力量→

（源自：金子公宥。）

知识点

肌爆发力训练的要点

○ 理解自己所从事的运动的基础动作，从而锻炼所需的最大肌爆发力。

✕ 总之先追求最大力量，一味锻炼肌肉。

最大肌爆发力的训练目标
=所需速度 × 所需力量

瞬间的力量

速度与力量相互作用，瞬间产生巨大的力量，投掷出去的标枪会划出一个巨大的抛物线。

肌耐力

Muscular Endurance

需要重复同一动作时发挥的力量

在体育运动中，不仅有像举重和投掷类这种一次性发挥最大能力的竞技项目，也有像网球一样需要重复同一动作（发球和击球）的项目，像后者这样的运动甚至更多一些。

网球比赛持续时间较长时的发球和击球失误、高尔夫球比赛后半程打出空杆，都是因为握不住手柄导致的，这可以看作是肌耐力不足的问题。

这些运动中，相同肌肉被不断地使用，导致肌肉疲劳，从而使动作的质量降低。

肌耐力是指多次重复要求力量的指定动作的能力。

测量肌耐力，首先要测量最大力量（P76），然后测试以其三分之一的力量能做几次指定动作。一般来讲，体能测试中会选择俯卧撑和引体向上。女性一般会测试跪姿俯卧撑和斜身引体，以减弱外部因素对力量的影响。另外，测试30秒内能重复多少次"卷腹"，也可以测试肌耐力。

肌纤维（P26）中，红肌纤维（慢肌纤维）比白肌纤维的耐力更强，要提高肌耐力，就要重点锻炼红肌纤维。

可以选择抗阻训练，也可以选择俯卧撑和引体向上等来提高肌耐力。当使用杠铃或哑铃进行训练时，可以选择最大力量的30%~40%、能够重复几十次的强度进行训练，以有效提高肌耐力。

另外，坚持进行提高肌耐力的训练，可以强化毛细血管，增强血液循环。这样，肌肉能摄取更多的氧，以生产出更多持续运动所需的能量。

随着最大力量的提高，完成指定动作将更加轻松，似乎是有提高肌耐力的效果，但实际上提高最大力量的训练主要锻炼的是白肌纤维，提高肌耐力的效果并不理想。

力量与肌耐力的训练效果

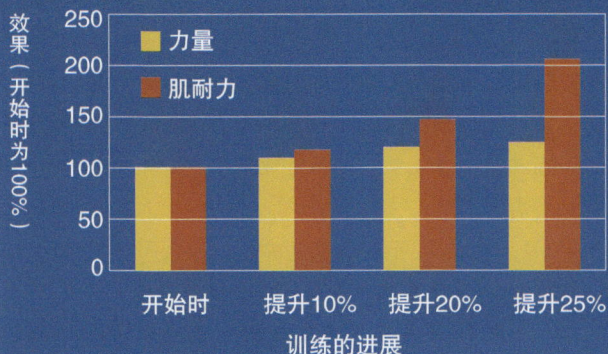

效果（开始时为100%）

- 力量
- 肌耐力

| | 开始时 | 提升10% | 提升20% | 提升25% |

（纵轴）250 200 150 100 50 0

训练的进展

最大力量（P78）100千克的人进行60千克（最大力量的60%）的训练时，最大重复次数为15~20次。根据训练效果，力量若提高10%，最大力量也随之提高，60千克的训练最大力量的比例从60%下降为55%。同时，最大重复次数虽为15~20次，而实际上重复20次也成为可能，所以实际提高了18%。进一步训练，力量提高20%，则60千克的训练现在对于最大力量的比例下降到50%，最大重复次数增加为25次，实际上提高了47%。

从数据可以看出，最大重复次数的增长率高于力量的增长率。

知识点

肌耐力低下导致控制力不足

棒球投手投球多次后对球的控制变差，即通常说的"球不听话"，这其实是支撑腿和前臂的肌耐力出现了问题，要进行肌耐力训练。

哎呀

肌耐力测试（卷腹）

腹部发力，测试30秒内上半身能向上抬起的次数。

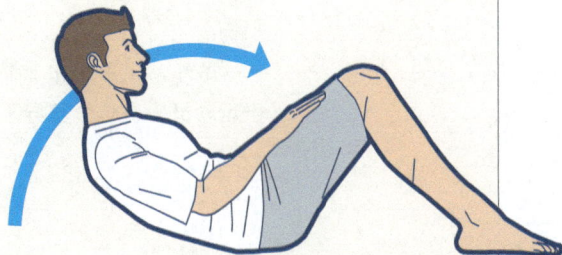

（例：30岁男性平均20.7次，女性平均10.6次。）

体重与力量的平衡

Body Weight – Muscle Strength Ratio

了解体重与肌肉量、力量的相对关系

力量的强弱与肌肉的横截面积呈正比。体形越大，肌肉的横截面积也越大，肌肉本身就较强壮。但是，考虑每千克体重力量（力量／体重）时，要注意到体重越大而力量相对越小的问题。

体重越重，全部的肌肉量必然越大。在评定力量时，使用力量与体重的比例看似合理，但实际上力量与肌肉的横截面积呈正比，而与肌肉量无关，在评定体重不同的人的力量时要格外注意这一点。

体重 50 千克的人与 100 千克的人，两人同样能举起 100 千克的杠铃时，50 千克的人拥有后者 2 倍的力量。

此外，体重 50 千克的人握力为 50 千克可以理解，而体重为 100 千克的人握力为 100 千克是不可能的。举重等项目按体重评定成绩的话，轻量级的当然成绩更好。

总之，体形偏小的人（如竞技体操等项目的选手）即便本身力量不高，每千克体重力量也会较高，因此靠自己的力量来控制身体更容易。与之相比，体形较大的人力量虽然较高，但是每千克体重力量较低，靠自己的力量来灵活控制身体就不那么轻松。

这就是体重与力量的关系产生的影响，但并非体形较大的人肌肉的能力就低。举个极端的例子，蚂蚁能搬运自己体重几倍的东西是相同的原理。

此外，从伸展和屈曲这种相互对立的肌肉平衡、左右差异、上下肢的比较等方面来测定力量时，可以说不需要考虑体形（体重）的问题。例如，膝关节的力量方面，屈曲力比伸展力小，但是当屈曲力小于伸展力的 60% 时，容易出现膝关节损伤。

另外，惯用手和非惯用手的力量有力量差是正常的，但对于运动员来讲这个差异不宜过大。

举重世界纪录的比较

（2012年11月）

重量	轻量级	重量级	轻量级与重量级的比较
体重	56 千克	105 千克	重量级是轻量级的约 1.9 倍
抓举	138 千克	200 千克	重量级是轻量级的约 1.4 倍
挺举	168 千克	238 千克	重量级是轻量级的约 1.4 倍
挺举 / 体重	3.0	2.3	轻量级是重量级的约 1.3 倍

假设举重的纪录为力量，比较轻量级、重量级纪录与体重的比例，可以看出轻量级的每千克体重力量更高。

小知识 抓举、挺举

举重（Weightlifting）是奥运会的常规竞技项目，分为抓举和挺举两项。
抓举是握住杠铃的两端，保持两肘伸直一口气将杠铃举过头顶。与之相比，挺举在抓握杠铃时两手之间大约与肩同宽，先将杠铃上拉至肩部，然后两脚前后分开，利用反作用力将杠铃举过头顶。

运动项目与体重、力量的平衡

每千克体重力量、身体的控制性较低，但是力量数值较高。

每千克体重力量、身体的控制性较高，但是力量的数值较低。

以符合重量分级规定为目标进行的肌肉训练

重量分级制项目与力量训练

Weight Categorized Sports & Strength Training

相关页	
肌肉与肌腱	**P24**
体重与力量的平衡	**P84**

摔跤和柔道等重量分级制项目需要强大的肌爆发力，但是要通过训练增加肌肉量的话体重会随之增加，重量级别就会升高，反而不利。因此，在尽量不增加肌肉量的前提下提高力量和爆发力至关重要。

举个例子，一块肌肉中，存在由肌纤维（P26）组成的运动单位，但肌肉收缩时并非所有运动单位都参与。一般来讲，即便自己有意识地要用全力，参与率最多也只有80%左右。也就是说，使收缩时的参与率尽可能接近100%，可以实现在肌肉量不变的情况下提高力量。

此外，重点锻炼善于发挥强大爆发力的白肌纤维（P26）也十分重要。想要提高肌纤维的参与率和白肌纤维的比例，高强度低次数的训练（P88）更为有效。

锻炼肌肉使之具有不同竞技项目需要的力量，同时减少体脂（P198）也是有效的。

例如，只要利用局部训练（P98）进行肌爆发力训练，就可以增加整体训练量，提高总消耗量，更容易降低体脂率。

此外，有氧运动（P145）对于减重很有效，但其结果是使有助于产生肌耐力的红肌纤维增大，以减重为目的进行运动时，要留意其与瞬间发力所必需的白肌纤维的平衡。

在许多体育竞技项目的训练中，运动员只进行肌爆发力训练，只要爆发力随肌肉量的增大而提高，对于竞技能力的提高就是有帮助的，但是竞技体操、艺术体操、花样滑冰等项目不同，体重增加会影响技术难度和表现，因此其训练思路与重量分级制项目十分相似。

有些女性想要提高力量，但又不希望外观上肌肉块头太大，也可以参考重量分级制项目的训练。

各运动项目要求的肌肉量、力量和肌爆发力的差异

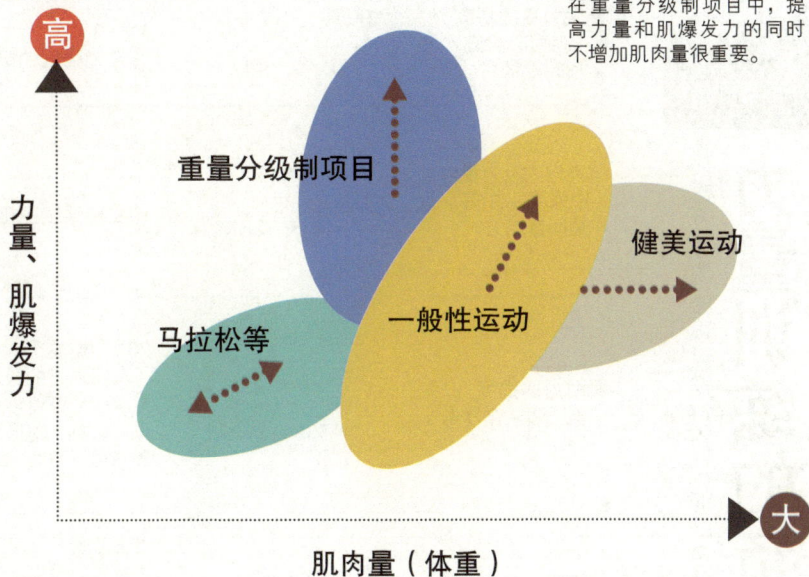

在重量分级制项目中，提高力量和肌爆发力的同时不增加肌肉量很重要。

高

力量、肌爆发力

重量分级制项目

健美运动

一般性运动

马拉松等

大

肌肉量（体重）

要点

如何实现提高技能且不增加体重

· 在不增加肌肉量的前提下提高力量
① 提高肌纤维的参与率
② 提高善于产生爆发力的白肌纤维比例

· 减少体脂
① 提高能量消耗量
② 进行有氧运动

重量分级制项目的代表性案例——拳击

奥运会中的比赛分级包括从轻量级49公斤级到超重量级91公斤级以上（2012年伦敦奥运会时的分级）。

力量训练的负荷设定

为提高效率必须设定符合目的的条件

Load Setting of Strength Training

训练目的	负荷强度	重复次数
最大力量的提高 （高强度＋低次数 ＋长间歇的方式）	90%～100% 1RM （≈1～3RM）	1～3次 （左侧强度的极限次数）
肌肉增大及力量增加 （中强度＋中等次数 ＋短间歇的方式）	75%～85% 1RM （≈6～12RM）	6～12次 （左侧强度的极限次数）
肌耐力的提高 （低强度＋高次数）	30%～60% 1RM （≈20～50RM）	20～50次 （左侧强度的极限次数） ＊运动员可以依据实际运动（比赛）的形式设定重复次数（时间）
肌爆发力的提高 （低强度＋高速度）	30%～60% 1RM （≈20～50RM）	任意次数 （用最大速度） ＊运动员可以依据实际运动（比赛）的形式设定重复次数（时间）

要进行力量训练，首先要明确目的，必须根据目的设置训练条件。要考虑以下5个因素。

① 负荷强度

② 重复次数

③ 间歇时间

④ 训练量（组数）

⑤ 训练频率

在实际训练中，想要控制肌肉体积的增加只提高力量，可以进行强度高、次数少和间歇长的训练。以增肌为主要目的时，原则上进行强度中等、次数中等和间歇短的训练。

此外，以提高肌耐力（P82）为目的时，原则上应选择强度低、次数多和间歇短的训练。

这样，决定训练内容时，要根据目的设定用多大重量训练（负荷强度）、连续重复多少次（重复次数）、每组之间休息多长时间（间歇时间）、总共做多少组（训练量）和一周训练几天（训练频率）这5项。

组数	间歇	每周频率
3～5组 （大肌群适量增多） * 大肌群的肌肉体积大，不易疲劳，因此一次的训练量（组数）可以适量增多。例如，熟练者进行股四头肌的训练时，深蹲做5～6组后，腿部屈伸做2～3组。一般会像这样进行2～3种训练，共计10组左右	3分钟以上 * 休息到使上一组的疲劳（集中力）得到充分恢复	大肌群少练 每周1～2天 深蹲、硬拉和卧推等可以使肌肉增大，超量恢复（P76）需要较多时间，所以要降低频率
	1分钟以内 * 上一组的疲劳完全恢复之前开始下一组	
2～3组或任意组数 * 运动员可以依据实际运动（比赛）的形式设定组数	1～2分钟 或视项目而定 * 运动员可以依据实际运动（比赛）的形式设定间歇时间	小肌群多练 每周2～3天 杠铃弯举、肱三头肌扩展和腕屈伸等训练中用到的肌肉较小，超量恢复较快，可以适度增加频率
	3分钟左右 或视项目而定 * 运动员可以依据实际运动（比赛）的形式设定间歇时间	

　　田径、足球、棒球和排球等体育项目，为了提高肌爆发力，设定与项目动作相匹配的训练条件十分重要。

　　例如，短跑运动员如果想提高腿部的肌爆发力，基本上要按照和跑步动作相匹配的条件进行训练。

知识点

1RM(Repetition Maximum) ➡P90

"1RM"是指某一负重训练时，勉强能重复一次的强度，也就是指能举起的最大重量，用作动态最大力量（P78）指标。

"10RM"是指勉强能重复10次的强度，它相当于1RM的70%~80%的强度。

设定训练强度的标准

最大重复次数

Repetition Maximum

在杠铃等训练中，某重量下人最多能反复上举多少次称为"最大重复次数"（这里略写为"RM"），这是在进行力量训练时使用的实用性负荷强度基准。

例如，有人深蹲时最大能上举100千克的重量但是不能重复上举10次，如果降到70千克可以重复上举10次而举不起11次，那么就说他"10RM是70千克"。

这时，"1RM是100千克"。如果把重量下降到60千克，就可以上举20次而举不起21次的话，那么可以说"20RM为60千克"。

训练最重要的就是选择适合自己的强度来进行训练。

力量提高后，以前感觉正好的重量会觉得轻了，这时必须加重负荷重量。

这就是渐进式超负荷（P92），其参考值大约为"10RM"。为得出"最大能力值的70%"，首先要知道最大能力，也就是要付出最大努力。但要得出10RM的值，并不需要付出最大努力，所以训练本身的安全性更高，训练更实用。

上述例子中，为得出"10RM"，可以从50千克开始举，觉得有余力的话可以不间断地上举10次。然后挑战75千克，如果觉得完不成10次，可以不用勉强，以70千克为10RM。

经过训练的不断积累，训练者可以轻松完成70千克10次上举时，挑战75千克10次，如果能完成的话，可以认为这个人的10RM提高到了75千克。酌情确认10RM，修改强度设定，可以保持适度的超负荷。

另外，锻炼不同的肌肉时，最大重复次数是不同的。所以要测量每块肌肉后再进行锻炼。

爆发力型项目的选手有时必须进行负荷高于10RM的训练。但训练经验少的人和年纪较大者即使使用低于10RM的标准也能获得锻炼效果。

训练强度（最大重复次数与效果）

相对最大力量（1RM）的比例	最大重复次数	可以预期的主要效果
100%	1	集中力量（降低抑制）
90%	3～6	肌肉体积增大
80%	8～10	肌肉体积增大
70%	12～15	肌肉体积增大
60%	15～20	肌耐力
50%	20～30	肌耐力
33%	50～60	肌耐力

相对最大力量（1RM）的比例和重复次数

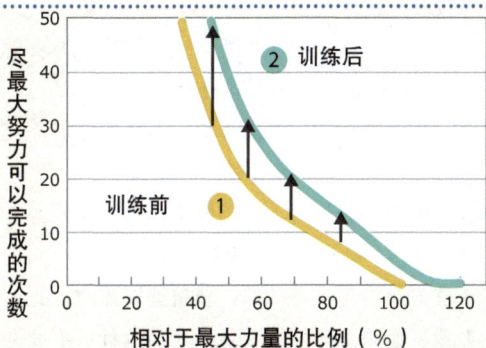

通过训练提升力量后，相同重量相对变轻，这一重量下的最大重复次数增加。特别是负荷较轻时，重复次数会大幅提升。若力量提升20%，过去约为60%的重量会变为50%，同样，过去20次为重复极限的重量现在可以重复30次。

这样一来，次数增加了，但对于力量的训练效果却被削弱了。不随时确认10RM的变化，酌情增加强度的话，训练将停滞。

确认最大重复次数的案例

重量（千克）	上举次数	训练后（1）	训练后（2）
50	20 次以上	—	—
60	20 次	20 次以上	—
70	10 次 =10RM	14 次	—
75	8 次	11 次 10RM	13 次
80	5 次	8 次	10 次 =10RM
85	—	—	7 次
90	3 次	—	—
100	1 次 =1RM	— （1RM=100 千克以上）	— （1RM=100 千克以上）
训练的基准值	70 千克	75~76 千克	80 千克

超负荷

Over Load

了解促使肌肉发生变化的因素

生物体会不断适应平时受到的刺激强度而发生变化，适度增强刺激，身体机能会增强，反之则会降低。

肌肉的这一特性格外明显，相比日常受到的刺激，持续给予更强的运动刺激，肌肉能力会逐渐提高以适应这一刺激（超量恢复 P76）。这时，给予肌肉的刺激称为"超负荷"。

训练刚开始的阶段，肌肉的适应能力（可训练性）较高，给予适量的超负荷，肌肉的能力会相对容易提高。

但是，如果一直进行相同强度的训练，力量会增加，起初合适的负荷会变得相对偏低，效果会变差。

因此，随着力量水平的提高，训练强度必须阶段性地增加。这样的阶段性提高称为"渐进式超负荷"。

想要进行渐进式超负荷训练的话，要根据训练的目的（例如让肌肉增大，力量、肌耐力增强）设定超负荷的标准（参见 P91 中上面的列表），要设定好后才可以开始训练。

例如，增加整体的训练量（负荷 × 重复次数 × 组数），提高训练效率（相同时间内进行更多的训练）等。

另外，突然大幅提高训练的质和量容易导致运动损伤，妨碍肌肉的正常发育，所以要特别注意。

超负荷的5个标准

① **负荷强度**……用多大重量训练
② **重复次数**……连续重复多少次
③ **间歇时间**……每组之间休息多长时间
④ **训练量**……共计做多少组
⑤ **训练频率**……一周训练几天

训练目的与超负荷的基准示例

1 以肌肉增大为主要目的，同时希望提高力量

负荷强度 ——→ 比最大力量略低的负荷（6~12RM）
重复次数 ——→ 多（6~12次）
间歇时间 ——→ 短（1分钟以内）
训练量 ——→ 3~5组（大肌群适量增加）
训练频率 ——→ 大肌群1~2天，小肌群2~3天

2 控制肌肉增大只想提高力量

负荷强度 ——→ 接近最大力量的负荷（1~3RM）
重复次数 ——→ 少（1~3次）
间歇时间 ——→ 长（3分钟以内）
训练量 ——→ 3~5组（大肌群适量增加）
训练频率 ——→ 大肌群1~2天，小肌群2~3天

3 比起提高力量和肌肉增大，更希望提高肌耐力

负荷强度 ——→ 较轻的负荷（20~50RM）
重复次数 ——→ 多（20~50次）
间歇时间 ——→ 短（或根据运动项目设定）
训练量 ——→ 2~3组
训练频率 ——→ 大肌群1~2天，小肌群2~3天

优先级
Priority

根据重要性与训练原则排列训练项目

在训练过程中最开始进行的项目训练效果最好，之后进行的项目效果会减弱。因此，对于训练者来说重要性高的训练要放在最开始进行。这被称为"优先级原则"或"种类排列原则"。

在各种训练项目中，既有需要强大的力量和爆发力的项目，也有需要局部发挥力量的项目。因此，基本上是能调动大块肌肉和大量肌肉的项目优先进行，之后进行动员肌肉量少、练习局部的项目。例如，深蹲、硬拉和卧推等锻炼大肌群的项目，还能够辅助性地用到四肢末端的肌肉，在这之前如果先训练末端肌群，会导致肌肉疲劳，大肌群也无法达到百分之百的负荷。

因此，训练一开始应该选择以强化躯干附近的大肌群为目的的训练项目。但希望重点强化某一特定肌肉，或者进行损伤的康复训练的话，有时应特意从大肌群以外的训练开始练起。

无论哪种情况，每个训练日都要决定当天的优先顺序再进行训练，这十分重要。

此外，周期训练（P102）和每周训练计划也会使排列顺序不同。例如，分出技术练习为主的训练日和提升力量等体能为主的训练日也是优先级原则的一种实践。

优先级原则

● 最开始进行的训练项目训练效果最佳。

● 训练项目的排列原则上是从大肌群到小肌群。

● 想要特别强化的项目可以放在最开始进行（但是对大肌群有较大影响的项目，最好放在其他时间单独训练）。

●强化全身肌肉的基本项目排列（入门者训练计划示例）

顺序	项目	希望强化的肌群	备注（注意事项）
1	深蹲	臀大肌、股四头肌、腘绳肌和特定背部肌群	这两种项目同天训练的话难度相当大，最好有深蹲的日子用背部拉伸代替硬拉，有硬拉的日子就用坐式蹬腿代替来进行调整
2	硬拉	特定背部肌群、臀大肌、腘绳肌和股四头肌	
3	仰卧起坐	腹直肌、腹内斜肌、腹外斜肌和股直肌、髂腰肌	也可以用屈膝卷腹代替。拓展性地加入一些转体类、上提类的项目效果会更好
4	伸膝	股四头肌	这两种哪个放在前面都可以。用超级组式（P96）进行训练可以达到事半功倍的效果
5	屈膝	腘绳肌	
6	卧推	胸大肌、三角肌（前束）和肱三头肌	拓展性地加入一些使用哑铃或器械的飞鸟类项目更好
7	划船	背阔肌、大圆肌、特定背部肌群、菱形肌、斜方肌（中束）和三角肌（后束）	可以用引体向上或者下拉代替这个项目，或者拓展性地加上这两个项目
8	肩上推举	三角肌、斜方肌和肱三头肌	拓展性地加入使用哑铃或者器械的上提类项目
9	肱三头肌扩展	肱三头肌	这两种哪个放在前面都可以。用超级组式（P96）进行训练可以事半功倍。两个项目都可以使用杠铃、哑铃和绳索等训练器械，选项很多
10	手臂弯举	肱二头肌、肱肌和肱桡肌	
11	提踵	小腿三头肌（腓肠肌和比目鱼肌）	用超级组法进行训练效果较好。在提踵中加入强化拮抗肌的上提，在屈腕中加入反向手屈腕等项目效果会更佳
12	屈腕	前臂屈肌群（腕屈肌群）	

※表中列举的项目是强化各部位（肌群）最基础的训练项目。训练项目中还有很多其他项目，看到别人练不一样的，自己可能会不由地动心，但是首先从这种基础性训练开始扎实练起，这对于增肌和提高力量很重要。

硬拉　➡P114

不仅针对特定背部肌群，对臀大肌和腘绳肌的锻炼效果也非常好，是一个综合强化身体背面肌群的重要的训练项目。

除下肢和背部肌群之外，还用到了上背部、肩、上臂和前臂等几乎全身的肌群。因此，比起上半身更希望强化下肢和背部肌群的话，这个项目应是最优先安排的。

Set System

组式系统

配合训练项目设定计划

一个训练项目需要以特定的重量连续重复多次时，我们称这一连串的重复为"1组"。在以增强力量和增肌为目的训练中，单做1组对于肌肉的刺激不充分，通常都重复做几组，每组之间有间隔（间歇）。这时组的设计方式（组成）称为"组式系统"或"分组法"。

组式系统包括只有一种训练项目，插入间歇，重复多组的方法（单组式），以及几种训练项目连续进行为1组，之后插入间歇，重复多组的训练方法（多组式）。

这二者是从初学者到高手都能用的最基本的方法，是正确掌握技术以及提高最大力量时可以选择的最有效的方法。

多组式是连续进行多种项目，可以实现一定时间内完成更多种项目（训练量）的训练。这种方法不仅能提高效率，而且能在短时间内使肌肉疲劳，这种刺激有助于肌肉增大。

多组式有两种训练项目组合的方式（超级组式和复合组式）、3种项目组合的方式（三组式）、4～6种项目组合的方式（巨人组式）和7种以上的项目组合的方式（循环组式）等。

训练项目数量越多，训练效果会更大程度上从力量过渡到肌耐力（P82）的训练，所以当目标为强化最大力量时，应以单组式为中心，适当组合一些超级组式和复合组式。此外，关于每组之间的间隔，如果以增肌为目的，那么间歇要短（1分钟以内），如果以重量分级制运动项目的控制增肌、提高力量为目的，间歇要长（3分钟以上）。

组式系统的组合方法是多种多用的，要根据训练目的和自身水平选择。

组式系统的种类

单组式

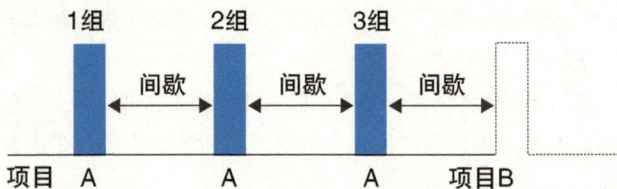

1个项目（A）中间歇重复多组，用尽全力（肌肉的最大消耗）之后进行下一个项目。以增大肌肉为目的的话，组间间隔控制在1分钟左右，如果以控制增肌而强化力量为主，则间隔控制在2~3分钟。

超级组式

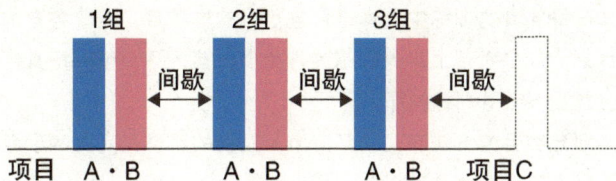

强化互为拮抗肌的肌群的项目（A·B）连续进行，以此为1组，之间间歇几组。这不仅能提高训练的效率，还能均衡训练拮抗肌群。

复合组式

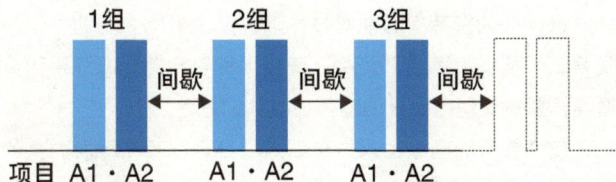

连续进行强化同一肌群的项目，以此为1组间隔休息进行数组。这不仅能提高训练的效率，还能在短时间内给予1个肌群充分的刺激。

循环组式

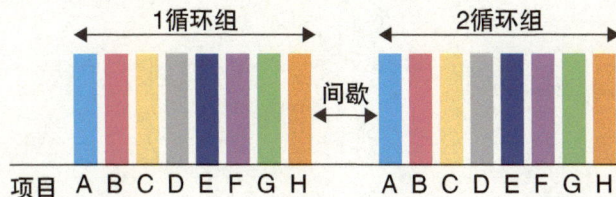

7~10种项目组合成一套，项目之间几乎不休息，以此为一个循环组，短暂休息后进行数个循环组。这样，全身的肌群可以得到均衡强化，对肌耐力（P82）和呼吸循环系统等也有不错的锻炼效果。但是，每个肌群的负荷较低，所以对于增肌（P74）和最大力量（P78）的锻炼效果甚微。项目可以以均衡强化全身肌群为目的。

划分全身肌群，提高训练效率

Split Routine

分割式训练

力量水平提高后，会相应地增强训练强度和训练量，但一次性训练全身肌肉会越来越难。此外，体能消耗程度（对肌肉的破坏）增大，不充分恢复就进行下一天的训练，会造成恶性循环。

想要长期坚持有效的训练，首先要将全身肌群划分为2~3个部分，各部分分别在不同的日子进行训练，每周各进行两次，这个方法称为"分割式训练"。

增加一周训练次数，每个肌群的训练次数为每周两次，所以该肌群有充分的间隔时间用来恢复，质和量都能得到充实有效提高。

最常见的是将练习上半身的日子和练习下半身的日子两等分的方法。

在每部分的训练中选择符合自己目的的项目，组成各自的训练计划。如果希望上半身训练的种类多一些的话，可以把其中一部分放在下半身训练的那天。

划分项目的方法有几种，每个人重视的肌群和实施的项目种类不同，所以要自己不断尝试后选择最合适的训练计划。

此外，分割式训练对于强化运动员的力量和爆发力非常有效。例如，技术练习疲劳后，再练习全部的项目效果会不好，此外，力量训练的疲劳有可能对技术训练产生影响。因此，运动员为了第二天能将疲劳全部消除，使技术练习和健身训练得到良好的循环，要认真制定每天的练习内容和训练计划。

在技术练习的间歇插入力量训练项目，以及在爆发力类的项目（投掷、橄榄球和柔道等）技术练习之前先进行训练也很有效。专业运动员会将一天两等分，进行双重分割训练，但必须注意训练量的管理和对身体施加的负荷。

分割式训练的示例

● 有效的训练计划的分割（分为两部分）

计划 A (上半身训练日)		计划 B (下半身训练日)	
胸部	卧推 坐姿夹胸飞鸟	臀部、大腿	深蹲 弓箭步
上背部	划船 下拉		伸膝 屈膝
肩部	肩上推举 侧平举	腰背部	硬拉 背部拉伸
手臂	杠铃弯举 肱三头肌扩展	小腿	提踵 小腿伸展
腹部	仰卧起坐 侧弯	腹部	屈膝卷腹 躯干旋转

● 一周的训练示例（分为两部分）

周一	周二	周三	周四	周五	周六	周日
A	B		A	B		
A	B		A		B	

> **要点**
>
> ● 重视的肌群和实施的项目要因人而异，根据需求和水平制定。
>
> ● 其中一个计划的项目较多的话，可以将该训练项目的一小部分分到项目较少的那天。
>
> ● 即使这样项目数还是很多的话可以考虑三分法。
>
> ● 项目的划分方法有按部位划分和按大肌群、小肌群划分等。

Frequency of Training

周频率

了解自己一周应进行的合适的训练次数

周频率是指一周的训练次数。在超量恢复期中进行训练效果较好，同一个力量训练每天做的话，每周训练 2~3 次为佳。若每周 4~5 次，要改变每天锻炼的肌群。

训练后只要注意营养补充、休息得当，48~72 小时后就会进入超量恢复期。所以周频率以 2~3 次为宜。到超量恢复发生为止，入门者和中老年人周频率以少为宜。可根据年龄、训练经验、训练内容（强度、量）、营养、休息状况而定。

在训练的内容方面，肌肉量多的大肌群的项目比肌肉量少的小肌群的项目，要花更多的时间恢复。另外，高强度的训练比低强度的训练要花更多的时间恢复，离心训练比平常的训练恢复时间要长一些。坚持训练，恢复时间会逐渐缩短。

因此，要注意训练的强度、肌肉受到的破坏、修复过程等，合理设定训练频率。积累一定训练经验，了解自己的超量恢复周期，据此安排训练频率十分重要。此外，建议制定营养摄入和休息计划，学习如何更快更好地完成超量恢复。

恢复时间快，就可以以较高的周频率进行训练，最终获得的训练效率会更高。

周频率的要点

● 超量恢复的周期和周频率相结合。

配合训练完成 48~72 小时之后的超量恢复，周频率从每周 2~3 次起。

● 恢复需要的时间。

大肌群的项目比小肌群的项目需要的恢复时间长。

● 缩短恢复时间与提高周频率。

坚持训练，肌肉的恢复时间会缩短，可以以较高的周频率进行训练。

通过最适宜的训练频率增强力量

通过一次次的超量恢复的累积，
切实收到训练效果。

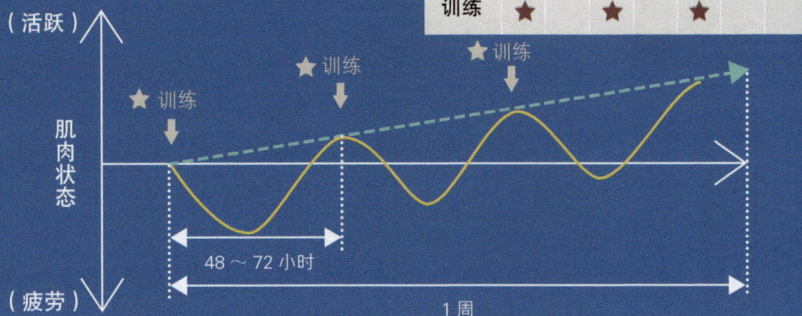

时间	1	2	3	4	5	6	7
训练	★		★		★		

（活跃）

肌肉状态

★ 训练　　★ 训练　　★ 训练

48 ～ 72 小时

1 周

（疲劳）

过长的训练间隔导致力量停止增长

即便肌肉通过超量恢复短暂地进入活跃状态，
不给它新的刺激就会恢复到原来的水平。

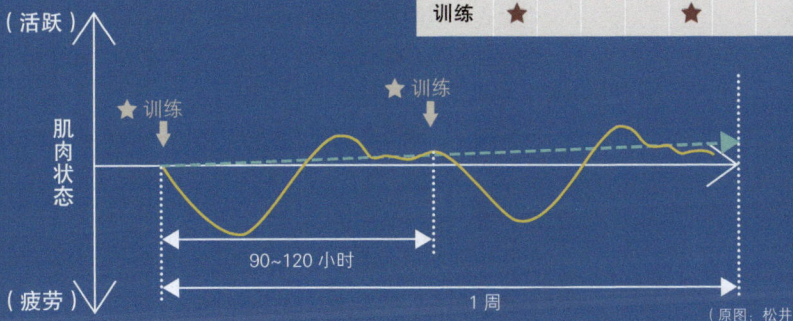

时间	1	2	3	4	5	6	7
训练	★				★		

（活跃）

肌肉状态

★ 训练　　★ 训练

90~120 小时

1 周

（疲劳）

（原图：松井秀治）

过短的训练间隔容易积累肌肉疲劳

如果不休息，疲劳就无法恢复，
造成过度训练。

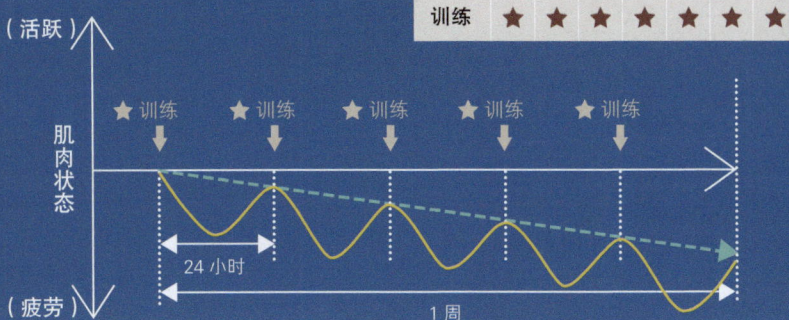

时间	1	2	3	4	5	6	7
训练	★	★	★	★	★	★	★

（活跃）

肌肉状态

★ 训练　★ 训练　★ 训练　★ 训练　★ 训练

24 小时

1 周

（疲劳）

Periodization

周期训练

根据目的周期性地改变训练内容

体育运动员为了在一年最重要的比赛里让自己的身体处于巅峰状态，会改变训练的内容，这就是"周期训练"。

具体来说，训练期分为准备期、过渡期、比赛期和恢复期4个阶段（周期），人们根据每个阶段的目的改变训练的内容。

在体育竞技的技术练习和体能训练的过程中，刚开始努力训练时的训练效果会比较显著，渐渐地，相同训练的效果会逐渐减弱，进入所谓的"平台期"。

为了克服这个平台期的问题，训练中要给身体一些与之前不同的刺激。因此，长期计划中，要设置不同训练内容的"周期训练"，主要是以训练强度和训练量的增减为主。

此外，改变训练的项目、样式、动作速度、间歇时间、组式系统、负荷方式、使用器械（弹力带、哑铃、杠铃）、项目排列、周计划等也是有效的。

最典型的模型是以一年为一个周期（大周期或中周期），将之分为准备期（基础力量培养期）、第一过渡期（专业力量培养期）、比赛期（巅峰期）、第二过渡期（积极的恢复期）4个阶段，根据各阶段的目的调整负荷刺激。

整体倾向是随着比赛期临近逐渐加大强度，训练量与之呈反比逐渐减小。

过渡期里，要考虑到项目的特殊性（动作速度、动作姿势），增加专业性负荷的比例。恢复期（第二过渡期）时，降低强度和训练量，寻求积极的恢复。

根据体育项目和运动员的需要，周期训练的形式可以设定的多种多样。此外，可以说竞技水平越高，短周期的周期训练越重要。

周期训练的概念图（大周期的一个示例）

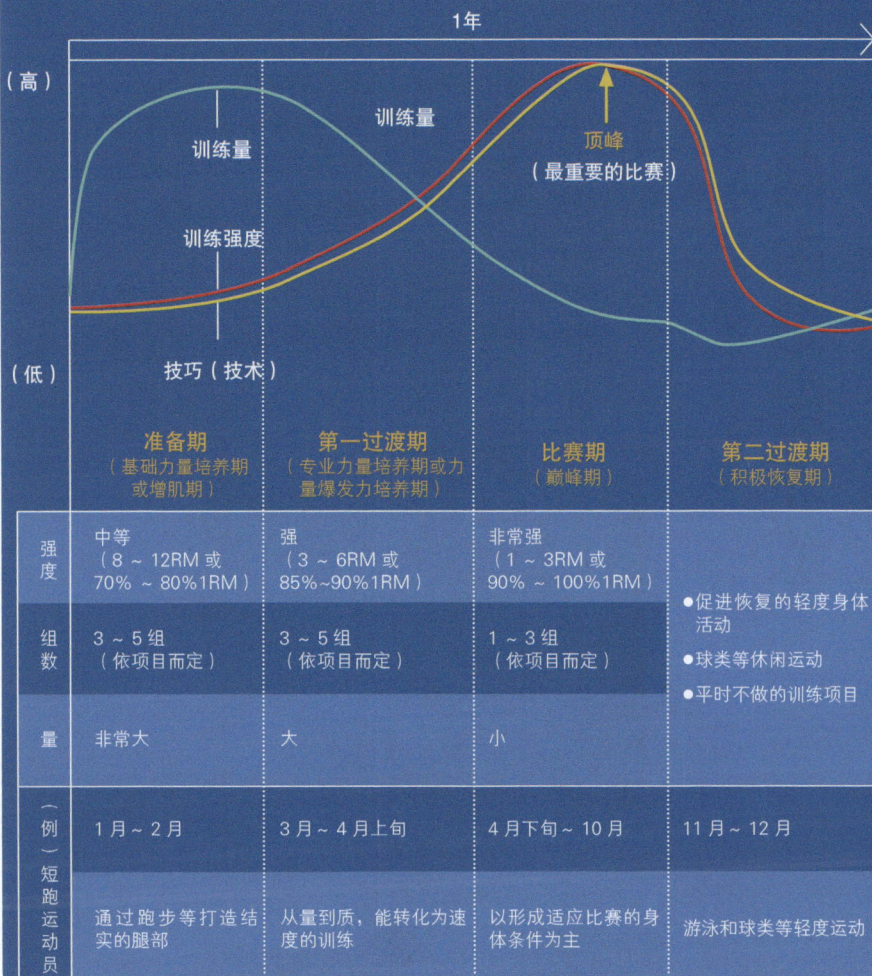

1年

（高）

训练量

训练量

训练强度

顶峰
（最重要的比赛）

（低）

技巧（技术）

	准备期 （基础力量培养期 或增肌期）	第一过渡期 （专业力量培养期或力 量爆发力培养期）	比赛期 （巅峰期）	第二过渡期 （积极恢复期）
强度	中等 （8 ~ 12RM 或 70% ~ 80%1RM）	强 （3 ~ 6RM 或 85%~90%1RM）	非常强 （1 ~ 3RM 或 90% ~ 100%1RM）	●促进恢复的轻度身体 活动 ●球类等休闲运动 ●平时不做的训练项目
组数	3 ~ 5组 （依项目而定）	3 ~ 5组 （依项目而定）	1 ~ 3组 （依项目而定）	
量	非常大	大	小	
（例）短跑运动员	1月~2月	3月~4月上旬	4月下旬~10月	11月~12月
	通过跑步等打造结实的腿部	从量到质，能转化为速度的训练	以形成适应比赛的身体条件为主	游泳和球类等轻度运动

●周期训练的循环

循环名称	周期
大周期（年周期）	1 年 ~1 年以上
双循环	6 个月
三循环	4 个月
中周期	1~2 个月
小周期	1~2 周

锻炼身体的重量训练的基础

Free Weight Training

自由重量训练

自由重量训练是重量训练的基础之一，是使用杠铃和哑铃等直接发挥负重作用的重物（器械）来锻炼肌肉的训练。

自由重量训练的项目丰富多样，锻炼的肌肉部位和使用的器械、动作等不同决定了项目的不同。

代表性的自由重量道具是杠铃和哑铃。

使用杠铃的项目需要用到双手，动作虽然固定，但相对来说能进行较大重量的训练。相反，使用哑铃的训练多数是单手进行的，可以用于各种动作，但是很难使用较大的重量。

自由重量训练可以用一个器械来完成多种项目，还可以自由地改变动作，可以说是通用性较高的训练。为了进行有效的训练并防止受伤，掌握正确的姿势和选择符合的设定十分重要。

Barbell 杠铃

圆形杠铃片组装到杠铃杆上，用卡箍固定住。这是要用到双手的自由重量器械。杠铃杆长2~2.2米，重量为10~20千克，杠铃杆两端可以组装的杠铃片重量从0.5~25千克不等。

Dumbbell 哑铃

用单手举的自由重量。有可以通过哑铃片调节重量的，也有不能调节重量的。重量为0.5千克起，可以应对多种训练方式，用途广泛。

相关页	
抗阻训练的原理	P74

举杠铃的基本姿势

❶ 伸展背部使之紧张，双脚打开与肩同宽，站立位置是脚尖位于杠铃杆下。上半身前倾，屈膝，双臂伸直，握住横杆。

❷ 使用腿部力量上提杠铃，在腿前保持。

❸ 轻轻屈膝，伸展背部，上半身微向前倾。然后把握好节奏，完成伸直膝关节、上半身回到直立状态、将横杆向上提这一连串的动作，将杠铃举至肩部位置。

❹ 放下时反过来做①~③的动作。这时，背部伸展，要巧妙利用反冲力来减少身体的负担。

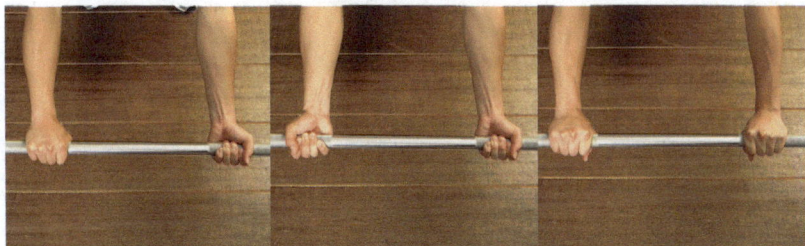

握杆 根据不同项目、目的改变握杆方法

| 正反握 | 反手握 | 全握 |

站姿 根据不同项目、目的改变站姿

| 窄距式 | 宽距式 | 标准距式 |

全面理解项目和训练目的

自由重量训练的术语

Training Terms

自由重量训练的种类繁多，项目名称由训练目标部位、训练时的基本姿势以及表示动作的单词组合而成。因此，理解每个名词，就能够知道这一训练项目的内容。

自由重量是通用性较高的训练，仅用一个器械就能完成各种不同的项目，也能自由地变换动作。为了进行有效的训练，要在训练中确保动作准确。这时正确理解术语不仅可以帮助获得理想的效果，还能预防损伤，因此十分重要。

俯身划船（P118）

● 俯身：保持站立位，上半身前屈。
● 划船：上提。

俯卧手脚伸展（P108）

● 俯卧：俯身趴下。
● 手：手臂。
● 脚：腿部。
● 伸展：拉伸、伸展。

● 身体部位

术语	训练范例
肩部	耸肩练习
背阔肌	背阔肌下拉练习
后背、后侧	哑铃单臂划船练习
正面、前侧	将杠铃从颈前上举的肩上推举练习
肱三头肌	肘关节的伸展练习
腹部	腹部收紧、卷腹练习
躯干	躯干的旋转（扭转）练习

● 姿势

直立站姿	站姿划船练习
倾斜姿势	头在上，脚在下的上斜仰卧推举练习 头在下，脚在上的下斜仰卧推举练习
站立上半身前屈的姿势	俯身划船练习
卧位姿势	俯卧位的俯卧撑练习 仰卧位的仰卧推举练习
体侧	侧平举练习
交替的、交叉的	左右手交替上举的哑铃练习

● 动作

划船	站姿划船练习
下拉	背阔肌下拉练习
飞鸟	哑铃俯身飞鸟练习
卷起、卷曲、屈曲	膝关节屈曲练习
拉伸、伸展	膝关节伸展练习
提踵	负重提踵练习
收紧、卷腹	腹部收紧
弓箭步	侧弓箭步练习
内收	髋关节内收练习
外展	髋关节外展练习
推举	仰卧推举练习

背部伸展/俯卧手脚伸展

锻炼背部肌群的伸展运动

Back Extension / Prone Arm & Leg Extension

背部伸展和俯卧手脚伸展都是为数不多能利用自重锻炼位于腰背部的竖脊肌（髂腰肌、最长肌、棘肌）的拉伸运动。

竖脊肌与腹直肌、腹斜肌、腹横肌等腹部肌群共同支撑躯干，无论在日常生活的姿势还是在运动时的身体平衡中，它们在所有动作中起到保持上半身与下半身平衡的重要作用。

这些肌群如果弱化，会导致姿势不正确、腰痛、运动损伤等问题。所以，无论是在运动中还是在日常生活中都要注意锻炼这部分肌肉。

背部拉伸

❶ 俯卧，双脚打开与肩同宽，双手置于耳侧。

❷ 不要借助反冲力，固定双臂位置，缓慢将头、胸部向上抬高。

❸ 胸部抬高至离开地面时，再缓慢回到原先的位置，重复这一动作。

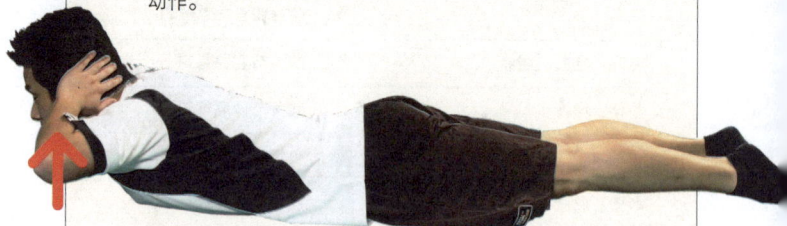

注意！

如果借助反冲力就无法有效地对肌肉施加负荷，训练时务必注意。

俯卧手脚伸展

❶ 俯卧，双脚微微打开，单臂伸直放在地板上。

❸ 抬起到胸和膝关节离开地面为止，再缓慢恢复到原来的位置，重复这一动作。

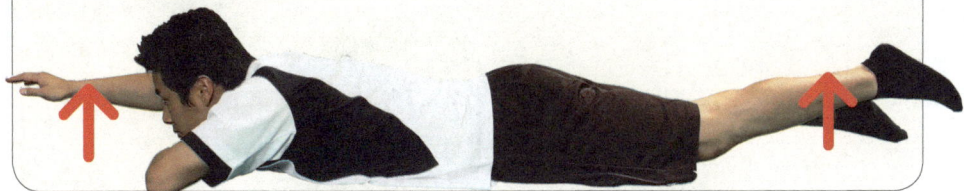

❷ 不要借助反冲力，一只手和对侧脚缓慢抬起（右臂和左腿，左臂和右腿）。

注意！

如果借助反冲力就无法有效地对肌肉施加负荷，训练时务必注意。另外腰不要反方向过度弯曲。

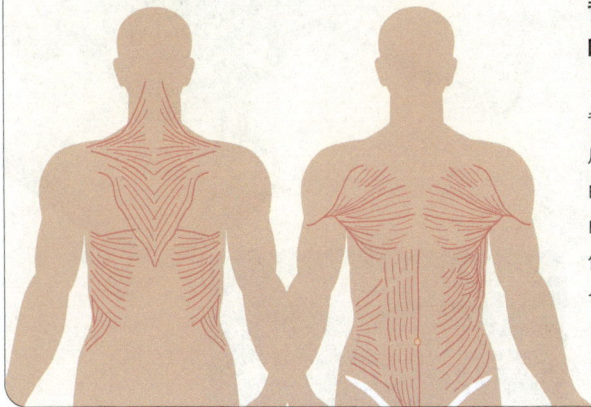

背部肌群和腹部肌群的训练

背部肌群和腹部肌群是在身体后侧和前侧同时支撑全身平衡的肌群。如果哪一方过于强壮的话平衡会被打破，有引发受伤和障碍的危险。因此，这两个肌群必须要同时锻炼。

这是强化上半身肌肉的代表性拉伸运动。以胸大肌为中心，有增强三角肌、肱三头肌的效果，是能提高上半身综合性爆发力的训练。器械可以使用杠铃和哑铃。

首先，仰面躺在训练椅上，后背、臀部和脚贴紧支撑面。双手握紧横杆，伸直双臂，将横杆从架子上慢慢取下举好。然后，保持杠铃水平，吸气扩张胸部，保持这个姿势让杠铃慢慢落下来，停在胸上，保持几秒，并注意不要从胸上弹开。最后，保持胸部扩张的状态握住横杆上举，恢复到双臂伸直的姿势，呼气。重复上述动作。

第二部分

实战训练

3

力量训练的实战案例Ⅰ

Bench Press

卧推

锻炼胸部周围肌肉的代表性案例

动作要点

❶ 仰面躺在训练椅上，调整身体前后位置，使挂在架子上的横杆在视线正上方。

❷ 握杆时的双手距离，大约为上臂和地板平行时肘部呈直角握杆的位置。

BIG 3（三大训练）

卧推、深蹲、硬拉被称为"BIG 3"，甚至有比赛上举重量的竞技项目，叫作健力。

基本步骤

将横杆从架子上缓慢取下，伸直双臂支撑住。

← 保持杠铃水平，吸气扩张胸部，保持这个姿势让杠铃缓慢落下来，停在胸上，并保持几秒。

← 保持胸部扩张的姿势缓慢将横杆上举，重复这一动作。

注意 !

● 握杆时注意手腕不要过度翻腕。
● 从架子上取下时注意左右平衡。
● 降低横杆时要慢。不要从胸上弹开。
● 后背部、臀部紧贴训练椅，脚用力支撑着地面。

方法

改变握杆的宽度

握距比基础位置稍宽的"宽距握杆卧推"能给胸大肌（特别是外束）更多的负荷。而比基础位置稍窄的"窄距握杆卧推"能给肱三头肌更多的负荷。

在家中也能做的上半身训练

哑铃卧推
双手持哑铃，保持左右平衡，做推举训练。

宽距俯卧撑
两手距离比肩宽，双脚脚尖撑地，做俯卧撑动作。

111

几乎所有的体育项目都会用到手臂，肩部是手臂动作的起点，所以肩部肌肉的力量强化是体育竞技上必不可少的训练项目。

为了让手臂能活动自如，肩部的构造极为复杂，是由多个骨、肌肉、韧带等组织构成的复合型关节。

每个组织的平衡十分重要。这个平衡一旦被打破，人容易在体育运动中受伤，或在日常生活中诱发肩部僵硬等症状。

因此，必须要通过训练保持肩部肌肉平衡，使构成肩部的各个组织在正确的位置上，并且能灵活地活动。

锻炼肩部周围肌肉的代表性案例

肩上推举/前平举/侧平举

Shoulder Press / Front Raise / Side Raise

肩上推举

❶ 双脚分开，距离与肩同宽，保持直立姿势，用全握的方式握杆，将其置于肩上。

❷ 从定位的位置向头上缓慢举起，再使之缓慢落下回到起始位置。此时注意落下位置不要低于肩部。重复上述动作。

注意 !

● 从较轻的重量开始练起。
● 腰部会反向弯曲，注意弯曲不要过大。
● 不要靠蛮力和反冲力完成动作。

相关页	
上半身的肌肉（肩、臂）	P30
肩袖肌群	P38

前平举

① 双脚分开，距离与肩同宽，保持直立姿势，手心向内握住哑铃。手臂朝前，双臂置于大腿前。

② 从定位开始缓慢向前抬起哑铃至肩部高度，再缓慢落下回原位。重复这一动作。

注意!

● 从较轻的重量开始。
● 不要靠蛮力和反冲力完成动作。

侧平举

① 双脚分开，距离与肩同宽，保持直立姿势，手心向内握住哑铃。双臂自然垂于身体两侧。

② 从定位开始缓慢向两侧抬起哑铃至肩部高度，再缓慢落下回原位。重复这一动作。

注意!

● 从较轻的重量开始。
● 不要靠蛮力和反弹力完成动作。

硬拉
Dead Lift

背部肌群训练的典型

硬拉是强化维持身体平衡的躯干、特别是背部肌群的代表性训练动作。该训练以竖脊肌为中心，能起到增强斜方肌、臀大肌、腘绳肌力量的效果。

竖脊肌对于保持身体姿势，使上半身向后倾、躺倒等全身参与的动作来说是十分重要的肌群，它不仅对于体育运动重要，对于日常生活也非常重要。

硬拉是手持杠铃或哑铃，靠背部的力量直起上半身并上提的动作。

动作的顺序是首先面向前方，胸部舒张，在背部肌群紧张的状态下屈膝，弯腰握住杠铃横杆。然后伸展髋关节、膝关节，拉起横杆。

握距和两脚之间的距离（站姿）影响负荷的强度以及各肌群的参与度，所以要根据目的选择。

躯干部分的肌群用于保持自身与骨、关节、其他肌群的复杂的平衡，不以正确的姿势训练会对其他部位造成影响。硬拉的目标肌群从脊椎骨一直贯穿到骨盆，而这些目标肌群是承担着人体的重要任务的部位，因此正确的姿势是训练的头等大事。

注意！

错误姿势范例

●放下杠铃时，容易弓背。

●膝关节内扣会导致膝关节伸展不足，导致肩部和腰部产生负担。

要点 ①

- 背部不要弯曲，双腿微屈，挺起胸部。
- 保持膝关节与脚尖朝向一致。

基本动作

双脚分开，距离与肩同宽站立，横杆位于脚背正上方，握距比肩稍宽。面向前方挺胸，收紧背部肌群，髋部向后坐。

保持脊柱中立位，伸展髋关节与膝关节将杠铃拉起，双臂伸直。

放下杠铃时，不要弓背，用力控制，保持挺胸，放下杠铃。重复该动作。

要点 ②

- 握住杠铃左右对称的位置，注意不要失去平衡。
- 做动作时，有意使横杆的运动轨迹为小腿→膝关节→大腿。

要点 ③

- 保持脊柱中立位。
- 注意不要使背部肌群过度紧张，导致对腰部造成负担。

锻炼腹直肌为中心的肌群，有助于保持身体的平衡，强化躯干部分的功能。此外，紧致的腹部和腰部有助于预防腰部疼痛。

屈膝卷腹以腹直肌上部为中心，而仰卧起坐是锻炼整个腹部肌群的训练，都是把上半身的自重转化为重量给腹部肌群当作负荷的训练。

腹部肌群和背部肌群以脊柱为轴，支撑上半身，另外，它让上半身和下半身能联动做动作。这些腹部肌群的训练最好与背部肌群的训练（P108）同时进行。

锻炼腹部肌群的练习

Trunk Curl / Sit Up

屈膝卷腹/屈膝仰卧起坐

屈膝卷腹

仰卧，臀部、腰、后背部贴地，两脚分开，距离与肩同宽，膝关节弯曲呈90度。双手置于耳侧。

要点 2

动作要慢。

注意不要借助反冲力，固定手臂的位置，头和肩慢慢抬起，抬到后背1/3左右离地为止，再缓慢回到初始位置。重复该动作。

要点 1

不要用手臂的反冲力。

要点 3

腹部有意识地用力。

屈膝仰卧起坐

仰卧，臀部、腰、后背部贴地，两脚分开，距离与肩同宽，膝关节弯曲呈90度。双手置于耳侧。

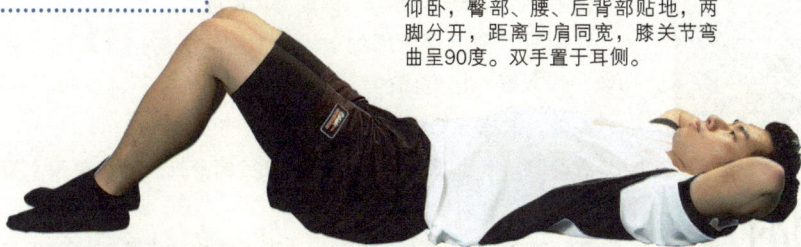

要点 2

动作要慢。

要点 1

不要借助手臂的反冲力。

注意不要借助反冲力，固定手臂的位置，头和肩慢慢抬起，到上半身彻底离地为止，再慢慢回到初始位置。重复该动作。

要点 3

腹部有意识地用力。

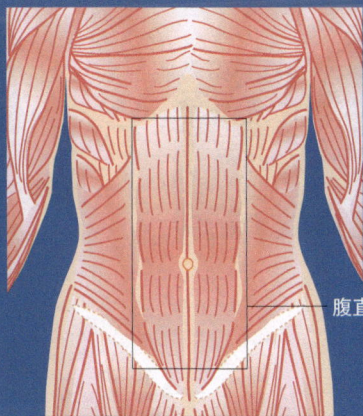

腹直肌

腹直肌

"分块的肌肉"是指腹部肌群中腹直肌的一部分。腹直肌在如上半身前屈及侧屈、旋转时会被用到，在多种体育项目中是非常重要的肌肉。

此外，除运动之外，腹直肌还是用来保护内脏不受外部压力压迫，协助内脏和呼吸系统完成各自任务的重要肌肉。

并且，腹直肌是在前面说过的保持姿势中起支撑作用的肌肉，可以说在身体中有着十分重要的地位。

俯身划船

Bent Over Rowing

以背阔肌为中心锻炼整个后背

俯身划船是使用杠铃和哑铃来锻炼背部肌群的练习。

主要用作背阔肌（P32）的训练，但能整体强化背部肌群。

背阔肌是覆盖腰背部的一大块肌肉，其影响背影给他人的印象，所以要练出宽阔的后背，这项训练是必不可少的。

此外，锻炼背部整体也关系到姿势的强化。

练习时，有上提杠铃的方法（杠铃俯身划船）和单手上提哑铃的方法（单臂哑铃俯身划船）。

无论哪种，都希望训练者能注意训练中的姿势。必须保持背部伸展的姿势，后背整体充分发挥作用。

单臂哑铃俯身划船以训练椅为支撑，人容易保持姿势稳定，因此更容易锻炼背部肌群。

背阔肌是体积较大的肌肉，锻炼时要施加相应的重量。另外，握力也需要练习。

1 杠铃俯身划船

注意！

- 从较轻的重量开始练起。
- 不要靠蛮力和反弹的惯性提起放下。
- 不要弯腰。

相关页	
躯干上部的肌肉	P32

2 单臂哑铃俯身划船

要点 2

肘部贴紧腹部缓慢上拉哑铃，到上臂与地板平行为止。

要点 1

单手和膝关节支撑在训练椅上，另一侧手握哑铃，伸展背部。握哑铃的手臂垂直于地面落下，手心朝向内侧。

要点 1

双脚分开，距离与肩同宽，保持背部伸展的状态向上拉起横杆，身体呈前倾姿势。

要点 2

缓慢提肘，使横杆顺着腿的方向移动，直到将横杆拉至腹部下方为止。注意腰部不要过度弯曲。

119

锻炼大腿的代表性训练

深蹲
Squat

要点 1

脸（视线）始终朝向正前方或稍向上。

实用训练

改变两脚间距增加变化

两脚间距比基本站位略宽的宽距深蹲，能够给内收肌增加负荷。相反，间距比基本站位略窄的窄距深蹲能给腘绳肌外侧施加负荷。

要点 2

保持杠铃左右平衡。

要点 3

保持脚踝稳定。

在家也能做深蹲

自重深蹲1
基本与有杠铃时相同。是以自己的体重为负重进行的动作。

自重深蹲2
双臂放在脑后，更容易在基本姿势中保持到胸部打开，背部伸展。

这是强化下半身的代表性练习。以股四头肌、腘绳肌为中心，强化臀大肌（臀部肌肉）、竖脊肌（背部肌肉）的力量。主要是锻炼支撑自己体重、移动所必需的肌群。

动作是从站姿开始，屈膝下蹲，再站起来。两脚之间的距离（站姿）和下蹲的深度大大影响着各个肌群的参与度。

它是一个以下半身为中心调动许多肌群的项目，经验不足的人最好先训练一下这些肌肉再来做。此外，腘绳肌可以通过屈膝来锻炼。

建议经验不足和运动不足体能较弱的人一开始以自己的体重为负重进行训练。如果做到只给单腿施加负荷，仅仅是体重也是足够强的负荷了。

基本动作

站立时两脚距离比肩略宽，身体位于横杆中间，将杠铃扛到肩上。

缓慢屈膝，感觉髋部向后，至膝关节呈90度。

从整个脚底发力向上蹬起身体，伸直膝关节，恢复到初始位置。重复该动作。

注意 !

● 背部不要弓起。
● 保持膝关节始终与脚尖朝向一致。
● 膝关节不要超过脚尖。

屈膝
Leg Curl

锻炼大腿的代表性训练

屈膝与深蹲一样，是锻炼下半身的代表性练习，可强化大腿后侧的腘绳肌。

比起能通过短跑等锻炼的大腿前侧（股四头肌），腘绳肌是一般人平常不太会用到的肌肉，所以我们要有意强化较难锻炼到的部分。

训练方法如下。这个部位使用哑铃和杠铃都很难锻炼到，所以要使用专用的屈膝器械、弹力带或毛巾，也可以借助同伴的力量进行训练。

使用器械时，除俯卧屈膝上举的方法（如图）之外，还有坐姿屈膝的训练椅可用。

例如可以使用的训练方法是在脚腕缠上弹力带，另一端同伴拿着，努力使脚跟向臀部靠拢。

虽说不容易锻炼，但是腘绳肌是所有肌肉中最重要的肌肉之一。

和股四头肌一样，锻炼它能使动作更流畅，所以不仅运动员，普通人最好也能通过训练强化这里。

要点

两脚的脚跟贴住推杆，屈膝至小腿与地面垂直为止，脚跟缓慢地向臀部靠近。

实用训练

无专门的器械进行训练时可使用弹力带代替，方法如下。

① 脚腕缠上弹力带，同伴握住另一端，或绑在柱子上。

② 呈俯卧姿势，要领与使用专门的训练器械相同，脚踝向臀部靠近。

该方法负荷强度较小，放慢动作能更好地起到强化肌肉的效果。

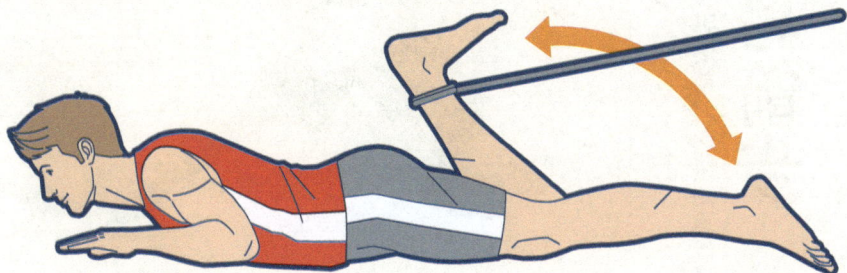

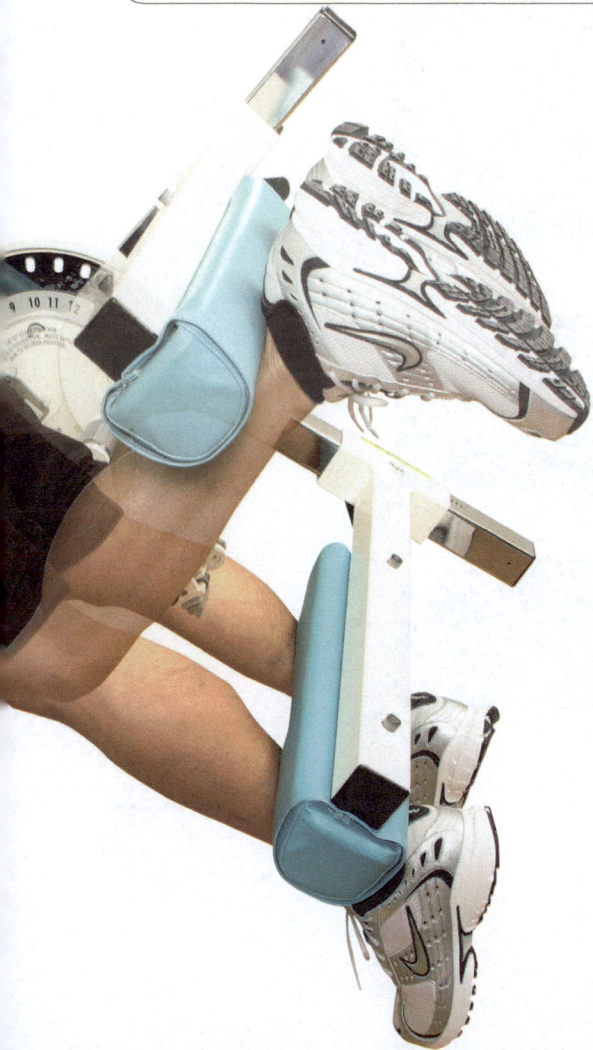

弓箭步

Leg Lunge

单脚向前、向体侧跨步强化下半身肌肉

相关页
下肢的肌肉（腿）　　P36

基本动作

横向弓箭步

站好，单腿向体侧跨一大步并屈膝，非移动腿伸直。

纵向弓箭步

站好，单腿向前方侧跨一大步，膝关节弯曲呈90度。

90度

注意！

● 保持屈膝腿的膝关节始终与脚尖朝向一致。
● 上半身不要倾斜，保持与地面垂直。
● 不要借用惯性过快完成动作（借助反冲力就变成了强化臀部肌肉的训练了）。

要点 1

通过使用杠铃等方式施加负荷，提高训练强度。

要点 2

步幅要大，膝关节弯曲呈90度。

弓箭步是锻炼下半身的代表性练习之一。从站立姿势开始，单腿跨出，进行训练。该训练能够锻炼大腿前侧的股四头肌和后侧的腘绳肌（P36）。

基本动作是先双脚自然分开站好，单脚向正前方跨出，通过向前跨步强化前进的力量，向体侧跨步走"之"字形强化横向运动的力量。

通过向前和横向交替踏步，还能够强化膝关节和髋关节周围的肌肉。从事左右动作较为激烈的运动的人建议使用这一练习。

要点是上半身保持正直，膝关节弯曲呈90度。注意跨步时前倾会导致无法充分使用想要锻炼的肌肉。

此外，跨出腿的脚尖与膝关节应始终保持同一朝向。膝关节向内或向外倾斜会导致腿疼，要十分注意。熟练后，利用杠铃施加负重进行训练效果更佳。

第二部分
实战训练

4
力量训练的实战案例 II

快速伸缩复合训练

利用肌肉收缩的特点训练出更大的爆发力

Plyometrics

田径的短跑项目以及许多球类项目需要有一些瞬间性爆发的动作。这类动作要靠肌肉的“拉长－缩短周期”（P46）完成。

为使肌肉的“拉长－缩短周期”更有效地进行而采取的训练，就是快速伸缩复合训练。具体来说，该训练是为锻炼需要瞬间爆发力的运动项目，如篮球、排球、足球、棒球、橄榄球、网球，以及田径项目中的短跑、跳远、跳高、投掷等使用的动作的敏捷变化、爆发力而进行的训练。

其原理是在主要动作之前，先准备性地拉伸肌肉，使肌腱复合体（P54）储蓄弹性能量，配合牵张反射（拉长的肌肉会收缩的性质）中产生的肌肉收缩能量和有意识的肌肉收缩能量，瞬间产生巨大的爆发力。

此外，快速伸缩复合训练是通过神经控制，学习最佳的动作速度、姿势、力量发挥位置和时间点的训练，所以也是改善“神经－肌肉的协调性”的训练，为使肌肉产生的张力在瞬间达到最大，进行准备拉伸动作十分重要（见下页上图）。

动作要点如下。

① 拉伸速度（肌肉拉长速度越快发挥的张力越强）。

② 关节对齐（主动肌能产生最大肌张力的关节位置、动作姿势）。

③ 切换的时间点（重复能产生最大爆发力的关键动作）。

④ 瞬间切换（尽量在短时间内完成动作的减速和加速）。

快速伸缩复合训练会在瞬间对骨骼施加巨大的压力，为避免运动损伤，要谨慎引入这一训练。

通过力量训练充分培养基础力量十分重要，但要从强度低、运动量小的开始，逐渐适应较强的压力。

相关页	
肌肉与肌腱	P24
肌肉收缩	P46
肌腱复合体	P54

准备拉伸

下蹲

从直立的姿势开始

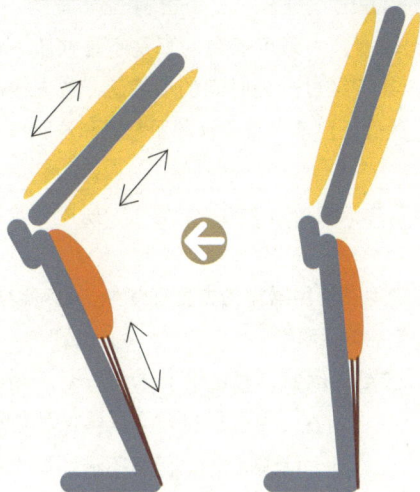

跳跃前，先蹲一下使小腿三头肌和跟腱的肌腱复合体以及股四头肌处于拉伸状态，利用它们复原的力量，肌肉产生出巨大的力量。下蹲时，肌肉、肌腱拉长就是准备拉伸。

快速伸缩复合训练的变形

深度跳跃
从台阶上跳下，双脚落地。

单腿侧跳

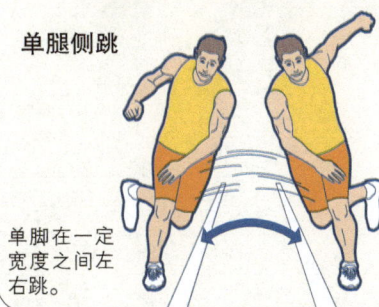

单脚在一定宽度之间左右跳。

侧跳

双脚在一定宽度之间左右跳。

慢速训练
Slow Training

降低训练带来伤害的风险，应用广泛

慢速训练是指慢速进行力量训练的运动练习，实际效果相当于施加了比实际负荷更高的负荷。

此外，通常的训练有时会损伤肌腱和韧带，慢速训练是用较轻的重量缓慢进行，危险性小。

因为负荷低、动作缓慢，大家可能会问那是不是快肌（白肌）纤维不参与其中。其实经过一段时间的训练后，首先慢肌（红肌）纤维会参与，然后之前未参与收缩的肌纤维和快肌纤维也会加入进去。

此外，肌肉收缩形式为被动行为（离心收缩），所以一般认为快肌纤维也参与其中。

慢速训练不仅可以应用在使用器械的力量训练中，也可以应用在俯卧撑和腹部训练等各类运动中。

例如，进行慢速的深蹲训练时，膝关节并不完全弯曲和伸直，在运动过程中始终保持肌肉的紧张状态。因为不借助惯性完成动作，肌腱和韧带不会增加负担，训练只对肌肉施加负荷。

训练如果对肌腱和韧带造成了损伤，即使是很小的伤害，也容易引发后续伤害，所以对于体育运动员而言，能降低受伤的风险是非常重要的一件事情。

慢速训练本身要求慢慢完成动作，为了能在比赛中有好的表现，建议与动作速度较快的训练双管齐下。

相关页	
肌纤维	P26
肌肉收缩	P46
运动损伤	P206

一般深蹲

膝关节弯曲，股四头肌会紧张，血管受到压迫，血液流动受阻。

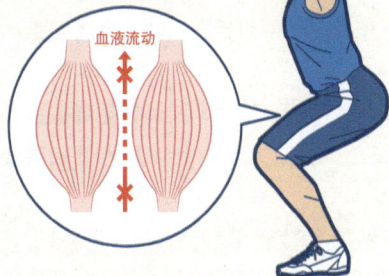

血液流动

站起来时股四头肌舒张，恢复血液流动，氧气得到供应。

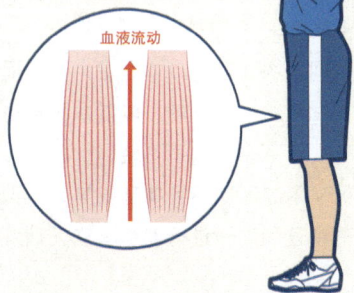

血液流动

慢速训练的深蹲

膝关节弯曲，同样股四头肌会紧张，血管受到压迫，血液流动受阻。

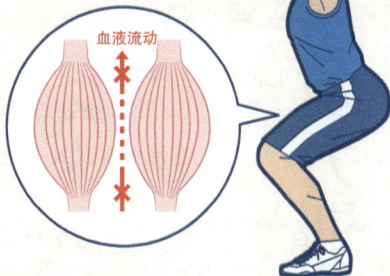

血液流动

缓慢站起来，股四头肌仍处在紧张状态，血液流动仍旧受阻，氧供应不足，所以一般认为快肌纤维（白肌纤维）也会参与。

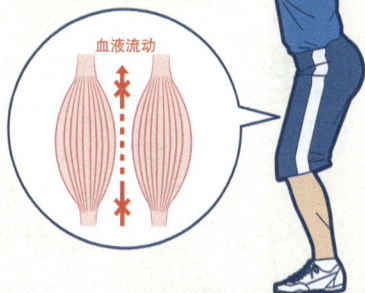

血液流动

知识点

加压训练

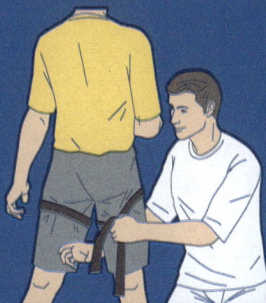

加压训练是指用特殊的加压带限制血液流动的状态下进行的力量训练。和慢速训练一样，这样能够利用比实际负荷更强的负荷进行训练，达到事半功倍的效果。加压训练一般要有职业资格的人从旁辅助，对想要锻炼的部位用特殊的加压带进行捆绑，限制血液流动进行训练。

慢速训练中，收缩肌肉的压力会限制血液流动，因此各种代谢产物堆积，有"生长激素"分泌旺盛一说。
★什么是"生长激素"？
生长激素主要由氨基酸组成，有影响骨骼和肌肉的生长、调节代谢的作用。

129

提高健康和体能水平的代表性运动

耐力训练的原理

Endurance Training

所谓耐力，是指长时间持续某一特定强度的运动的能力。运动中所需的耐力大致可以分为两种，一种是集中使用身体的一部分的持久性，即肌耐力（P82），另一种是指全身运动的持久性，即全身耐力。

全身耐力的关键是摄氧能力。它由人从空气中摄取氧气并输送到肌肉的呼吸循环系统的能力，和使用输送来的氧产生能量的肌肉代谢能力共同决定。

不同运动项目需要的耐力水平大不相同，在消耗能量较多的项目（强度大、竞技时间长）中，耐力是十分重要的体能要素之一。

耐力的指标是最大摄氧量（P134）和AT/LT（P144），无论哪个都需要用专业机器来检测。不用机器的话，大多会用运动中的心率来推算（P140），或通过折返跑和各种计时赛来评定。

主要训练项目有跑步、游泳、自行车等。使用跑步机和测功单车等更容易设定负荷。此外，根据负荷的施加方式对训练进行分类的话，有"持续训练""间歇训练""重复训练"等。

训练的运动形式、强度、时间、次数等的具体设定，可以通过组合产生无数种方式，要根据项目特点和目的、体能水平进行调整。

运动形式上一般选择运动员从事的运动项目本身或与之类似的动作，有时也会用不同种类的项目和动作进行训练（交叉训练P172）。

耐力训练的指标
● 最大心率（P132）
● 最大摄氧量（P134）
● AT/LT

负荷类型与训练分类（模型图）

持续训练

在较低强度的训练中常用的一种训练方式。维持一定强度是一般的做法。也有阶段性地提高负荷、适当上下调整负荷的形式。

间歇训练

在强度高于OBLA（P145）的较高强度的训练中广泛使用的方法。其主要通过在强度较大的运动中反复插入强度低的运动和短暂的休息来实现。利用从冲刺间歇训练这种20~30秒的非常高强度的运动到进行5~10分钟较长时间的运动，可以根据目的做各种设定。

重复训练

需要几乎竭尽全力完成的强度非常大的训练。与间歇训练不同的是，为了使身体能在一定程度上得到较充分的恢复，要在训练中插入较长的休息时间。与间歇训练一样，重复训练可以根据目的设定强度、时间和次数等。

▶▶▶ 如何提升耐力

长时间持续运动时，比起短时间的运动中身体受到环境（太阳的辐射热量、气温、湿度和高度等）的影响更大，能量和水分的损耗也是问题。要采取相应的应对措施。

此外，从事持续重复某一动作的运动项目（慢跑、自行车、游泳、划船等）时，要想提高运动成绩，不仅要提高全身耐力（提高摄氧能力和AT/LT），在技术层面进行改进（减少无效多余的动作）也非常重要。

根据运动强度为训练分类

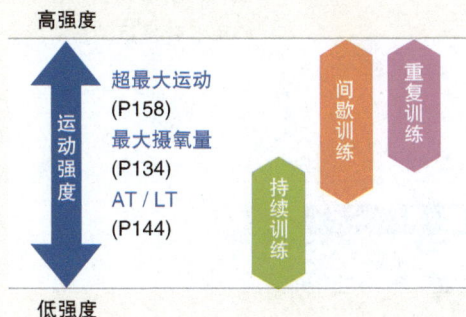

高强度

运动强度

超最大运动
(P158)
最大摄氧量
(P134)
AT / LT
(P144)

间歇训练
重复训练
持续训练

低强度

最大心率

Maximum Heart Rate

了解心率上限有助于训练

人体血液从心脏向全身输送时，心脏一分钟跳动的次数称为心率。

了解自己的心率，在进行有氧运动时，对于运动强度的设定和了解训练效果十分重要。

运动时，为了运送大量的氧，心脏泵出的血液量也会变多。

运动激烈时，每次心跳输送出的血量和心跳次数都会增多。但是两个都有上限，心率的上限叫最大心率。

测量最大心率时要带着心率测量计全力运动，但是通常用计算公式直接算出代替。

平均来看，最大心率随年龄增长而逐渐降低，所以一般用"220– 年龄"这个公式来计算。20 岁的人平均每分钟 200 次心跳为最大心率，50 岁的人最大心率平均每分钟 170 次左右。但是，要注意各个年龄的心率有 ±10 次的个人差异。

近年来美国运动医学会推荐 206.9–（年龄）x0.67 这一计算公式。

此外，睡觉或坐在椅子上的等安静状态下测得的心率为静息心率，健康成年人的静息心率为每分钟 60~80 次。

每天早晨在特定条件下测量静息心率，能帮助人们有效地管理身体状况，也有助于预防过度训练综合征。

最大心率与静息心率的差称为心率储备量，被广泛应用在训练强度的设定中。

理想状况是测量最大摄氧量（P134）和 LT，通过此时的心率设定训练时的目标心率。这种测量非常困难，可以通过最大心率估算值和静息心率求出心率储备量，再设定运动强度。如果把RPE（P146）也记录下来，可以提高精确度。

此外，拥有运动员心脏（P162）的运动员每次心跳的供血量很大，所以很多时候反而最大心率降低。但是，不能简单地认为心率低就是运动员心脏。

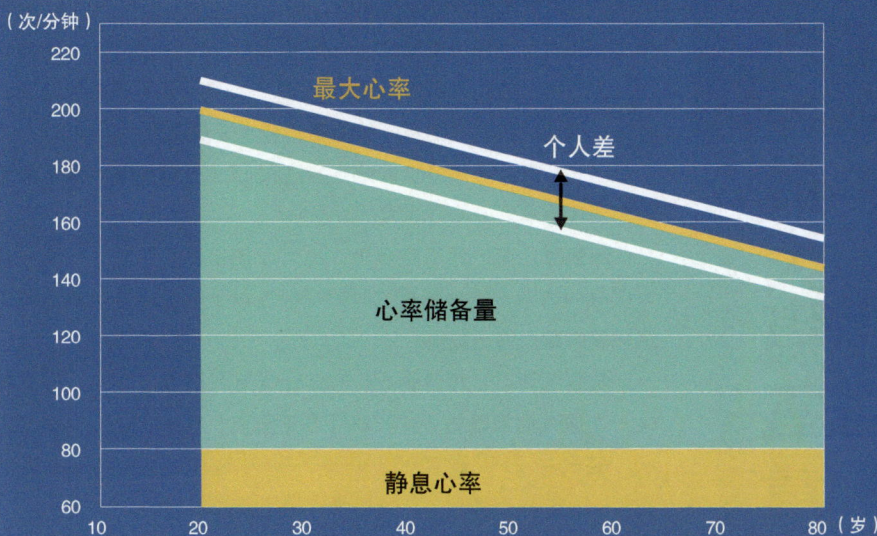

各年龄段的心率参考值

（次/分钟）

最大心率

个人差

心率储备量

静息心率

最大心率的推算公式

最大心率=220–年龄（个人差 ± 10）
（HRmax）

了解心率储备量

心率储备量（HRreserve）
=最大心率−静息心率
　（HRmax）　　（HRrest）

心率储备量是有氧运动的重要指标之一，它反映出运动或训练时，应以多大的心率维持运动强度，或者在这一心率下能取得多大的训练效果。

静息心率的测量方法

食指、中指、无名指并拢，按住拇指指根，测量15秒内的脉搏。这个数值乘以4可以看作是1分钟的静息心率。

%HRmax与%HRR

设定运动强度时，可以使用心率储备量（%HRR）的方法，也可以使用相对最高心率比例的方法（%HRmax）。相同心率下的值会因计算方式的不同有所差异。如果是%HRmax，即便是在安静状态下数值也是30%。

%HRmax	心率	%HRR
100%	200	100%
83%	165	75%
75%	150	64%
65%	130	50%
50%	100	29%
30%	60	0%
0%	0	–

最大摄氧量

Maximum Oxygen Uptake

与LT一起作为全身耐力的测评标准

运动时通过呼吸作用吸入体内所需的氧，并通过血液循环输送到全身，产生能量。

1分钟摄入的氧称为摄氧量，当人体做全力跑完1000~2000米这种激烈运动时摄氧量会达到最大值。

这个最大值称为最大摄氧量（VO_2max）。最大摄氧量较高，身体在活动时就能使用更多的能量，能完成更激烈的运动。

因此，最大摄氧量除以体重的值和LT（乳酸阈值）是全身耐力的测评标准。

测量时，可以利用跑步机，也可以使用测功单车进行个人最大极限的训练，然后测量这时的呼吸量以及呼吸中包含的氧和二氧化碳的量，得出数值。

激烈运动时，每分钟50~150升的空气被吸入肺中，心脏每跳一次通过血液输送50~150毫升到肌肉，1分钟输送150~200次。空气中21%是氧气，但摄入体内的只有2%~5%（其他16%~19%排出体外），所以最大摄氧量为每分钟2~4升。

由于运动强度与摄氧量存在比例关系，因此可以将最大摄氧量设为100%，用相对于它的比例作为有氧运动的强度的衡量标准。

全力跑完1000~2000米这样的运动时，摄氧量最大。

● 最大摄氧量与运动强度

相对最大摄氧量的比例	运动的名称	运动目标
200%	无氧型运动 超最大运动	
100%	（无氧型运动）	
80%	有氧运动（OBLA）	●提高耐力
60%	有氧运动（AT、LT）	●保持健康
40%	有氧运动	●积极休息
20%	轻松的运动	
0%		

各种项目运动员的最大摄氧量

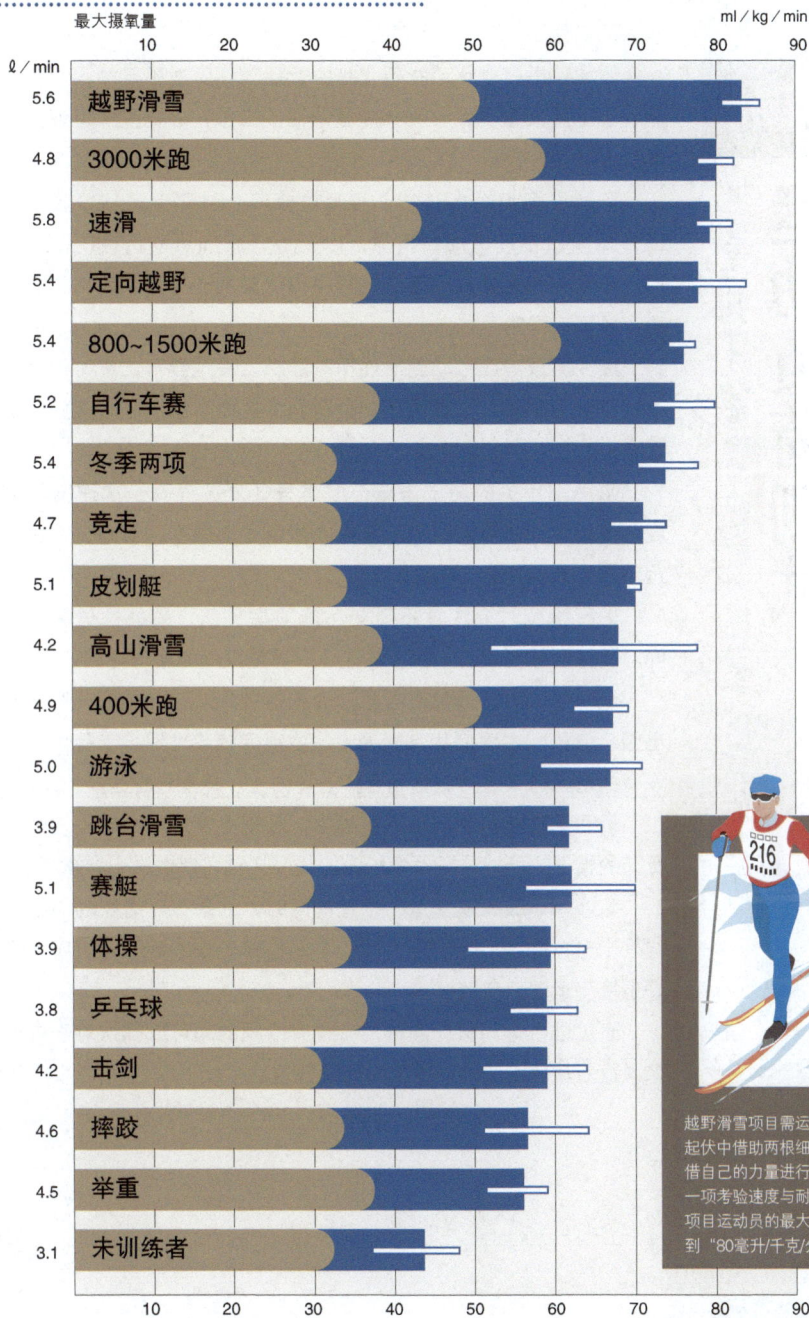

最大摄氧量

ℓ／min ml／kg／min

5.6	越野滑雪
4.8	3000米跑
5.8	速滑
5.4	定向越野
5.4	800~1500米跑
5.2	自行车赛
5.4	冬季两项
4.7	竞走
5.1	皮划艇
4.2	高山滑雪
4.9	400米跑
5.0	游泳
3.9	跳台滑雪
5.1	赛艇
3.9	体操
3.8	乒乓球
4.2	击剑
4.6	摔跤
4.5	举重
3.1	未训练者

越野滑雪项目需运动员在激烈的起伏中借助两根细细的手杖、凭借自己的力量进行快速运动,是一项考验速度与耐力的运动。该项目运动员的最大摄氧量可以达到"80毫升/千克/分钟"以上。

源自:《奥斯兰运动生理学》大修馆书店。

135

运动负荷测试

Exercise Stress Test

检查运动项目对心脏施加的负担和运动员可能潜在的心脏问题

运动负荷测试是为了发现在安静时很难察觉的潜在心绞痛和心律失常等问题，可以用于心脏病患者的运动耐受力和心脏储备能力的评估。

例如，患有冠状动脉硬化等的冠状动脉供血不足的人，在安静状态下耗氧量少，心脏不需要做很多工作，心电图查不到任何异常。

可利用跑步机（P148）和测功单车（P150）等从较轻的负荷开始阶段性地增加负荷量，以给心脏施加运动负担，在运动前、运动中和运动后的整个过程中持续监测心电图和血样状况，检查是否有异常。

接受测试者应运动到出现相关症状、发现异常，或持续运动达到目标心率为止。这种运动负荷测试提高了潜在心脏疾病的发现率。

使用跑步机的测试方法一般是每3分钟提高一次速度和坡度，使用测功单车的话一般是不断提高运动强度。其他还有台阶运动等简易的检测方法。

进行检测时要注意不要突然施加高负荷，或是拉长测试时间。要结合被测者的年龄和体能水平调整强度的增加方式。

运动中，为了记录心电图，会将电极片贴在其胸部，监测心电图、血压、主观症状，如果出现主观症状或发现异常就停止，没有的话就持续进行到达到目标心率为止。恢复过程也要监测。

运动员在参与竞技活动过程中，经常会发生对心脏施加强大负荷的情况，所以进行医学检查，接受运动负荷测试十分重要。

此外，一般人享受运动乐趣的同时，如果存在潜在的心脏问题是十分危险的，但安静时的心电图检查无法发现异常，所以最好也接受运动负荷测试。

通过进行运动负荷测试，心脏有问题的人可以确认对于自己来说危险性较小的运动强度的明确数值。

使用测功单车的运动负荷测试

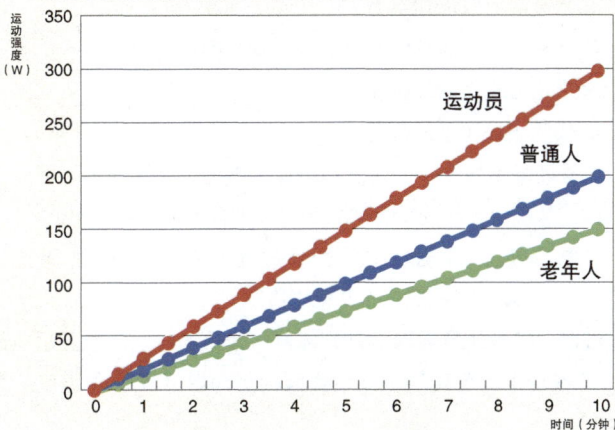

运动强度（W）

使用测功单车的运动负荷
测试要逐渐提高强度，并
要根据被测者的年龄和体
能水平而定进行设定。

● 跑步机运动负荷测试方案（Bruce法）

使用跑步机进行测试时可以按一般的Bruce法每3分钟上调一次速度和
坡度。

阶段（各3分钟）	速度（英里/小时）	速度（千米/小时）	倾斜（%）	预测 METs
1	1.7	2.7	10	4.8
2	2.5	4.0	12	6.8
3	3.4	5.5	14	9.6
4	4.2	6.9	16	13.2
5	5.0	8.0	18	16.6
6	5.5	8.8	20	20.0
7	6.0	9.6	22	

运动负荷与心电图变化

心电图的基本波形

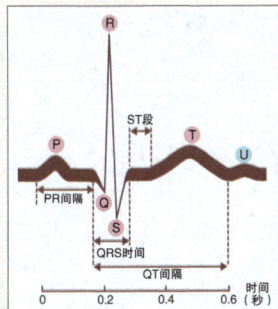

运动负荷心电图

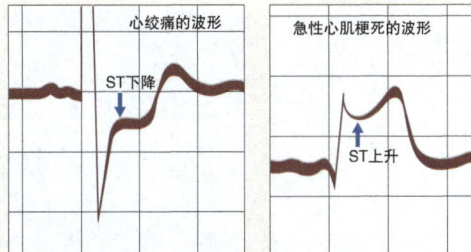

最明显的就是波形中ST段的变化，如果心绞痛发作能看到ST段的变化。

运动强度因训练目的而异

有氧运动的强度设定

Intensity of Aerobic Exercise

进行有氧运动时，要根据目的设定训练强度。目的可以分为以下4种。

① 提高耐力以增强活力
② 提高耐力以培养体育运动的基础体能
③ 生活方式病的改善及预防
④ 作为积极休息进行运动

根据训练目的的不同，运动强度的参考值会不一样。因此，了解自己从事的运动的特征和自身身体特征十分重要。

首先，当以"增强活力"为目的进行有氧运动时，可选择"LT"（P144）的强度或"更高的强度"。

当以"培养体育运动的基础体能"为目的时，耐力型运动选择"LT或以上的强度"，其他类型的运动以"LT水平强度"为宜。

当为了"预防生活方式病"而运动时，选择"LT或以下的强度"。此外，有生活方式病的人要听专业医生建议。

当以"积极休息"为目的时，"稍低的强度"为宜。积极休息是指通过慢跑等低强度有氧运动和拉伸促进肌肉的血液循环以达到消除疲劳的目的。

运动类型不同，强度也不同。徒步和慢跑以自身体重为负荷，步行速度、跑步速度就是运动强度。如果没有与体重呈比例的腿部力量，这类运动会让人感到比较吃力。

自行车运动的强度（P150）与体重无关，所以用瓦特数除以体重得出的值就是训练强度。游泳和球类运动的训练强度应根据个人的技术水平进行调整。

知识点

生活方式病与体育运动

如今，体育运动能有效预防生活方式病已是众所周知的事情，人们原本为了提高耐力而进行的有氧运动，其实也可以预防一些疾病。
预防生活方式病需要减掉多余的脂肪，为此提高热量的消耗量是关键，"进行运动""日常生活中多活动"都是十分有效的。

相关页

AT/LT　　　　　　　P144

有氧运动的强度设定步骤

起床后测量静息心率（每天早上测量，管理身体状况）。

⬇

以"220-年龄"计算最大心率，了解心率储备量（P141）。

⬇

利用自行车运动和跑步机分阶段改变运动强度进行运动，
测量心率、RPE（P146），制作强度与心率、RPE图。

⬇

求出RPE13的强度和心率，与心率储备量的50%比较，
运动后记录几分钟内的恢复过程。
最理想的是接受运动负荷测试。

⬇

RPE13与心率储备量50%一致的话，将这个值看作LT，并作为基准。
差距在15次/分钟以内时，强度和心率的关系稳定，运动后又能迅速恢复的话，可以考
虑将之设为基准。如果相差较大的话请咨询专业医生。

※养成经常测量心率的习惯，能有效预防运动过量（P220）。

● 有氧运动的频率、强度、持续时间（FITT）的推荐值

日常的运动水平 / 体能水平	频率（F）	强度（I）		时长（T）	
	天 / 周	%HRR %VO₂R	自我感觉强度	总时长（分钟/天）	周合计（分钟/周）
久坐 / 偏低	3~5	30%~45%	低度 ~ 中度	20~30	60~150
没有运动的习惯	3~5	40%~55%	低度 ~ 中度	30~60	150~200
偶尔运动 / 一般	3~5	55%~70%	中度 ~ 高强度	30~90	200~300
有运动习惯	3~5	65%~80%	中度 ~ 高强度	30~90	200~300
经常大量运动 / 较高	3~5	70%~85%	较高强度 ~ 高强度	30~90	200~300

目标心率
Target Heart Rate

设定训练强度时的心率参考值

训练中最重要的是设定强度。进行有氧运动训练时，强度设定为以最大摄氧量（P132）的百分之多少进行运动。如果以提升耐力为目标，则设为 50%~70%，如果以保持健康为目标，则设为 40%~60%。

最大摄氧量和运动中的氧摄入量不容易测量，所以大多时候用与摄氧量密切相关的心率来代替。这时用到的就是"目标心率"。

使用心率设定运动强度时，有时设训练时的心率为最大心率的百分之多少，但是心率与摄氧量相比，安静时的值较高，所以安静时数值应为 35%~40%，这是一个难点。

因此，一般会用心率储备量的百分之多少来设定目标心率，公式如下：

目标心率 =（最大心率 – 静息心率）x 目标强度 + 静息心率

例如，最高心率为 190 次 / 分钟的人，假设其静息心率为 70 次 / 分钟，那么他的心率储备量是 120 次 / 分钟。然后，如果以之前讲过的提高耐力为目标，目标强度设定为 50%，则目标心率如下：

目标心率 =（190–70）x0.5+70=130 次 / 分钟

这种情况下以心率为 130 次 / 分钟作为目标强度进行训练。

最近也有研究用无氧阈值（AT）（P144）作为运动和训练的参考值，所以以强度达到无氧阈值时的心率作为目标心率也是可以的。

目标心率与训练强度

目标强度（%）指标

70%	竞技选手的耐力提升
65%	普通人的耐力提升
60%	塑形
50%	保持健康
40%	作为积极休息而运动

目标心率的计算

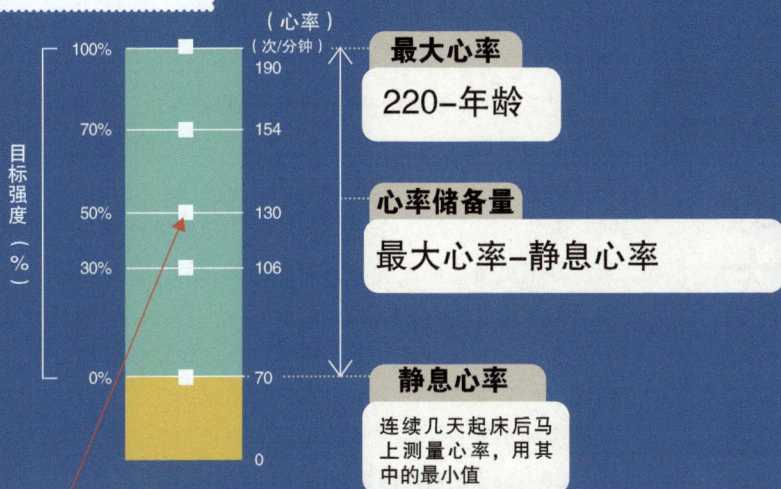

（心率）
（次/分钟）

目标强度（%）

目标强度	心率
100%	190
70%	154
50%	130
30%	106
0%	70
	0

最大心率

220-年龄

心率储备量

最大心率-静息心率

静息心率

连续几天起床后马上测量心率，用其中的最小值

目标心率

（最大心率-静息心率）x目标强度+静息心率

逐渐提升运动强度时的心率变化与目标心率

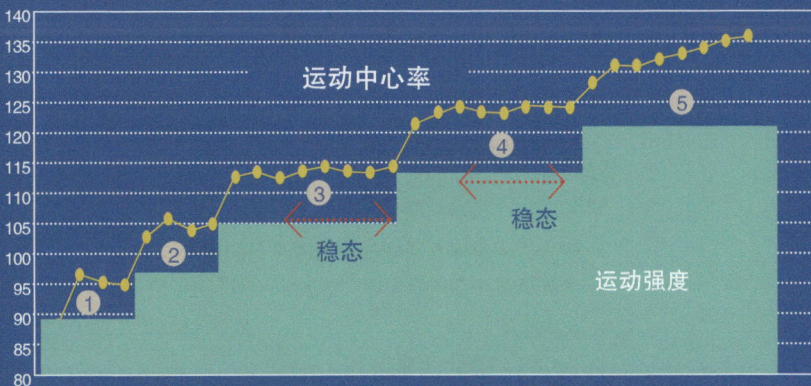

运动中心率

① ② ③ ④ ⑤

稳态　稳态

运动强度

要提高健康水平和培养体能，找到"不要太费劲但也不轻松"的运动强度十分重要。"轻松的运动"持续时间较长但心率几乎是稳定的（稳态），"较费劲的运动"中心率会随时间而升高。这个节点相当于LT（P144），理想状态时的心率作为"目标心率"。像这样无法测定心率时，通过公式算出的目标心率用作估测值。
图中③、④表示心率的稳态，在阶段⑤稳态不成立，所以阶段④作为目标心率（①和②为节约时间，可在短时间内提高强度）。

耐力的评价标准之一

最大摄氧量估算值

Estimated Maximum Oxygen Uptake

人体持续进行某一运动时，通过呼吸摄入体内的氧被输送到肌肉，这些氧用来产生运动所需的能量（有氧运动，P154）。

1分钟内摄入的氧气量称为摄氧量，其最大值称为最大摄氧量（P134），是耐力评价标准之一。

测量最大摄氧量需要在达到运动极限时进行测量，并且还需要专业的测量仪器，并非易事。所以，经常用估测的"最大摄氧量估算值"来代替测量取得的"最大摄氧量"。

测功单车（P150）是估测"最大摄氧量估算值"的常用工具。其根据是运动强度与摄氧量密切相关，且运动中的心率和摄氧量之间也密切相关。

具体来说就是改变运动强度，分几个阶段运动（至少3个阶段），测量各个阶段的心率，然后求出几个阶段的心率与运动强度的关系式，在该算式中代入根据年龄估算出的最高心率（P130），求出最大摄氧量估算值。

像这样经过几次推算得出的值，准确度并不高。

提高准确度的实用性要点如下。

● 将二者的关系绘成图表，直接排除偏离二者关系的数据。
● 运动从较轻松的强度开始，一直到相当吃力的强度结束。

耐力的评价标准

耐力的评价标准通常使用的方法是利用最大摄氧量除以体重，即"VO_2max/wt"。

● 普通人
=30~50毫升/千克/分钟

● 运动员
=45~65毫升/千克/分钟

● 一流长跑选手
=70~80毫升/千克/分钟

最大摄氧量的推算 ①

通过最大心率推算的方法

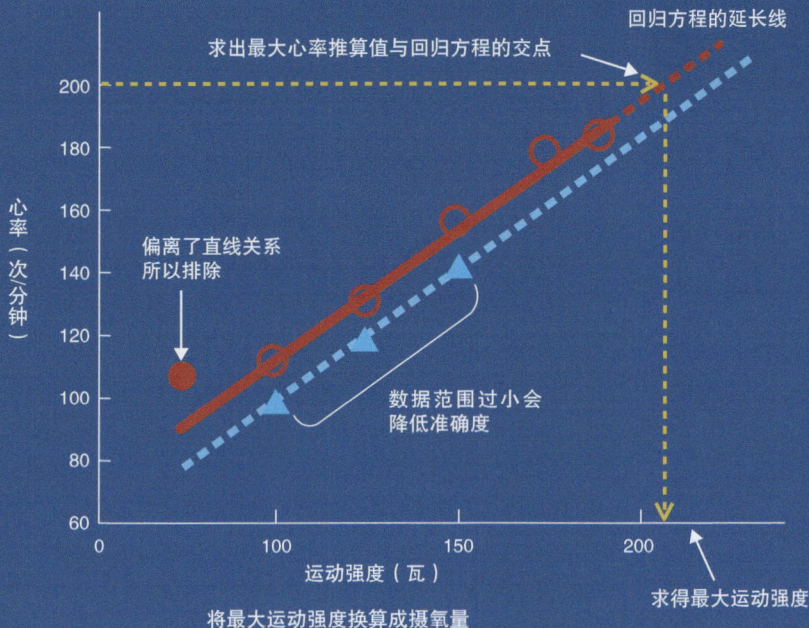

求出最大心率推算值与回归方程的交点

回归方程的延长线

心率（次/分钟）

偏离了直线关系所以排除

数据范围过小会降低准确度

运动强度（瓦）

将最大运动强度换算成摄氧量

求得最大运动强度

最大摄氧量的推算 ②

使用列线图的方法（奥斯特兰德列线图）

例：以100瓦运动时的心率为150次/分钟为例。

① 心率：150次/分钟。

② 物理工作量：运动强度（瓦）×6=600瓦。

③ 将心率和物理工作量的值用线连起来（虚线），求与最大摄氧量图的交点。该交点为最大摄氧量的绝对值。

④ 该值除以体重得出的值，即为最大摄氧量的估算值。

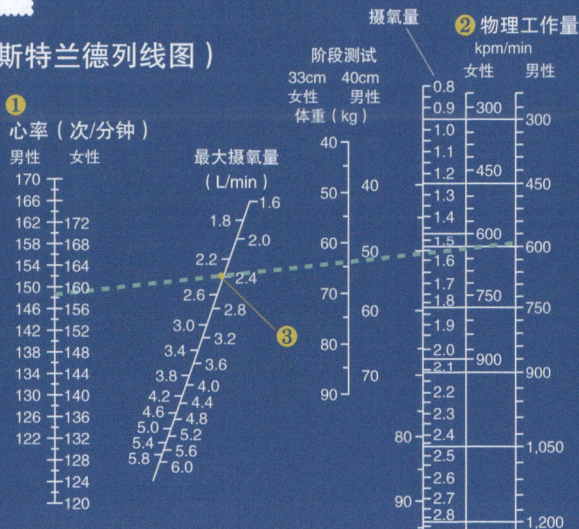

摄氧量

❷ 物理工作量
kpm/min
女性 男性

阶段测试
33cm 40cm
女性 男性
体重（kg）

❶ 心率（次/分钟）
男性 女性

最大摄氧量
（L/min）

AT/LT

Anaerobic Threshold / Lactate Threshold

从运动强度与乳酸值的关系推导出的全身耐力评价标准

人们做轻松的运动时一般能坚持较长的时间，而做费力的运动一般能坚持的时间较短。

"运动至少 30 分钟以上，完成后是否还有余力"这个运动强度的临界点称为无氧阈值（Anaerobic Threshold，AT）。目前，它作为全身耐力的生理学指标在全世界得到广泛应用。

无氧阈值是通过从轻松运动逐渐提高运动强度的递增负荷测试得出的。

在这个运动测试过程中测量血液中的乳酸浓度时，会有一个从某个运动强度开始血乳酸剧烈变化的点。若高于这个强度，无氧供量被启动。这个临界点的强度称为 AT。实际上，大多数情况下它是从血乳酸的变化中得出的，所以也叫乳酸阈值（Lactate Threshold，LT）。

当进行 AT 强度的轻松运动时，人们使用"有氧氧化系统供能（P154）"维持身体活动。当进行比 AT 费力的运动时，除有氧氧化系统供能，无氧供能也一起被使用，导致乳酸值升高。

如果是 AT 强度的轻松运动，即使持续 30 分钟以上，血液中的乳酸值也几乎不会发生变化。但是如果进行 AT 强度以上的较吃力的运动，从一开始就会显示出较高的乳酸值。

AT 强度相当于心率储备量（P132）的 30%~60% 的强度，换算成 RPE(自觉运动强度)（P146）的话，相当于"12~13"的略吃力的程度。

此外，如果测量 AT 的同时也测量心率，以后可以以此为基准进行科学的训练。

对于跑步运动员和自行车运动员等需要耐力的竞技运动员而言，这个 AT 的测量非常实用。

另外，还可以利用手环式监测仪测量心率，非常方便。

递增负荷测试与乳酸值

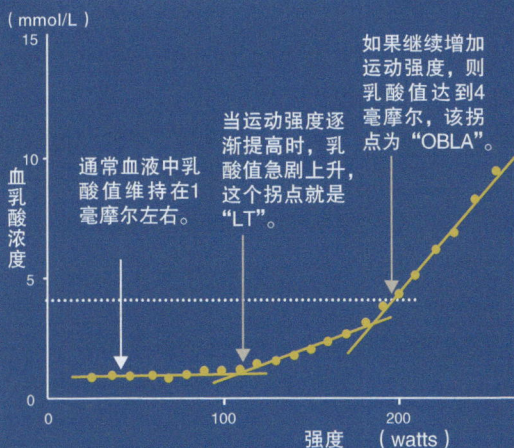

（mmol/L）

血乳酸浓度

通常血液中乳酸值维持在1毫摩尔左右。

当运动强度逐渐提高时，乳酸值急剧上升，这个拐点就是"LT"。

如果继续增加运动强度，则乳酸值达到4毫摩尔，该拐点为"OBLA"。

强度 （watts）

固定负荷测试与乳酸值

在某一特定负荷下的持续运动30分钟，测量该过程中血液中的乳酸值。

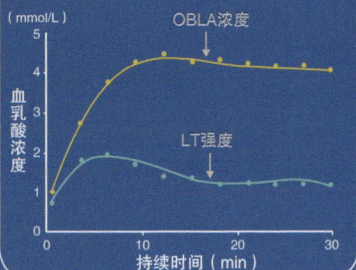

（mmol/L）

血乳酸浓度

OBLA浓度

LT强度

持续时间（min）

知识点

跑步者·慢跑者的 LT水平心率计算方法

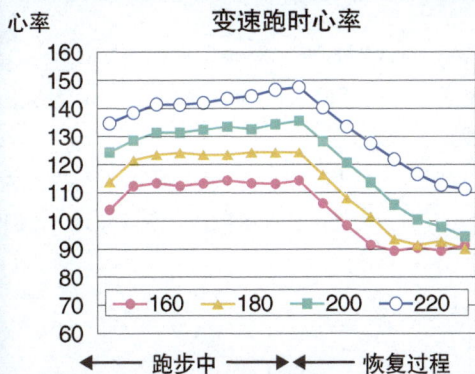

心率

变速跑时心率

160 180 200 220

跑步中　　恢复过程

以一定的速度跑步，测量跑步过程中和恢复过程的心率。一次的跑步时间为至少3分钟，一直到恢复为止，测量若干分钟。

该案例中，使用了4种速度跑步。只要有余力，心率就会保持平稳（稳态）。恢复过程也较快，几分钟后就能恢复到相同值。

如果超出LT，心率持续上升，短时间内不会恢复到同水平。

该案例的LT速度为200米/分钟，目标心率为135次/分钟左右。

用多次测量恢复过程的脉搏也能推算（不测心率的情况下）。

相对于LT，"OBLA"是什么？

OBLA是"Onset Blood Lactate Accumulation"的缩写，指在递增负荷测试中乳酸值超过每升4毫摩尔的节点（参见左上图）。当然，其运动强度高于LT。OBLA是运动员能持续进行剧烈运动的参考值。

145

RPE
Subjective Rating of Perceived Exertion

以自己感到吃力为基准决定运动强度

以最大摄氧量的百分比（P132）或者 LT（P144）为基准设定运动强度，使用相当于与最大摄氧量百分比和 LT 的心率最为理想。

但是，最大摄氧量和 LT 的测量都比较困难。此外，想知道运动中的心率还需要心率监测器。

因此，作为完全不使用仪器的方法，瑞典的博格（Borg）想到了将个人感觉"吃力"的程度进行评分化的方法。这个方法就是自觉运动强度（Rate of Perceived Exertion Scale，RPE）。

在 RPE 的评分中，设"安静状态 =6 分"，"最大努力的状态 =20 分"。

RPE 的数值是按照 20 岁的成年人大致心率的十分之一设定的，所以一般人的 RPE 为 12 时心率约 120 次 / 分钟，RPE 为 14 时心率约 140 次 / 分钟。

有氧运动的强度设定（P138）中使用心率既简便又容易进行数值管理，但实际上作为基础的最大心率（P132）存在个体差异。并且，心率也会受到身体状况和气温的影响。

因此，在不知道个人的最大心率的情况下，不如用 RPE 来设定，或者与心率一起使用，可以提高准确度。

从轻松的运动到吃力的运动，阶段性地提高运动强度，确认各阶段运动强度、RPE 与心率的关系，对于确认训练效果非常有帮助。

了解了 RPE 后，可以以 RPE 为基准，进行 RPE12 ～ 13 强度的运动，因为这是一个既不轻松也不吃力的程度，最适合提高健康水平，预防生活方式病。

RPE 也常常被叫作"博格比例"，但它是以"安静时为 6 分、最大努力时为 20 分"为基准分配的数值，所以称为"比例"并不恰当（RPE 不存在 21 分以上）。

RPE 以主观"吃力程度"为标准

吃力程度	RPE	心率参考值（次/分钟）
极限 Maximal Exertion	20	200
极为吃力 Extremely Hard	19 18	180 ~ 190
非常吃力 Very Hard	17 16	170 ~ 160
吃力 Hard	15 14	150 ~ 140
有点吃力 Somewhat Hard	13 12	130 ~ 120
轻松 Light	11 10	110 ~ 100
非常轻松 Fairly Light	9 8	90 ~ 80
极为轻松 Extremely Light	7 6	70 ~ 60

有氧运动的目的示例

● 提升日常生活中的活力。

● 运动不足的人以预防生活方式病为目的。

● 致力于运动的人以提升基础体能和耐力为目的。

● 致力于运动的人为了积极休息（相对于完全休息，通过轻度活动身体来进行休息）而运动。

知识点

确认训练效果

例如在长跑练习中利用像逐渐加快速度的加速跑等方式进行训练的过程中，通过持续增大负荷强度或阶段性增加负荷强度来设定训练时，应确认运动强度、RPE 和心率的关系，此外如果可以测量的话，运动强度、RPE 和血乳酸的关系 (P144)，都是实用的训练效果确认方式。

跑步机
Treadmill

可用于设定运动强度，也可用于采集数据和测试

跑步机是让人在旋转的传送带上进行走或跑等运动使用的机器。许多训练室或健身房都引入了该器械，所以在训练中用到它的机会一定不少。

大多数跑步机是电动的，可以通过调节传送带速度和倾斜角度，用数字来正确设定运动强度。

因此可以说它非常适合训练强度的管理和科学的数据采集。

并且，可以在其上进行走、跑这类自然的动作，这也是该器械的优点之一。

具体来讲，测量运动员的体能时，以 3~4 分钟为一个级别，安排休息时间，测量其间血乳酸（P144）的值。然后阶段性地提高速度，反复多次，测量耐力。这个方法被广泛使用。

此外，最近也开始利用跑步机进行无氧型的能力测试，具体方法是高速跑 20 秒，休息 100 秒，然后提高速度跑，这样分成多个阶段进行。

● 跑步机的倾斜与耗氧量（每千克体重）

速度(千米/时)	无斜度	斜度2%	斜度5%	1千米用时
6	23.5	25.3	29.8	10分钟
8	30.2	32.6	38.6	7.5分钟
10	36.8	39.8	47.3	6分钟
12	43.5	47.1	56.1	5分钟
15	53.5	58.0	69.3	4分钟
18	63.5	68.9	82.4	3.3分钟

单位：毫升/千克/分钟

能量的计算方法

1 上表中的值乘以体重，算出每小时耗氧量。
2 每小时耗氧量乘以时间，再乘以 0.005，就是消耗的能量。

计算示例　体重 60 千克、8 千米 / 时、斜度 2%、跑 30 分钟左右：
能量消耗 =32.6x60x30x0.005=293 千卡

可以通过调整传送带的速度和倾斜角度设定强度。速度越快、角度越大，强度越高。

跑步机能用数字来准确设定运动强度，和测功单车一样，它常被用来采集科学的运动负荷值。
测功单车在施加负荷时不考虑体重，所以体重较大的人相对轻松。
与实际跑步相比，空气阻力这部分负荷减轻，因此将斜度设定为 1.5%~3% 更接近实际跑步的感觉。

测功单车

Bicycle Ergometer

有氧运动的代表性器械

测功单车是训练室和健身房中最广泛使用的有氧运动器械。可提高蹬踏板的阻力强度与转数来提高运动强度。由于能够用数字准确设定运动强度，所以非常适合用于管理训练强度和采集训练的数据。

过去常用配重等来改变摩擦阻力，现在一般都是用电磁车闸。

此外，一般的测功单车只要设定瓦数（表示单位时间内使用了多少能量），转速会随之加快或减慢，自动改变摩擦力，而瓦数是一定的。标准规格是按"踏板转一圈，车轮前进 6 米"的标准设计的，并附加相当于 1.5 千克的摩擦力，所以当每分钟转 60 圈时，可计算出：1.5×60×6=540kpm/min（1kpm ≈ 9.85J），即约为 90 瓦。

测功单车与同样用数字表示运动强度的跑步机（P148）相比价格更低，此外，在运动中要记录心电图的运动负荷试验中，比起跑步机它没有致人摔倒的危险，这是它的一大优点。

与跑步机不同，测功单车不分体重施加负荷，所以对体重大的人来讲相对轻松。

此外，许多运动都使人有熟练后就变得相对轻松的现象，但测功单车运动几乎不会让人觉得变轻松，所以能基本按照计算结果消耗能量。

可以利用测功单车，一边逐渐提高负荷，一边测量运动中的血乳酸和 LT，以及运动到身体极限时测量最大摄氧量来进行耐力测试。此外，还可以用较大的负荷全力蹬 10 秒，通过最高转速测量无氧爆发力的方法，以及 30~45 秒全力蹬踏板的方法测量无氧能力。

测功单车的训练方法

特定负荷型
为维持健康而运动

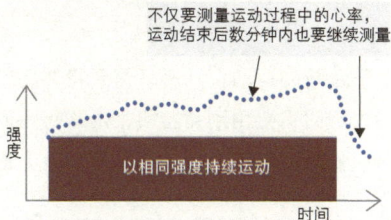

不仅要测量运动过程中的心率，运动结束后数分钟内也要继续测量

强度

以相同强度持续运动

时间

因为没有达到运动极限，所以心率不会大幅上升。测量心率的同时要保持一定的速度。

目标心率型
按照心率设定强度进行运动

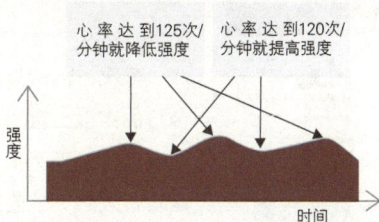

心率达到125次/分钟就降低强度

心率达到120次/分钟就提高强度

强度

时间

设定目标心率的上限和下限，达到上限就降低强度，达到下限就提高强度，以及高效地进行有氧运动。

加速型
以提高耐力为运动目标

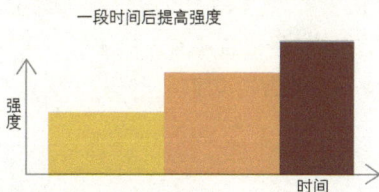

一段时间后提高强度

强度

时间

每过一段时间就根据身体状况提高强度。

间断型
有氧运动与无氧运动相结合，提高运动效率

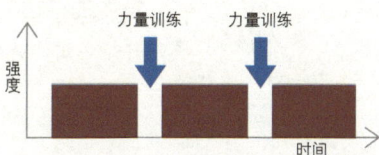

力量训练　　力量训练

强度

时间

一般认为有氧运动与力量训练等无氧运动交叉进行，可以获得较好的整体训练效果。

测功单车的特点

- 可细致、准确地设定运动强度。

- 体重不会影响负荷强度。

- 不会对髋关节、膝关节造成负担。

台阶运动

Stepping Exercise

可以锻炼到髂腰肌，也是有氧运动的代表性运动之一

台阶运动是指跟随特定的节奏，在高度为 10 ~ 20 厘米的可调节台阶上做上下台阶运动，它简单便利，在室内就可以进行，因此是适合帮助老年人维持健康水平的运动。

要在室内步行，有跑步机（P148）会十分方便，但是台阶运动的优点是用到的台阶非常便宜且容易买到，也不需要电源就能使用。

再次，台阶运动是上下台阶的运动，几乎只需要将体重带到台阶的高度上就可以。抬大腿时需要用到髂腰肌，走路等运动很难锻炼到这部分肌肉，所以作为简简单单就能提高这部分力量的运动，效果十分值得期待。

进行有氧运动（P154）和力量训练时，最好结合个人的体能水平设定运动强度，台阶运动的运动强度可以用台阶高度、运动节奏（每分钟上下次数）、持续时间的数值来调整，这一点也能说明它是一种有效的训练。

此外，台阶运动动作非常单一，随着熟练程度的提高运动强度发生变化的可能性非常小。

集体进行这项运动时，要使用适合所有人的体能水平的节奏，并结合每个人的体能水平调整台阶高度。

台阶运动的强度设定

台阶运动可以调整以下三点的强度。

台阶高度

运动节奏（每分钟上下次数）

持续时间（运动时间）

（田中宏晓）

台阶运动的效果

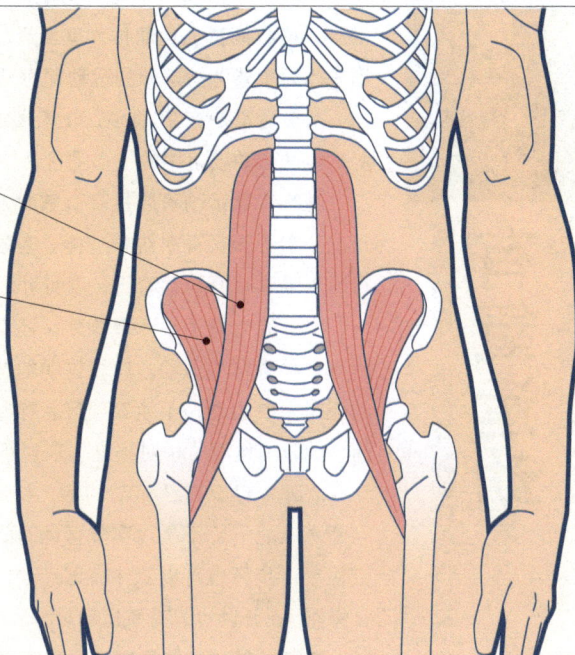

腰大肌

髂肌

抬大腿时是髂腰肌在工作，它也可以对平时锻炼不到的腰大肌起到很好的训练效果。
高台阶、快节奏的运动强度更高。

台阶运动的方法

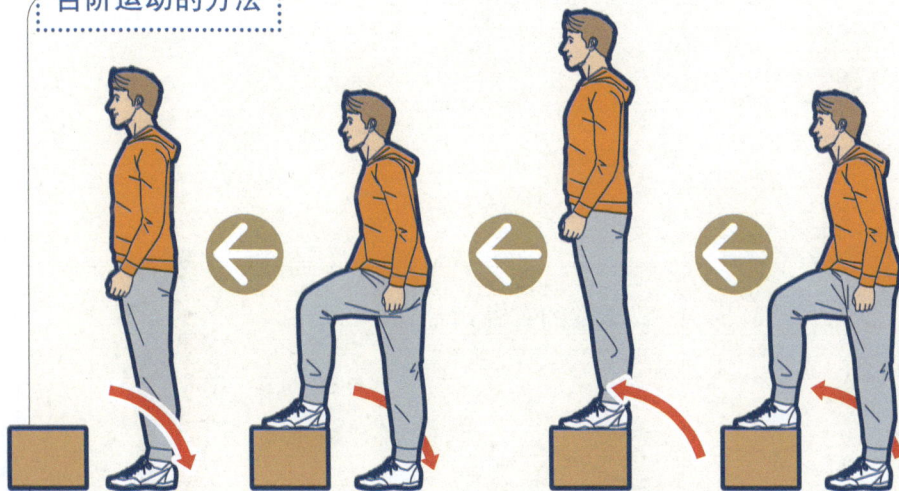

落下另一只脚，从台阶上下来。

先落下起始脚（右脚）。

另一只脚（左脚）也踏上去，站在台阶上。

准备好台阶，一只脚（右脚）踏到台阶上。

有氧运动

Aerobic Exercise

保持健康、提高体能的代表性运动

人体在运动和活动时由有氧氧化系统（肌肉与能量，P44）供应大多数能量的运动称作有氧运动，磷酸原系统和无氧糖酵解系统作为主要能量来源的运动称为无氧运动。

有氧运动是在 20 世纪 60 年代由丹尼斯·库柏提出的改善心肺功能的运动项目中的核心项目。

进行有氧运动可以提高心肺耐力、肌耐力以及全身耐力，并且能改善呼吸循环系统的功能。有氧类的耐力是指长时间持续进行运动强度较低的运动所必需的耐力。

主要的有氧运动除慢跑外，还有自行车、游泳、健美操、舞蹈等各种各样的运动。应该说明的是如何区分这些项目是有氧运动还是无氧运动，不能靠项目名称判断，而要根据对运动者本人而言的吃力程度（相对强度）来判断。

此外，打算持续运动的话，持续 20 分钟以上是有氧运动的判断基准之一，不是以实际运动时间决定的。对于老年人和体质较弱者，步行也可以算作有氧运动，如果体能高于平均水平，那么慢跑 10 分钟也算有氧运动。

有氧能量的供给量由最大摄氧量（P134）决定，但以有氧运动的方式进行训练时，可以用心率设定强度（P136）。

典型的有氧运动

慢跑、走路等是较为平缓的运动。

游泳对于游得好的人来说是有氧运动。

相关页	
肌肉与能量供给	P44
无氧运动	P156

氧气从大气输送到主动肌的"路线"

排出二氧化碳

氧气较少的空气进入肺部

氧气减少、二氧化碳增多的血液回流至心脏

吸入富含氧气的空气

含有大量氧气的血液从肺部运往全身

主动肌充分利用氧

源自:蒂姆·诺克斯《跑步百科全书》大修馆书店。

有氧运动的种类

运动水平	适宜人群	项目
不需要熟练度和体能的运动	所有成年人	步行、自行车（休闲）、水中有氧操、慢速舞蹈等
不需要熟练度的高强度运动	有定期运动习惯的人、体能在平均水平以上的人	慢跑、快跑、健美操舞蹈、动感单车、快速舞蹈等
需要一定熟练度的运动	有一定熟练度的人、体能至少在平均水平以上的人	游泳、越野滑雪、滑冰等
休闲运动	有定期运动计划或体能在平均水平以上的人	使用球拍的运动、篮球、足球、滑雪（下坡）、徒步等

无氧运动

Anaerobics

实现剧烈运动所需的无氧供能

运动的直接能量来源是 ATP 分解为 ADP 和 P 时释放出的能量。因为 ATP 储存的能量较少，需要额外补充，这时会借用其他能源将 ADP 和 P 重新合成 ATP。

这个过程中人体会用到利用氧气有效合成能量的有氧氧化系统，以及不使用氧气迅速合成能量的无氧系统。日常生活以合成效率较高的有氧氧化系统为主，但在体育运动中能在短时间内产生大量能量的无氧系统的合成过程更重要。

有氧氧化系统为主的运动称为有氧运动，与此相对，无氧系统为主的运动称为无氧运动。在无氧运动中，能量的供给有两种，一种是使用磷酸肌酸分解产生的能量的磷酸原系统，另一种是没有氧气参与的条件下分解糖原的无氧糖酵解系统。两种系统都可以在短时间内再次合成 ATP，适合提供爆发式运动的能量，但是持续时间短。磷酸原系统能持续供能 10 秒左右，无氧糖酵解系统能持续供能 1 分钟左右。

举个具体的例子，田径的短跑、跳高、跳远、投掷项目等运动都属于无氧运动。棒球、足球、篮球等项目中的快跑、跳跃和投球等每个需要爆发式运动的场景都有无氧运动的能量参与。

此外，无氧供能使强度较高的运动能够短时间持续，或者说强度较高的运动要想反复进行需要无氧供能的支持。

代表性的无氧运动

力量训练和短跑等需要瞬间爆发力的运动。

相关页	
肌肉与能量供给	P44
有氧运动	P154

能量供给率与运动持续时间

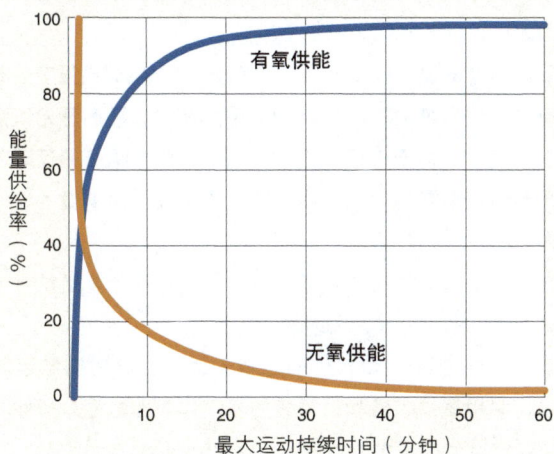

（源自：奥斯特兰德。）

无氧运动会在瞬间用尽体内的能量，相对地，能量供给中有氧气参与的有氧运动能够维持较长时间的供能。

球类比赛中无氧供能和有氧供能的使用方法（图）

在球类比赛中，某些场景或对抗快跑时，无氧系统产生的能量会一次性用完。然后在用不到无氧系统产生的能量（蓝线）时得到补充。

能量的使用

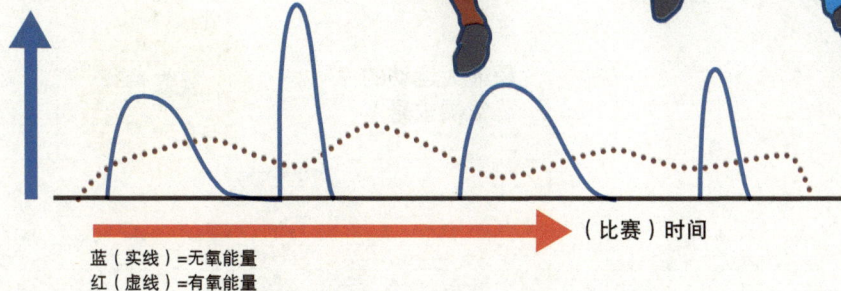

蓝（实线）=无氧能量
红（虚线）=有氧能量

超最大运动

Super Exercise

测试无氧系统的能力，明确训练任务

在许多竞技运动中，有很多运动属于要在短时间内消耗大量能量的无氧运动（P156）。例如，足球和篮球中经常用到的快跑、跳跃、投球或踢球等就属于这一类。总之，在各种各样的竞技比赛中人体都需要有强大的无氧系统。

对于运动者来说，以低于最大摄氧量（P134）的强度运动的能力与有氧氧化系统（P165）的能力密切相关，要测量无氧系统的能量供给能力，需要进行单位时间内能力要求极高的运动，即强度大于最大摄氧量的运动。这种强度高于最大摄氧量的运动叫"超最大运动"。

用进行超最大运动时的氧需求量、摄氧量等计算出氧亏或氧债（参见下页上图），作为无氧能力指标。

测量时，仅进行 1~3 分钟的超最大运动，然后测量运动中的摄氧量，利用氧需求量和摄氧量的差值作为无氧能力指标。此外，也可以进行分成多个阶段的"20 秒内的超最大运动"。完成强度最大的一组的氧需求量与实际摄氧量的差值也可以作为无氧能力指标。

进行超最大运动，测量无氧能力，能明确运动员的能力倾向（适合短跑或中长跑等）和应进行的训练任务。

超最大运动的
氧需求量 — 摄氧量

＝ 无氧能量
供给量

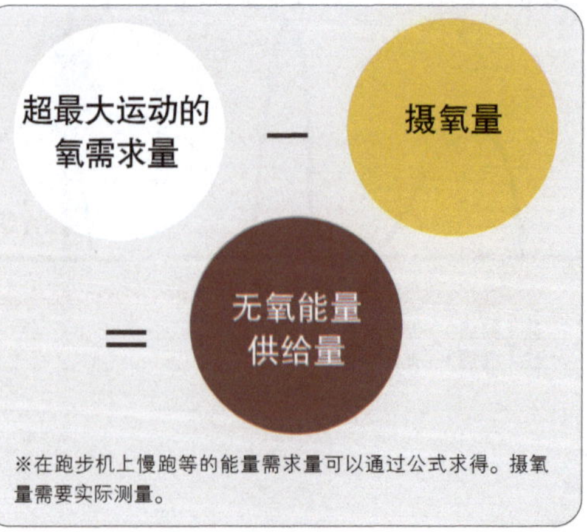

※在跑步机上慢跑等的能量需求量可以通过公式求得。摄氧量需要实际测量。

超最大运动的"摄氧量、氧亏、氧债"

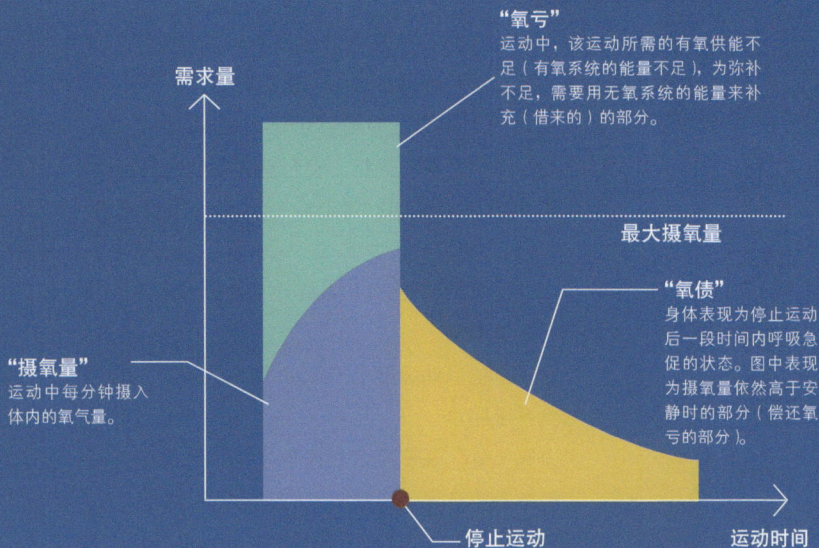

"氧亏"
运动中，该运动所需的有氧供能不足（有氧系统的能量不足），为弥补不足，需要用无氧系统的能量来补充（借来的）的部分。

需求量

最大摄氧量

"氧债"
身体表现为停止运动后一段时间内呼吸急促的状态。图中表现为摄氧量依然高于安静时的部分（偿还氧亏的部分）。

"摄氧量"
运动中每分钟摄入体内的氧气量。

停止运动

运动时间

知识点

了解自己擅长的和不擅长的

田径短跑选手速度不够，但是通过超最大运动测试知道他的无氧能力较强，就可以考虑让他转行去中距离跑。相反，无氧能力差的网球选手一般被认为不适合激烈的多拍，那么可以考虑调整他的打球风格或者训练他的无氧能力。

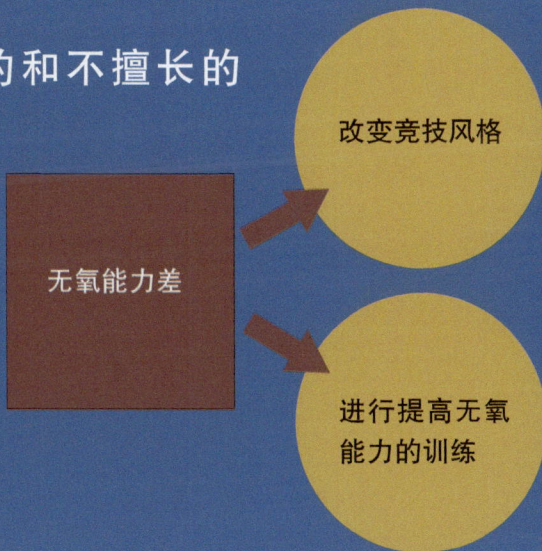

改变竞技风格

无氧能力差

进行提高无氧能力的训练

159

谈笑节奏/LSD

Aerobics with Smile/Long Slow Distance

有氧运动的强度之一，指运动中还能笑着交谈的强度

呼吸系统工作活跃的有氧运动（P154）对提高耐力的效果非常好，在 20 世纪 70 年代被广泛应用，当时用得最多的是最大摄氧量 70% 左右的强度。之后，研究表明再留出一点余地的运动也能充分发挥作用，于是为了强调不用"苦着脸"努力也可以达到效果，就将这种运动命名为"谈笑节奏"。

从生理学上来讲，它是指低于无氧阈值（P144）的低强度的、不会给身体过多的负担、安全性较高的有氧运动。

如果用数字来说明，运动中心率为心率储备量（P140）的 50% 或以下，并在运动中保持一定水平，在此基础上如果运动结束后人体的血乳酸（P154）为每升 2 毫摩尔以下，就可以说这段运动是"谈笑节奏"。

换算成自觉运动强度（P146）为 11~12，这种强度下运动中不会感到呼吸困难。

"谈笑节奏"在实际应用中以运动中尚有余力可以交谈为标准。运动中很痛苦但是强颜欢笑的运动不能算作"谈笑节奏"。

用"谈笑节奏"完成长距离慢跑叫"Long Slow Distance"，取首字母缩写为 LSD。

LSD 是备战城市马拉松运动的跑者提高耐力的重要训练方法，同时该方法也有助于跑完马拉松全程等较慢速度的慢跑。

LSD 不会让人感到吃力，因此人们可以长时间运动，整体能量消耗量大，对于减肥也很有效。此外，研究表明它还可以帮助血压偏高的人降低血压。

"谈笑节奏"作为预防生活方式病的、安全的有氧运动效果十分显著。认为不辛苦就不能锻炼耐力（这是一种误解）的人大概比较难接受这个观点，但是它对于专业选手、城市马拉松选手的耐力提升确实有很大的帮助。

相关页	
AT/LT	P144
RPE	P146

谈笑节奏的参考值

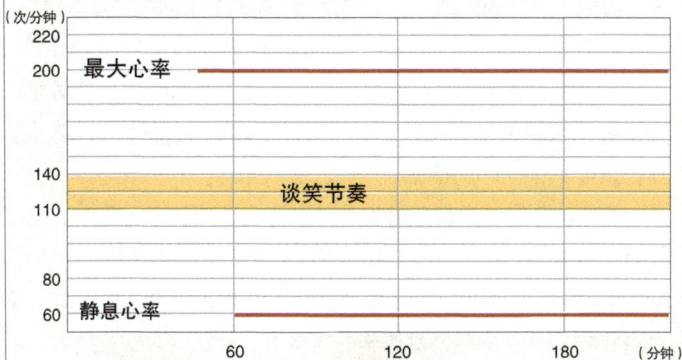

```
（次/分钟）
220
200  ┤ 最大心率 ────────────────────
140  ┤
     ┤       谈笑节奏
110  ┤
 80  ┤
 60  ┤ 静息心率 ────────────────────
     └────────┬────────┬────────┬────────
             60       120      180    （分钟）
```

运动中的心率保持在心率储备量的50%以下的某一水平。静息心率为60次/分钟、运动时最大心率为200次/分钟时，将心率控制在110~140次/分钟的某一恒定水平，这种运动强度就是谈笑节奏。

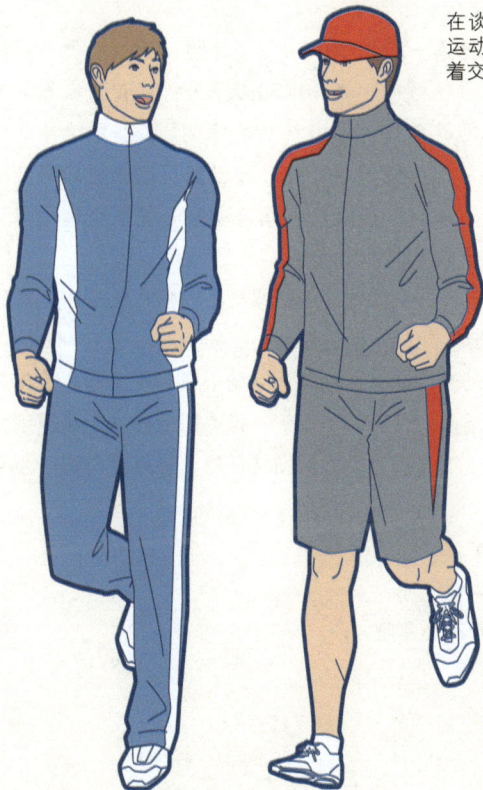

在谈笑节奏的标准运动中也能保持笑着交谈的运动节奏。

汗流浃背地猛跑是一种跑步节奏，固然也有其乐趣，但不是谈笑节奏。

LSD要求持续运动30分钟以上。如果在准备马拉松和铁人三项，从能量代谢和自我评估的角度出发，建议进行90分钟以上的LSD。

Athletic Heart

运动员心脏

经过高强度训练后形成的肥厚而增大的心脏

人体对于受到的刺激有逐渐适应的能力，心脏也一样。经过长时间高强度的训练后，运动员的心脏增大到普通人的 1.5 倍，以适应激烈的运动。我们把这叫"运动员心脏"。

运动员心脏的形态特征是增厚和增大（参见下页图）。

举重和铅球运动员在举起杠铃、掷出铅球的瞬间，要屏住呼吸发挥强大的力量，所以运动中血压有时候会超过 300 毫米汞柱，并可以观察到心脏增大。

此外，马拉松和越野滑雪等耐力型项目的运动员因为心脏要长期持续输送比平时多的血量，所以心脏容积也会增大。

他们的心脏在他们停止运动后会逐渐恢复到原来的状态（停止运动后 1~3 年会恢复到原来的体积），所以这实际上是他们适应各自的运动的结果。

人安静时的脉搏一般为 60~80 次 / 分钟，有运动员心脏的人有低于这个水平的倾向，为 40~50 次 / 分钟，有研究显示有马拉松选手的脉搏甚至有 40 次 / 分钟的案例。心脏的大小可以通过 X 线观察到，而心壁的厚度和心输出量可以通过超声波检查。此外，测量运动时的摄氧量会间接观察心脏是否输送出了充足的血液。

运动员心脏与心脏疾病之一的肥厚型心肌病在临床上的表现相似，要注意区分。此外，无法保证心脏能 100% 适应剧烈的训练和运动带来的刺激，有时运动可能会给心脏带来负担。近年来运动员猝死案例增多，原因尚不明确，但心肌病被认为是原因之一。因此，发现以下等运动员心脏的特征时，最好进行进一步检查，以防万一。

- 脉搏次数少。
- 心脏体积大。
- 心电图显示有心室肥大。

相关页	
最大心率	P132

运动员心脏的特征

C 心脏增大型

马拉松

可以看出心脏容积增大

A 一般的心脏

D 复合型

越野滑雪

可以看出心壁增厚、心脏容积增大，是B和C的复合类型

B 心脏肥大型

举重

可以看出心壁增厚

运动员的心脏大小（每千克体重）

德国的各项目代表队与未经训练的同年龄对照组的每千克体重心容积

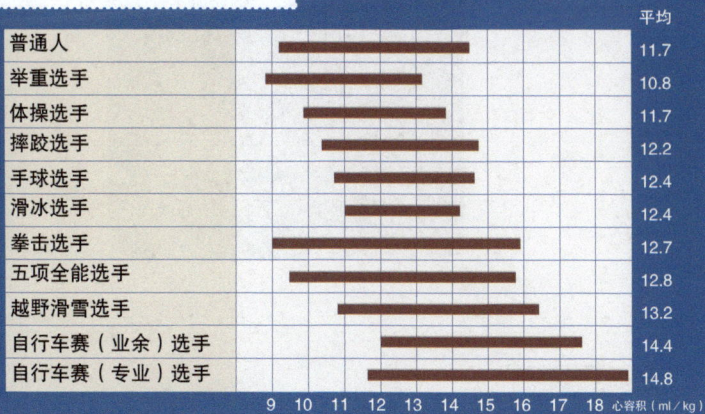

	平均
普通人	11.7
举重选手	10.8
体操选手	11.7
摔跤选手	12.2
手球选手	12.4
滑冰选手	12.4
拳击选手	12.7
五项全能选手	12.8
越野滑雪选手	13.2
自行车赛（业余）选手	14.4
自行车赛（专业）选手	14.8

源自：Roscam。

9 10 11 12 13 14 15 16 17 18 心容积（ml／kg）

163

高原训练
Altitude Training

在海拔较高处训练以提高携氧能力

高原训练是指在比平地氧气少的高海拔地区进行训练，来提高运动员的携氧能力和耐力的训练方法。许多马拉松运动员与一部分顶级游泳运动员等都会采用这一训练方式。

海拔高的地方，大气中的氧气稀薄，这会刺激人体的造血功能，血液中的血红蛋白浓度增高。血红蛋白增加，携氧能力就会提高，所以耐力也会得到提高，这就是高原训练的原理。

最近，主流观点认为要刺激造血功能，未必要在高原。在高原的训练并没有叠加效应，所以开发了能创造出与高原相同的氧分压环境的"低压氧舱"。

高原一般指海拔在 1800~3000 米的地区。低于这个高度时刺激会减弱，高度过高会有导致出现高山病的风险。

低压氧舱中使用了与之相当的氧气浓度。

一般来说，长跑运动员会在比赛的前几周进行高原训练，然后回到平地 1~3 周后参加比赛。

此外，准备登顶高峰的登山人员有时也会为了提前适应高海拔而进行高原训练。

以前都是看重携氧能力的长跑、马拉松运动员经常使用高原训练，近年来低氧条件下的训练对耐力的提高效果得到证实，更多的项目也都将高原训练纳入了训练范围，例如游泳、速滑等。

知识点

血红蛋白

呼吸摄入的氧气与血液中的血红蛋白结合，运往身体各处。
在氧气稀少的高原，为了能向体内摄入更多氧，血红蛋白增多，携氧能力因此提高（耐力提高）。

相关页
呼吸系统　　P14

高原训练的参考海拔高度

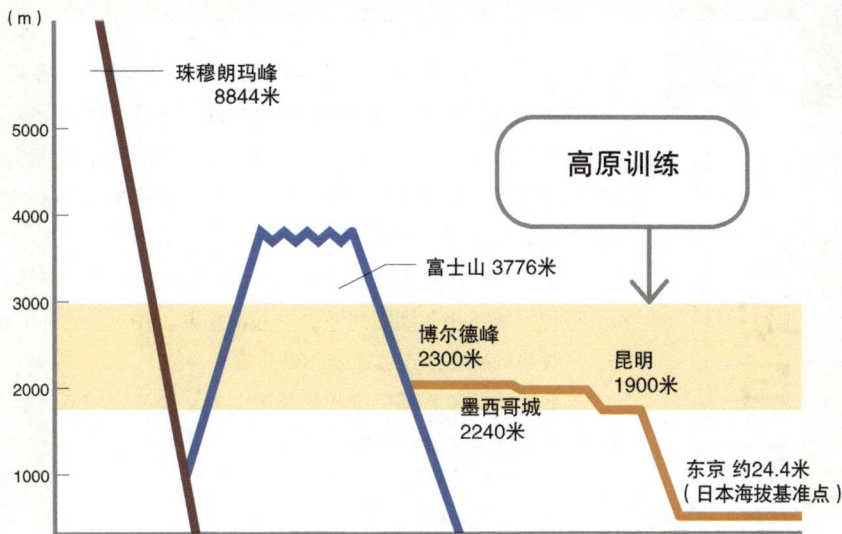

（m）

珠穆朗玛峰
8844米

高原训练

富士山 3776米

博尔德峰
2300米

昆明
1900米

墨西哥城
2240米

东京 约24.4米
（日本海拔基准点）

低气压与身体变化

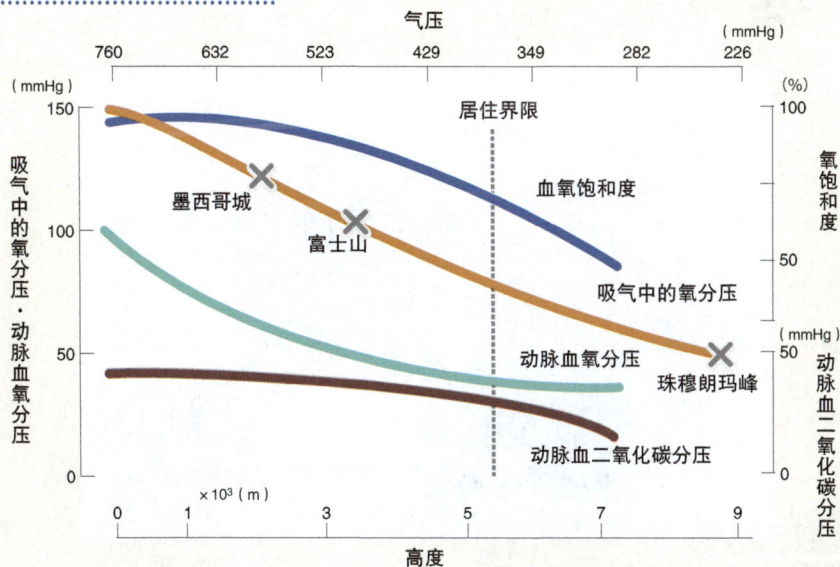

气压

（mmHg）

（mmHg）

居住界限

（%）

血氧饱和度

氧饱和度

墨西哥城

富士山

吸气中的氧分压

吸气中的氧分压·动脉血氧分压

动脉血氧分压

珠穆朗玛峰

动脉血二氧化碳分压

动脉血二氧化碳分压

×10³（m）

高度

源自：巴斯柯克等《低气压与生理学因子变化》。

165

运动项目与速度训练

Sports Event & Speed Training

掌握因运动项目与对抗表现而变化的速度

竞技体育所要求的速度因运动项目不同而异。设置训练时要选择适合项目的练习。进行力量训练也是如此，要考虑其与速度的关联性。

许多竞技体育需要迅速的移动，除了棒球的跑垒、橄榄球边锋和足球边后卫的跑动，大多都是 10 米以内的全力奔跑。

休赛期间，可以进行一般的短跑和速度训练；比赛期间要以竞技和位置要求的"开始动作、加速、最大速度、减速、停止"等提升速度能力的训练为中心。但是，进入身体发育巅峰前的青少年时期，应重视基础速度能力的训练。

此外，田径比赛中运动员一旦开跑一般不会停下，减速也很少，所以"能将用时缩短的速度"非常重要。在田径之外的运动中，"关系到比赛表现的速度"更为重要。

因此，必须要根据项目和位置等的对"速度"的不同要求，进行日常的速度训练和力量训练。

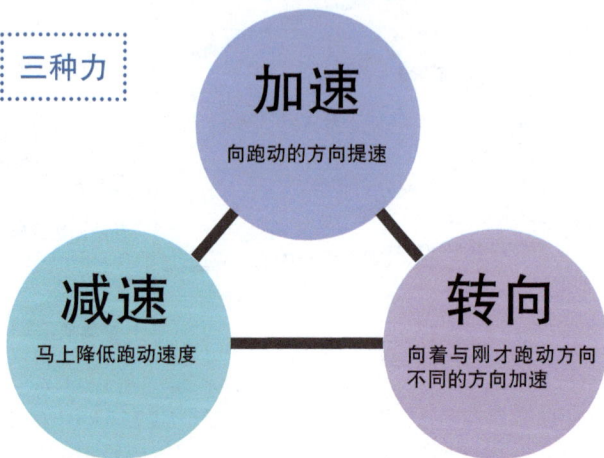

三种力

加速
向跑动的方向提速

减速
马上降低跑动速度

转向
向着与刚才跑动方向
不同的方向加速

相关页	
最大肌爆发力	P80
SAQ 训练	P168

100%的速度

100米跑等田径比赛中的奔跑不存在中途停下，而是以能否缩短整体用时来一决胜负，所以追求以100%的速度奔跑是它们的特点。

关系到比赛表现的速度

足球和篮球等球类项目追求的是不被对手断球，所以需要能灵活改变速度和方向的能力。

源自：藤牧利昭《球类比赛、快速跑训练》池田书店。

速度有"S: Speed= 最大速度""A: Agility= 敏捷""Q: Quickness= 快度"三个要素，针对要素可以使用阶梯和迷你障碍的方法进行训练，取首字母缩写称为"SAQ 训练"。

SAQ 训练作为田径、棒球、篮球、足球等的基础训练，十分受重视。

想要改善跑步等基础动作本身并不容易，但利用多种道具进行 SAQ 训练，会较容易发现问题出在哪儿。

此外，该训练容易使人意识到基础动作与身体能力方面存在的问题，所以将其作为基础训练会有很大的益处。

SAQ训练
SAQ Training

找出基础动作的问题点，提高速度的质量

SAQ各要素的模型

Speed
用绝对速度更快地跑动

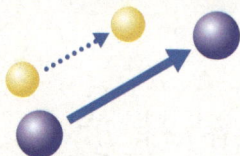

Agility
迅速转变方向，再次加速

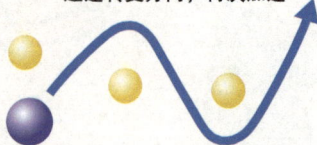

Quickness
启动的速度

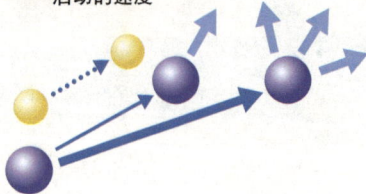

当运动员能意识到自己所选项目的特征，并能够为自己设定合理的目标水平时选择 SAQ 训练，能起到事半功倍的效果。

此外，如果重视动作流畅性的话，可采用协调性训练（P170）。

训练对象的年龄较小时，最好以游戏的方式导入多种训练。

相关页
运动项目与速度训练 P166

SAQ训练的典型示例

平衡碟

站在平衡碟上做轻微屈伸、单腿站、单腿深蹲、接球、挥拍等动作，以此培养平衡能力，也可以进行"轴心强化"训练，以提高应对能力。

阶梯

利用正确的脚步和更快的速度相结合的训练。通过放置阶梯能够提供可见的标记，有助于发现不正确的动作。

动力绳

对实际动作施加负荷的训练。

协调性训练

Coordination Training

提高调节行动的能力，实现技巧的掌握和熟练

协调性训练是指提高行动调节能力的练习。青少年时期进行协调性训练有助于促进身体和神经系统的协调发育；成年后进行协调性训练有助于提高动作流畅性和准确度，以此打下熟练掌握技巧的基础。

竞技训练中，有体能训练以及专项技术和战术训练，其中体能训练会重视力量、速度、耐力等身体素质。

体能的构成要素包括"发起行动"的能力、"调整行动"能力、"维持行动"能力，其中调整行动的能力包括协调性能力。

协调性能力是指通过眼睛和耳朵等五官感知周围的状况，大脑判断后指挥肌肉运动完成一连串流畅动作的能力，目的是提高以下能力。

① 定位能力：联系周围的状况调整动作变化的能力。

② 转换能力：情况发生变化时迅速切换动作的能力。

③ 节奏能力：将耳朵和眼睛获得的信息通过动作表现出来，即将概念具象化的能力。

④ 反应能力：迅速察觉到信号，在适当的时机以合适的速度正确应对的能力。

⑤ 平衡能力：在空中和动作进行过程中迅速恢复身体平衡和正确姿势的能力。

⑥ 连接能力：把握时机毫不浪费地协调身体的关节和肌肉运动的能力。

⑦ 识别能力：了解手、脚和头部的动作与视觉的关系，精确对球等进行控制的能力。

协调性训练最重要的不是达到任务要求的速度和强度，而是实现作为其基础的人体的躯干与四肢、上肢与下肢等身体内部的有效"配合"。新技术的掌握和技术的熟练的目的是流畅完成动作，而并非任务本身。

此外，将协调性训练与 SAQ 训练结合在一起进行时，其重视的是意识性原则的训练。

相关页	
关节运动与竞技动作	P60
SAQ 训练	P168

使用球类的协调性训练示例

不是注意投球的速度和强度，而是要一边注意发挥主要作用的身体部位，一边注意全身的配合。

高手与低手投球

持手球分别从身体的高处和低处绕过后将球投出。在整个过程中要调节肩关节和躯干配合下半身协调运动。

通过改变投球方法，注意多种多样的身体配合。

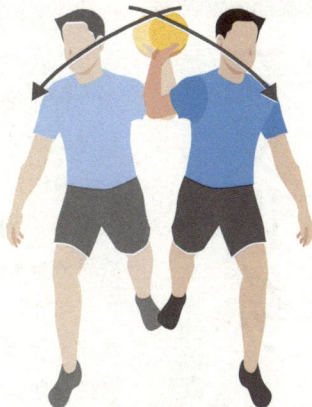

右手与左手投球

用惯用手和对侧手以同样的姿势将球投出。主要使右半身和左半身的动作相互配合。

重球与轻球投球

投掷实心球等较重的球和排球等较轻的球。根据重量调整投球时的力度和离手时间。

左边与右边投球

扭转上半身使用两手向左和向右投球。使上半身和下半身的水平动作相互配合。

交叉训练

Cross Training

根据项目矫正体能要素的偏差，预防运动损伤

进行自己专项以外的项目的训练叫"交叉训练"。进行这种训练，可以锻炼运动员在专业项目中锻炼不到的体能要素，能够起到提高运动成绩的作用的同时，还可以降低由于重复相同动作而造成过度使用（P200）发生的过程，从而预防运动损伤。

许多体育项目都有特定的需要高重复次数的动作，因此造成只使用一部分或单侧肌肉的情况较多。

比如，足球中踢球的动作占绝大多数，因此，在足球训练中加入针对足球中不常用到的上半身肌群的交叉训练项目会起到比较好的效果。

像这样，进行其他项目和不同以往的运动的训练，能改善平时锻炼不到的体能要素，从而全面提高身体素质水平，进而就能有效提高成绩。

此外，大多数运动中都需要重复同一动作，这就可能造成身体某些部分被过度使用，进而引发运动损伤。而交叉训练能够有效预防这类损伤。

一周的训练计划中，理想的安排是专项训练5天、休息1天、积极的休息1天。积极的休息日如果能愉快地进行与专项不同的体育运动，也能起到转换情绪的作用。

在美国，运动采用赛季制，休赛期间进行其他运动，相当于交叉训练。日本也在休赛期引入各种各样的项目，目的是全面提高运动员体能，从而有助于提高竞技水平。

在日本，运动员在大多数情况下一整年都在进行相同的竞技比赛，因此，提前考虑身体整体素质的提高和改善，并积极预防运动损伤而有计划地进行交叉训练十分重要。

大众体育也存在以比赛为主、偏重某些体能要素、基础训练相对不足的倾向，因此，也应该积极采用交叉训练，以达到在提高成绩的同时还可以预防运动损伤的效果。

交叉训练模型图

理想的训练

专项训练
专项体能训练
全面体能训练

实际的训练

不同项目所需的体能
要素不同，无论如何
都容易偏向一边。

专项训练
专项体能训练
全面体能训练

广泛锻炼在专项中用不
到的体能的交叉训练

进行与专项类型相反
的项目的交叉训练

专项训练
专项体能训练
交叉训练
全面体能训练

专项训练
专项体能训练
交叉训练
全面体能训练

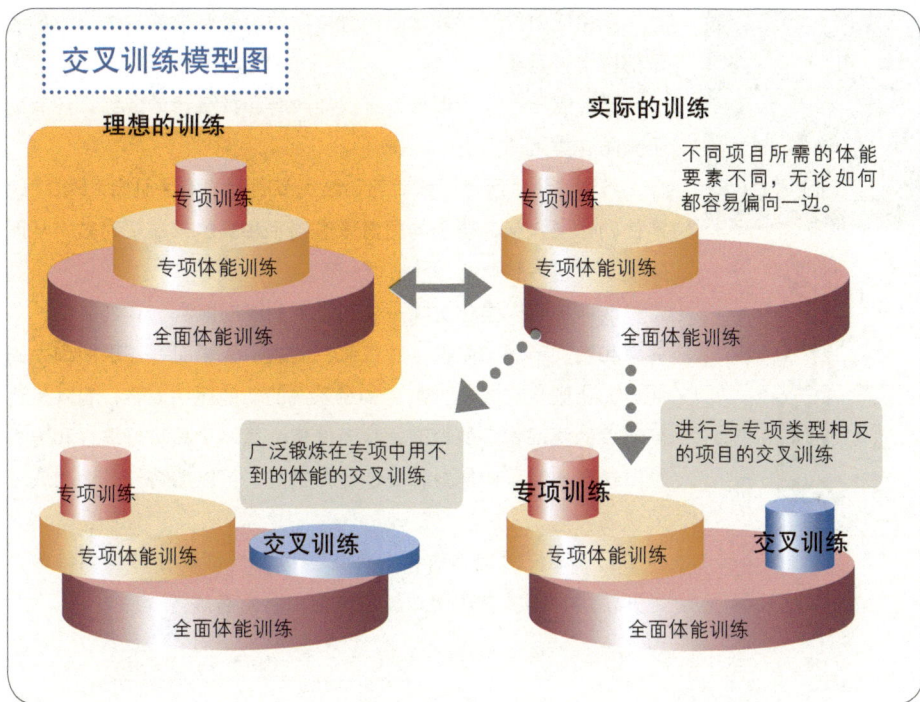

●各个专项交叉训练的实施示例

专项及其特征		推荐的交叉训练示例
棒球、足球等球类项目 田径类短跑、跳跃、投掷项目 柔道、摔跤	发力的瞬间给关节带来负担	关节运动较轻缓的运动 例：游泳、水上运动
（长时间的） 步行 慢跑 快跑	下肢的骨骼、关节负担较重，力量非重要体能要素	体重不会成为负荷的运动、 力量是重要体能要素的运动 例：水中运动、力量训练
游泳	对骨骼不施加负荷	以体重为负荷的运动 力量是重要体能要素的运动 例：步行、器械训练
举重	每次的运动时间较短	长时间的运动 例：步行、慢跑
网球、乒乓球等球拍类项目	大多以比赛为中心，使用的肌群有限	使用全身肌群 例：力量训练
射箭	高度精神紧张	舒缓的运动 例：步行、慢跑

核心训练

Core Training

将身体核心的躯干部位的爆发力与动作联系到一起

要完成力量强、效率高的身体动作，重点训练身体核心的躯干部位十分重要。

重视躯干部位的训练，不仅能改善和提高运动成绩，还有助于预防各类运动损伤（P206）。

具体来讲，通过训练肩部和髋关节周围的深层肌肉（P40），能使动作更流畅，躯干的力量传递到手和脚的末端更高效，从而实现上肢与下肢功能性地协调一致。

该训练可以强化支撑脊柱和骨盆的腹部肌群、背部肌群、肩关节和髋关节周边肌群（腰大肌、髂肌、臀中肌等深层肌肉）的能力，让躯干整体的肌肉－神经系统的功能得到改善，也就是达到所谓的腰部稳定的状态，从而使整个身体更具有整体性和连贯性。这样一来平衡能力和复位能力提高，可以期待许多运动成绩的提高。

躯干部位的训练有核心训练、稳定性训练、结构训练等，主要使用的器械有瑞士球、泡沫轴和平衡碟等。

相关页	
躯干的深层肌肉	P40
运动损伤	P206

躯干部位训练中要意识到骨盆周边的深层肌肉

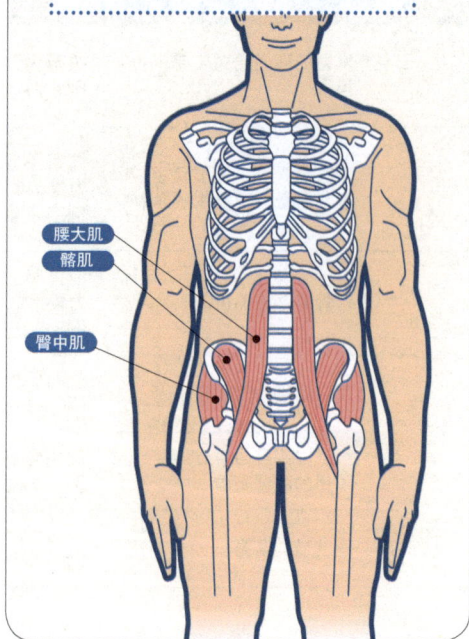

腰大肌
髂肌
臀中肌

锻炼躯干部位的训练示例

●仰面朝上躺在泡沫轴上，在这
个状态下双手上举，保持向前
伸的姿势一段时间。

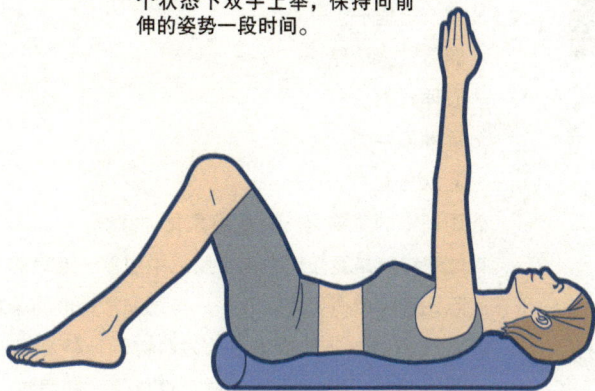

●仰卧，两脚踩在瑞士球上，骨
盆上提。

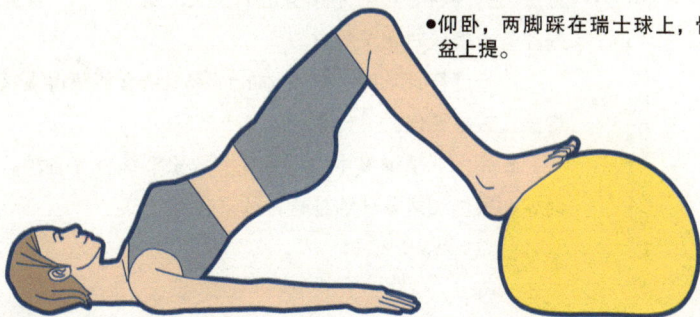

●手撑双膝着地跪姿，膝关节弯
曲呈90度。
●一侧手缓慢向前伸展（左右两
侧交替进行）。

意象训练
Image Training

赛前在脑海中想象一连串的动作，以取得更好成绩

提高体育竞技中非常重要的精神力量的训练叫作心理训练。精神力量包括以下内容。

- 判断与预测。
- 设定目标。
- 调节自信心。
- 调节紧张情绪。
- 心理耐力。
- 精神集中力。
- 意象化能力。

心理训练的主要之一就是意象化训练。

具体来讲就是竞技比赛前在脑海中想象一连串的动作，会有助于在实际比赛中取得更好的发挥。与之非常相似的是意象实践。

意象训练的方法大致可以分为两种，一种是将过去的成功体验、心情、情绪等意象化，使自己更自信，在思维上肯定自己的方法。另一种是将对手和自己的失误、竞技场的气氛意象化，做好准备冷静应对状况的方法。

实际进行训练时，与身体的训练相结合能获得更接近现实的意象，效果更佳。

此外，"精神集中力训练""放松训练"等各种各样的心理训练如果能和意象训练结合，效果会更好。

知识点

意象实践

为了掌握更高水平的技巧，在想象中完成比实际难度略高的动作，叫意象实践。

理解构成目标动作的主导关节运动（P58）的主动肌、拮抗肌、协同肌（P48）和可能发生的代偿动作（P62）等，并与身体的练习相结合，可以提高训练效果。

意象实践也称为心理预演、心理实践。

想象成功体验

源自：Nagao Aki。

回想起状态好时的高兴情绪、比赛赛场的氛围等，确立肯定的意象。

意象实践

观看顶级选手的动作静止画面，注意体会关节运动、肌肉的功能等，之后再慢慢加入前后的动作。

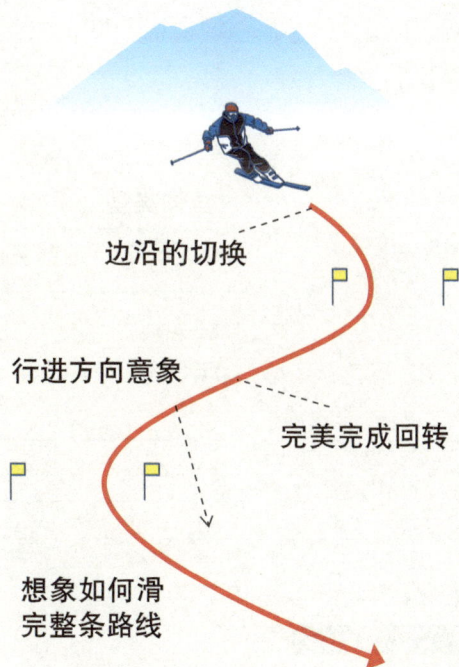

边沿的切换

行进方向意象

完美完成回转

想象如何滑完整条路线

肌肉拉伸

Stretch

通过缓慢拉伸肌肉提高关节活动度

"Stretch"是伸展、拉长的意思。肌肉拉伸是通过缓慢拉伸肌肉从而提高关节活动度的练习，目前已得到广泛普及和应用。

肌肉拉伸有提高身体柔韧性、消除肌肉紧张并放松肌肉、促进血液循环等效果。

因此，为了防止运动时受伤、提高运动效率，在运动前后的热身和冷却中加入肌肉拉伸效果也非常重要。

此外，拉伸不需要器械，日常做也非常方便，所以也是预防腰痛、肩部僵硬的方法之一。

提出肌肉拉伸这个概念的是美国的鲍勃·安德森。因为自己超重，他开始调节运动和饮食，发现自己的身体很僵硬后渐渐构建了拉伸的方法论。

1975年安德森自费出版的关于肌肉拉伸的书于1980年被翻译成多国语言出版。肌肉拉伸的理论随之在世界各地普及开来。

如今，除安德森创造的最为人们熟知的"静态拉伸"概念外，人们还提出了动态拉伸、弹震拉伸等各种各样的拉伸方法，可根据用途区别使用。

◉拉伸类型

●静态拉伸	常用的拉伸，主要由鲍勃·安德森提出
●动态拉伸	在动作中以各种方法活动关节，提高关节活动度的拉伸，足球的热身等用到的广播体操就是动态拉伸的一种
●弹震拉伸	一点一点增加反方向运动，提高关节活动度
●双人拉伸	两人一组进行的拉伸，一个人给另一个人拉伸
●PNF拉伸	借助同伴的力量，通过重复紧张和放松状态来进行拉伸；用作物理治疗的方法之一，需要熟练的技术

相关页
关节角度和活动度　　P56

静态拉伸示例

注意！

- 不要屏住呼吸。
- 不要借助惯性。
- 在感觉良好的位置停住，
  保持20秒。
- 在放松状态下进行。
- 身体升温后进行效果更佳。
- 基本上是全身进行。
- 不要与他人比赛。

大腿后侧拉伸
腿伸直坐在地面上，两手握住脚腕，注意不要弓背。

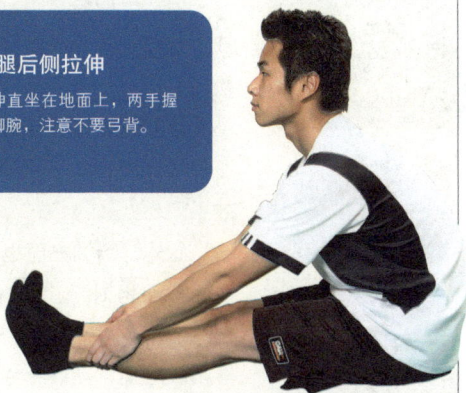

腰部拉伸
仰面躺下，单侧腿在体前交叉。

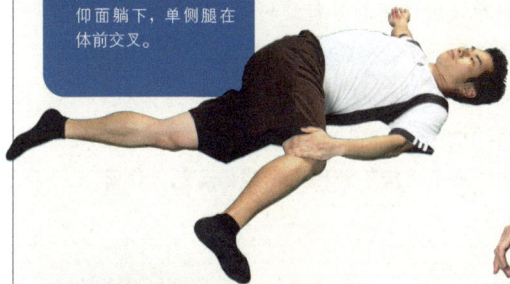

肩部拉伸
单侧手臂向前伸展，另一只手臂支撑并将其拉向胸前。

下背部拉伸
仰面躺，双膝屈起，双手抱膝。

大腿前侧拉伸
侧面平躺，身体保持一条直线，单侧膝关节弯曲，手握住脚腕。

运动前后的准备和恢复活动

热身与冷却

Warming Up / Cooling Down

热身是指体育运动中练习或比赛等主要运动（棒球投手的主运动就是投球）开始前进行的准备运动。

方法一般有步行、慢跑、快跑、拉伸等。此外，在体育俱乐部中也有使用训练器械热身后，通过肌肉拉伸（P178）使身体放松的。

这些运动可以使心脏等循环系统适应运动，提高身体各部位肌肉的温度和关节活动度，以此达到提高运动（主运动）成绩的效果。

此外，精神方面也可以意识到接下来要开始运动了。

与此相对，让身体状态平稳下来、在运动后进行的是"冷却"。

"冷却"一般是在练习和比赛（主运动）结束后，进行慢跑等低强度运动，然后通过拉伸和按摩放松身体。

步行和慢跑等低强度运动可以使全身循环的血液流动慢下来，减轻心脏等循环系统的负担。并且，拉伸和按摩可以加快消除积累在体内的运动疲劳，不让疲劳留到第二天。

像这样，进行热身和冷却可以维护运动前后的身体状态，有效预防运动引起的运动损伤（P206），例如运动中突发的运动外伤，以及给身体施加的微小负担不断积累形成的运动损伤等。

知识点

棒球选手的"冰敷"

在电视上，我们经常能够看到棒球投手在下场后用类似毛巾的东西缠住肩部的情况。这叫"冰敷"，是冷却的一种方法。投手由于连续投球，肩部的肌肉发热，为了清除这部分热量使之恢复到初始状态而使其冷却。

相关页	
肌肉拉伸	P178
运动损伤	P206

注意 !

热身和冷却要根据不同季节的气温和天气变化，改变时间和内容。此外，也要在热身中加入结合各自项目特点的动作。
例如，同是足球选手，前锋和守门员的主运动有很大不同。因此，在进行热身时必须要考虑到这一点。然后，提前进行步法和小练习等与主运动相关的动作，能使人更顺利地进入状态。

| 主运动 | 热身 |

例如抗阻训练中，负重训练（主运动）前，先用较小的负荷确认动作也属于热身。

运动的顺序

热身在主运动之前进行，冷却在主运动之后进行。

热身
- ●慢跑。
- ●步行。
- ●快跑。
- ●自行车。
- ●步法练习。
- ●拉伸。
- ●按摩。

练习、比赛（主运动）
- ●各竞技项目的练习。
- ●各竞技项目的比赛。
- ●抗阻训练。

冷却
- ●慢跑。
- ●步行。
- ●拉伸。
- ●按摩。
- ●冰敷。

运动与自我检测

自主确认运动和训练时的身体状态从而有效规避风险是运动员需要掌握的最基本的能力。

1 运动开始前

※ 如出现下列选项中的情况，请咨询专业运动医生。

☐ 医生建议限制运动

☐ 由于下列疾病，现在正在接受治疗

　　·高血压、心脏病、糖尿病、心律失常、呼吸系统疾病

☐ 运动后会出现下列症状

　　·骨骼与关节疼痛　·强烈的呼吸困难、脉搏紊乱、胸闷、晕眩、昏厥

☐ 其他，对现在的健康状况有担心

2 确认当天身体状况的自检项目

※ 按下列项目确认身体状况，如果有一项以上符合建议避免运动。

☐ 胸痛、胸闷　　　　　　　☐ 发热

☐ 血压比平时高　　　　　　☐ 剧烈腹痛并腹泻

☐ 心悸和呼吸困难　　　　　☐ 肌肉和关节疼痛肿胀

☐ 头痛和晕眩　　　　　　　☐ 疲劳、身体倦怠

☐ 面部和腿部水肿　　　　　☐ 其他，身体状况与平时不同

3 运动过程中的自检项目

※ 运动中如出现过去没有出现过的下列现象，请立即停止运动。

☐ 胸部有压迫感

☐ 心悸、呼吸困难

☐ 脉搏紊乱

☐ 头痛、晕眩、脚步不稳

☐ 恶心

☐ 出冷汗

☐ 腿部痉挛（腿抽筋）

☐ 肌肉和关节疼痛、肿胀

第三部分

Conditioning

运动管理

第三部分主要介绍训练者应该了解的、作为运动基础为身体提供能量的饮食方面的知识，以及影响成绩的运动损伤的案例及其应急处理与预防方法等。

Diet

饮食

理解营养均衡的目的与效果

为了让全身机能顺利发挥作用，消化和吸收营养，迅速生成能量（P44）十分重要。

人类每天通过饮食摄入的食物主要由糖类、脂肪、蛋白质、微量元素、维生素5大营养物质及其他食物纤维、水分等构成。这些营养物质有构成能量来源、构成身体成分、调整身体状态的作用。

营养物质的过量与不足都会影响人体的健康状况、竞技能力和训练效果。即使进行正确的训练，若不能在恰当的时间摄入必要的营养物质，这不仅会导致训练效果不会理想，还有可能损害健康，所以要正确理解并实践。

运动与饮食

饮食
- 通过食物摄入身体必需的能量和营养物质。

日常生活和运动、训练
- 训练的能量消耗增加。
- 在休息和睡眠中恢复能量，修复肌肉。

消化、吸收、代谢（P18、P44）
- 消化食物，吸收营养物质。
- 由营养物质（主要是糖类）生成能量。
- 补充身体的构成成分。

◉ 营养物质的功能分类

1 构成能量源 　　　糖类　　蛋白质　　脂肪

2 构成身体的成分 　　蛋白质　　微量元素　　水

3 辅助能量生成，调整身体状态 　　维生素　　微量元素

◉ 5大营养物质

❶ 糖类（碳水化合物）

| 营养物质的功能 | 实现身体活动的骨骼肌的能量来源。在胃部被消化，在小肠被吸收后，作为糖原储存在肝脏和肌肉中。此外，和维生素B₁一起摄入可以促进能量的生成。每克糖类可以产生4千卡能量。其中之一的葡萄糖是大脑的唯一能量来源。 |
| 与运动的关系 | 运动时的主要能量来源。运动员每餐都要摄入。 |

主要食物来源
米饭、面类、年糕、薯类、水果等。

❷ 蛋白质

| 营养物质的功能 | 形成并维持血液、骨骼、肌肉、毛发等身体组织。在胃和小肠中被消化为各种氨基酸，小肠将其吸收并运往全身各处组织合成新的蛋白质。此外另一部分被消耗生成能量。每克蛋白质能产生4千卡能量。 |
| 与运动的关系 | 为了修复在训练中受到破坏的肌肉应大量摄入。 |

主要食物来源
鱼、肉、蛋、大豆类食品和乳制品等。

❸ 脂肪

| 营养物质的功能 | 与糖类、蛋白质一样，是身体活动的能量来源。此外，有助于脂溶性维生素的吸收，也是细胞膜和神经等的构成成分。剩余的脂肪储存在内脏和脂肪组织中。每克脂肪能产生9千卡能量。 |
| 与运动的关系 | 与糖类一样是运动时的能量来源。此外，从脂肪到能量的生产需要维生素B₂的参与。 |

主要食物来源
植物油、黄油、肉类的脂肪部分等。

❹ 维生素

| 营养物质的功能 | 帮助糖类、蛋白质、脂肪三大营养物质完成分解与合成，调节健康。此外，无法在体内合成或合成的量不足时，必须通过食物摄取。 |
| 与运动的关系 | 促进糖类到能量的生成。如果缺乏会引起疲劳、免疫力低下等问题，导致身体状况不佳。 |

主要食物来源
维生素B₁：猪肉、鳗鱼、大豆、玄米。
维生素B₂：猪肝、乳制品、胡萝卜、鸡蛋。

❺ 微量元素

| 营养物质的功能 | 是骨骼和血液的构成成分，调节氧气的搬运、肌肉的收缩和神经传递信号等功能。主要通过小肠被吸收，然后运送到身体各组织中储存起来。 |
| 与运动的关系 | 是骨骼和血液的构成成分，调节氧气的搬运、肌肉的收缩和神经传递信号等功能。例如，预防受伤需要钙元素，提高耐力需要铁元素。 |

主要食物来源
铁：猪肝、牛肉、鳗鱼、金枪鱼、海藻、黄绿色蔬菜。
钙：乳制品、小鱼、大豆类食品、黄绿色蔬菜。

营养摄入量

运动、训练与营养摄入量

Dietary Reference Intakes

为了摄入生活必需的能量和营养物质，《日本人膳食标准》介绍的内容非常具有参考价值。另一方面，专业运动员会比普通人消耗更多的能量和营养物质，所以进行竞技比赛和训练时，要补充运动导致不足的营养物质，此外还要根据目的（体能和竞技能力的提高等）适量摄入。

每个人的身体特性各异，并且实际进行的竞技项目也不尽相同，因此营养摄入量很难一概而论。为了实现理想的营养摄入，要参考各种指标进行合理膳食，同时要确认身体状况和体重的变化，以及时调整摄入量。

训练项目	每千克体重的蛋白质需要量（克）
不进行活跃的运动	0.8
运动爱好者（每周 4~5 天 30 分钟的训练）	0.8~1.1
力量训练（维持期）	1.2~1.4
力量训练（增强期）	1.6~1.7
耐力训练	1.2~1.4
抗阻训练	1.2~1.7
●刚开始训练不久	1.5~1.7
●维持状态的训练期	1.0~1.2
断续的高强度训练	1.4~1.7
体重控制期	1.4~1.8

▶▶▶关于专业运动员糖类摄入的指导

专业运动员应以满足训练计划所必需的能量、恢复肌糖原的存储量为目的，摄入适量的糖类。长时间内恢复肌糖原时，糖类的摄入量应接近下列参考值。因此，运动员最好在个人的膳食中用现实而舒适的方式摄入含糖类较多的食物。血糖指数※高至中水平的食物作为合成肌糖原的糖类更容易使用。运动后恢复期应摄入这些食物。为了肌糖原的恢复，补充充足的能量是必不可少的。

●运动后迅速（4小时内）恢复：
1~1.2克/千克/小时
●恢复期为1天：
●中等时长的低强度训练后：
5~7克/千克/小时
●中高强度的长时间运动：7~12克/千克/小时
●高难度运动（运动时间超过4~6小时/天）：
10~12克/千克/小时或12克/千克/小时以上

●休息时间不足8小时：为了在休息时间内尽可能地恢复肌糖原，运动结束后尽早补充糖类

※指GI值。它通常反映了摄入的食物能够引起人体血糖升高多少的能力。表示相对于摄入葡萄糖时的血糖上升的比例。

营养摄入量的参考值（身体活动水平为"一般"时）

《日本人膳食标准》(2010 年度版)

◉ 估计能量 需要量（千卡 / 天）

年龄	男性	女性
Ⅰ 18~29 岁	2650	1950
Ⅱ 30~49 岁	2650	2000
Ⅲ 50~69 岁	2450	1950
Ⅳ 70 岁以上	2200	1700

◉ 碳水化合物 目标量（% 能量）

年龄	男性	女性
Ⅰ 18~29 岁	50 ~ 70	50 ~ 70
Ⅱ 30~49 岁	50 ~ 70	50 ~ 70
Ⅲ 50~69 岁	50 ~ 70	50 ~ 70
Ⅳ 70 岁以上	50 ~ 70	50 ~ 70

◉ 蛋白质 推荐量（克 / 天）

年龄	男性	女性
Ⅰ 18~29 岁	60	50
Ⅱ 30~49 岁	60	50
Ⅲ 50~69 岁	60	50
Ⅳ 70 岁以上	60	50

◉ 脂肪 目标量（% 能量）

年龄	男性	女性
Ⅰ 18~29 岁	20 ~ 30	20 ~ 30
Ⅱ 30~49 岁	20 ~ 25	20 ~ 25
Ⅲ 50~69 岁	20 ~ 25	20 ~ 25
Ⅳ 70 岁以上	20 ~ 25	20 ~ 25

◉ 维生素 A 推荐量（微克 / 天）

年龄	男性	女性
Ⅰ 18~29 岁	850	650
Ⅱ 30~49 岁	850	700
Ⅲ 50~69 岁	850	700
Ⅳ 70 岁以上	800	650

◉ 维生素 B_1 推荐量（毫克 / 天）

年龄	男性	女性
Ⅰ 18~29 岁	1.4	1.1
Ⅱ 30~49 岁	1.4	1.1
Ⅲ 50~69 岁	1.3	1.1
Ⅳ 70 岁以上	1.2	0.9

◉ 维生素 B_2 推荐量（毫克 / 天）

年龄	男性	女性
Ⅰ 18~29 岁	1.6	1.2
Ⅱ 30~49 岁	1.6	1.2
Ⅲ 50~69 岁	1.5	1.2
Ⅳ 70 岁以上	1.3	1.0

◉ 维生素 C 推荐量（毫克 / 天）

年龄	男性	女性
Ⅰ 18~29 岁	100	100
Ⅱ 30~49 岁	100	100
Ⅲ 50~69 岁	100	100
Ⅳ 70 岁以上	100	100

◉ 维生素 D 标准量（微克 / 天）

年龄	男性	女性
Ⅰ 18~29 岁	5.5	5.5
Ⅱ 30~49 岁	5.5	5.5
Ⅲ 50~69 岁	5.5	5.5
Ⅳ 70 岁以上	5.5	5.5

◉ 钙 推荐量（毫克 / 天）

年龄	男性	女性
Ⅰ 18~29 岁	800	650
Ⅱ 30~49 岁	650	650
Ⅲ 50~69 岁	700	650
Ⅳ 70 岁以上	700	600

◉ 铁 推荐量（毫克 / 天）

年龄	男性	女性 无月经	女性 有月经
Ⅰ 18~29 岁	7.0	6.0	10.5
Ⅱ 30~49 岁	7.5	6.5	11
Ⅲ 50~69 岁	7.5	6.5	11
Ⅳ 70 岁以上	7.0	6.0	–

◉ 钠 目标量（食盐量）（克 / 天）

年龄	男性	女性
Ⅰ 18~29 岁	9 以下	7.5 以下
Ⅱ 30~49 岁	9 以下	7.5 以下
Ⅲ 50~69 岁	9 以下	7.5 以下
Ⅳ 70 岁以上	9 以下	7.5 以下

营养的摄入方法与时机

运动、训练与饮食

Diet for Exercise and Training

人类通过饮食摄入人体所必要的营养物质。

食物中的营养物质比例不同，从各种食物中均衡摄取身体所必需的营养物质的饮食方法，被日本厚生劳动省和农林水产省推荐为营养全面型饮食。

营养全面型饮食是指包含主食、主菜（肉、鱼、蛋、大豆类食品）、副食（蔬菜、海藻、菌类）、水果和乳制品的饮食。

此外，进行训练时，不同目的（增肌和提高耐力等）和内容（负荷设定）的训练所需的营养量和营养物质不同。为了有效完成最合适的训练，要注意摄入的时机。

营养全面型的饮食与营养物质

主食

米饭、面包、面类等

富含糖类，是身体，特别是大脑的能量来源。对追求体能和高度注意力集中的专业运动员来说是最不可缺少的食物。每餐摄入，不足的部分应加餐补充。

主菜

肉、鱼、蛋、大豆类食品等

是构成肌肉、骨骼和血液等的蛋白质的主要来源。运动员每餐摄入量为普通人的2倍（每千克体重2克左右）左右。

副食

蔬菜、海藻类、菌类等

是调节身体状况的维生素、微量元素和食物纤维的主要来源。不足时容易引起感冒、便秘、受伤等问题，从而影响健康状况。维生素和微量元素不易吸收，容易缺乏，所以每餐要特意摄入。

乳制品

牛奶、酸奶、奶酪等

富含钙、蛋白质、维生素等骨骼构成成分。为了预防骨折和受伤等问题，必须要每天摄入。

水果

果汁含量100%的饮料也可以

是调节健康状况的维生素和微量元素的主要来源。富含维生素C的食物有助于铁的吸收，能帮助较快去除疲劳。此外，果汁含糖类较多，也是重要的能量来源。

训练方法与饮食

◉ 力量训练的饮食要点

❶ 能量（糖类）充足	训练后身体处于能量不足的状态，为防止肌肉的蛋白质被消耗生成能量，要补充糖类。
❷ 蛋白质的摄入	训练会破坏肌纤维，大量摄入蛋白质可以使肌肉比以前更大（肌肉的超量恢复）。
❸ 维生素 B_6 的摄入	促进氨基酸合成蛋白质。
❹ 时机、量	●力量训练结束后分泌蛋白质合成激素，因此结束后应尽快补充蛋白质含量较高的食物。 ●力量训练结束后 48 小时内蛋白质代谢受影响。 →第二天的饮食也应摄入蛋白质含量高的食物。
❺ 力量训练的推荐食物	蛋白质：肉、鱼、蛋、大豆制品、乳制品。 维生素 B_6：金枪鱼、柴鱼、肝脏、鸡胸肉、西蓝花、玄米、香蕉。
总结	训练结束后到第二天注意摄入蛋白质含量较高的食物。此外，蛋白质的过量摄入（超过 2 克/千克/天）会给肝脏和肾脏带来较大负担，所以也要注意不要过量摄入。

◉ 耐力训练的饮食要点

❶ 能量（糖类）充足	训练中为了保证作为能量来源的糖类（肌糖原）不缺乏，要摄入一定量的主食，此外要适量加餐。不训练的日子也要按每天摄入能量的 55%~60% 摄入糖类。
❷ B 族维生素（主要是维生素 B_1、维生素 B_2）的摄入	维生素 B_1 促进糖类的能量生成，维生素 B_2 促进脂肪的能量生成。通过摄入它们可以维持长时间的训练。
❸ 铁的摄入	铁是血红蛋白的构成成分
❹ 时机、量	●下次训练在 4 小时以内 →训练结束后摄入糖类含量较高的食物。 ●下次训练为第二天之后 →到第二天训练为止尽量在饮食中多摄入糖类。
❺ 耐力训练的推荐食物	糖类：米饭、面类、年糕、薯类、水果等。 维生素 B 族：猪肉、肝脏、鳗鱼、大豆制品、蛋、乳制品、玄米、帝王菜。 铁：肝脏、牛肉、柴鱼、金枪鱼、蛋、大豆制品、菠菜、海苔、羊栖菜。饭后食用水果，或者用柠檬和醋烹饪的食物能促进铁的吸收。
总结	一日三餐都要充分摄入主食。训练中可以适当加餐补充糖类（肌糖原）。此外，通过主菜和副食补充促进能量生成的 B 族维生素和铁。饮食中要注意主食、主菜、副食搭配均衡。

维持体内的水分平衡

水分的补充

Fluid Replacement

在成年人体内水分约占人体体重的 60%。人通过水分的摄入和排出保持体内水分含量的稳定。水分可以通过饮用水和摄入食物获取，通过尿液、汗液和呼吸时的呼气排出。

运动使身体产生的热量增多，再加上高温、强烈的日晒和较高的湿度等外部温度和湿度的影响，体内流经皮肤的血流量增大。此外，出汗时的水分蒸发可以帮身体散热，调节体温。除了运动中，在睡眠等日常生活中出汗也存在。

出汗是由皮肤的外分泌腺进行的一种生理现象。汗液来自汗腺周围的血液，其成分的 99% 是水分和钠、氯等微量电解质（微量元素）。汗液进入汗腺之前，这些电解质由肾脏再次吸收，也一部分会和水分一起排出。

因此，运动等引起出汗、体温调节时，从体内流失的不仅是水分，还有电解质。所以，不要只补充水分，也要补充电解质，从而实现体内水分含量的真正恢复。

电解质

溶于水等溶液时，阳离子和阴离子分离，该溶液变成可以导电的化合物。钠、钾等就属于此类，发挥着"调节体内的渗透压和体液量""调节体液的酸碱平衡"等重要作用。

自发性脱水

日常可以通过食物补充脱水引起的电解质流失，但是夏天和运动时只补充水分，会造成体液（血液等）中钠浓度降低。这样一来，会导致想要排出水分，同时多余的水分作为尿液排出体外，结果导致体液不仅没有恢复，反而脱水更加严重，也就是"自发性脱水"。为防止这一现象发生，补充水分的同时要补充流失的电解质（主要是钠）。

相关页

碳水化合物负荷/水负荷	P194
中暑	P222

● 运动时的水分补充参考值

运动强度			水分摄入量参考值	
运动种类	运动强度 （与最大强度相比）	持续时长	运动前	运动中
径赛项目、 篮球、 足球等	75% ~ 100%	1 小时以内	250 ~ 500 毫升	500~1000 毫升 / 时
马拉松、 棒球等	50% ~ 90%	1~3 小时	250 ~ 500 毫升	500~1000 毫升 / 时
超级马拉松、 铁人三项等	50% ~ 70%	3 小时以上	250 ~ 500 毫升	500~1000 毫升 / 时 必须补充盐分

注意

① 根据环境条件变化而变化，补充目标为因出汗而减轻的体重的 70%~80%。气温高时每隔 15~20 分钟喝水休息一次，控制体温上升。每次饮水量为 200~250 毫升，1 小时 2~4 次。

② 水的温度以 5~15℃为宜。
③ 含 0.1%~0.2% 的食盐和 3%~6% 的糖分的饮品为宜。运动量越多，越要增加糖分来补充能量。

运动饮料的挑选方法

水溶液有根据溶于其中的物质分子数而改变压力（渗透压）的性质。这个渗透压使水分的吸收出现差别。体液的渗透压为290毫摩尔/升，与之渗透压相等的溶液称为等渗溶液，比它低的称为低渗溶液，比它高的称为高渗溶液。这些溶液中，运动饮料大致有两种。

运动中钠离子流失造成血液渗透压下降。水分子从渗透压低的地方向渗透压高的地方流动，所以运动中补充的运动饮料以高渗溶液为宜。

● 等渗溶液饮料
与安静时的血液和体液的渗透压相同的饮料。吸收到体内的速度比水快。
饮用方法：比赛和训练前或比赛和训练中大量出汗后饮用。运动中不要饮用。

● 低渗溶液饮料
比安静时的血液和体液渗透压略低的饮料。
饮用方法：运动中饮用。

知识点

水分补充的简易确认

训练时水分的摄入是否合适可以根据出汗量和尿液的状态简易判断。大量出汗后，"训练前后的体重差较小""训练后1小时有尿意，颜色较淡"等说明补水充分。运动后体重明显减少或尿液的颜色比平时深或尿量比平时少，说明补水量不够充分。

营养剂

Supplement

使训练、营养、休息的循环顺利进行

营养剂是指营养辅助食品，最初是为补充无法从膳食中摄取的营养而存在的，但是最近为了提高运动能力而摄入营养剂的案例越来越多。

适度的训练、适当的营养摄入（饮食）以及适度的休息使训练的效果得以体现。训练、营养、休息的循环顺利进行时不需要额外补充营养剂，或者从《日本人膳食标准》所提出的各营养物质的上限来看，也不是摄入的营养物质越多越好。总之，也要适当考虑到营养剂的摄入可能会给身体带来一些不良影响。

服用营养剂时，建议考虑自己的身体状况和训练状况来选择适合自己的营养剂的种类，并且要对获得最佳效果的时机做好判断。

此外，在服用营养剂前要确认摄入的成分的作用是否已经过科学验证，同时，如果是运动员还要认真确认所服用的营养剂中是否含有违禁物质。近年来，体育界的反兴奋剂组织将多种药物列为兴奋剂违禁物质。成分不明的情况下，建议多方咨询专家。

◉ 营养剂摄入的有效案例

❶ 因某种原因偏食（如出海远行）

❷ 减肥引起饮食受限

❸ 在增重期和集训期饭量很大，
   但单靠饮食不能充分补充营养

❹ 没有食欲

❺ 素食主义者

相关页	
饮食	P184
营养摄入量	P186

提高效果的"训练、营养、休息"（例如：力量训练）

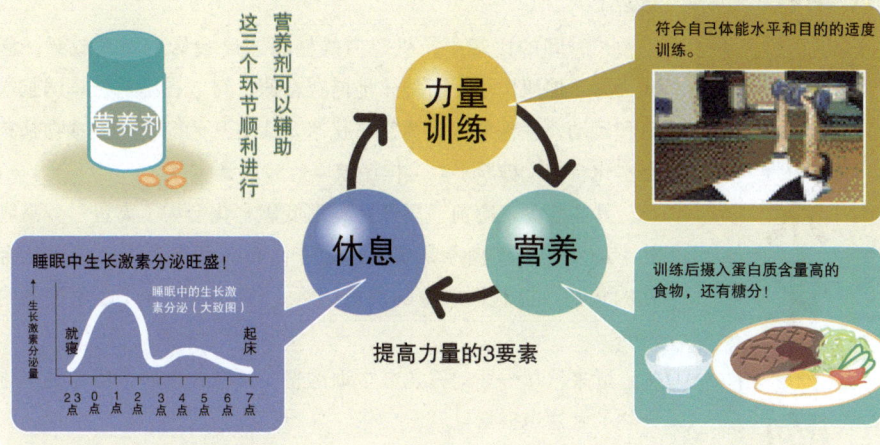

营养剂可以辅助
这三个环节顺利进行

营养剂

符合自己体能水平和目的的适度训练。

力量训练

休息

营养

训练后摄入蛋白质含量高的食物，还有糖分！

睡眠中生长激素分泌旺盛！

↑生长激素分泌量

睡眠中的生长激素分泌（大致图）

就寝　　　起床

23点 0点 1点 2点 3点 4点 5点 6点 7点

提高力量的3要素

◉ 营养剂的主要分类

❶ 补充能量	运动时人体对糖类的需要量增加。当无法通过食物摄入足够的糖分时，可食用能量密度高的液体流动食品等营养剂补充 参考量：为了维持持久运动时的血糖供应，可每小时摄入糖类 30~60 克
❷ 蛋白质	运动时常食用粉末状的蛋白质。运动员对蛋白质需求量比普通人高，但是并非摄入越多越能有效合成肌肉 参考量：上限为 2 克／千克（体重）／天
❸ B 族维生素	参与糖类、脂肪的能量转化，缺乏时会导致运动成绩变差。当无法通过食物摄入所需量时，大多可以使用营养剂。但应注意过量摄入不会提高能量的生成能力
❹ 抗氧化维生素	运动时体内的活性氧的产生增多，这会对身体造成不良影响。为了防止活性氧的伤害，抗氧化的维生素 C 和维生素 E 的需求量会增加。对于存在上限量的维生素 E，不要大量摄入
❺ 铁	田径长跑选手和饮食受限的运动员容易发生贫血。铁是比较难通过食物摄入的营养元素，大多数情况下可以通过营养剂补充。营养剂服用过多会导致摄入过量，务必注意
❻ 钙	乳制品的摄入较少容易导致缺钙。不能喝牛奶、不能吃鱼的人可以通过营养剂补充钙
❼ 含有某种生理作用成分的营养剂	有些营养剂中含有一些具有生理作用的成分。但这些营养剂的效用大多缺乏科学依据，使用时要多加注意。此外，在这些营养剂中，有一部分如果适量使用有可能会提高运动成绩，但一定要在确认该营养剂对自己的训练有效果且无伤害后再使用。

在体内储存的竞技所需要的糖原和水分

碳水化合物负荷/水负荷

Carbohydrate Loading / Water Loading

进行马拉松等长时间剧烈运动的人，在比赛前一周左右会特意调整能量消耗和营养摄入时的蛋白质、脂肪和碳水化合物的摄入方法，使肌肉内储存好糖原，这叫"碳水化合物负荷"（糖原负荷）。

长时间的比赛中，肌肉内的糖原浓度会影响运动成绩。因此，为了使肌肉中尽可能多地储存糖原，可以在赛前特意调整饮食和运动，使糖原接近为空的状态，比赛几天前再通过食物补充碳水化合物（糖原），这样使糖原能够过量储存。

具体来讲，赛前一周开始食用低碳水化合物（高蛋白、高脂肪）的食物，使糖原枯竭。然后在比赛3天前食用高碳水化合物的食物，控制训练中的能量消耗，以储存糖原。这是过去的方法。

近来，从一周前开始减少训练量，只在3天前食用高碳水化合物的做法也很常见。

为了预防长时间运动导致脱水，充分补充水分叫"水负荷"。但是，水分无法像糖原那样储存。

感到口渴时再补充水分就已经晚了，一次性补充大量水分吸收率反而会下降，最好是少量多次饮水。

精力派对(Carbo Party)

马拉松消耗的能量为（体重）x（跑步距离）。70千克的人跑马拉松消耗的能量约为3000千卡，是不太运动的人2天消耗的量。数据显示，跑步前肌肉内的糖原达到一定比例，能减小后半程速度下降的程度，由此得知赛前储存糖原是有效的。因此，比赛前一天经常有参赛者聚集在一起举办以意大利面为主的派对。一边与同伴祈祷比赛顺利，一边吃意大利面，可以摄入大量的碳水化合物。檀香山马拉松前一天意大利面店都会出现客人爆满的情况。

相关页	
水分的补充	P190

碳水化合物负荷法

在马拉松等比赛的一周前，控制碳水化合物的摄入，并通过运动消耗能量，然后比赛3天前开始食用高碳水化合物的食物，并控制能量消耗，就能在体内储存糖原。

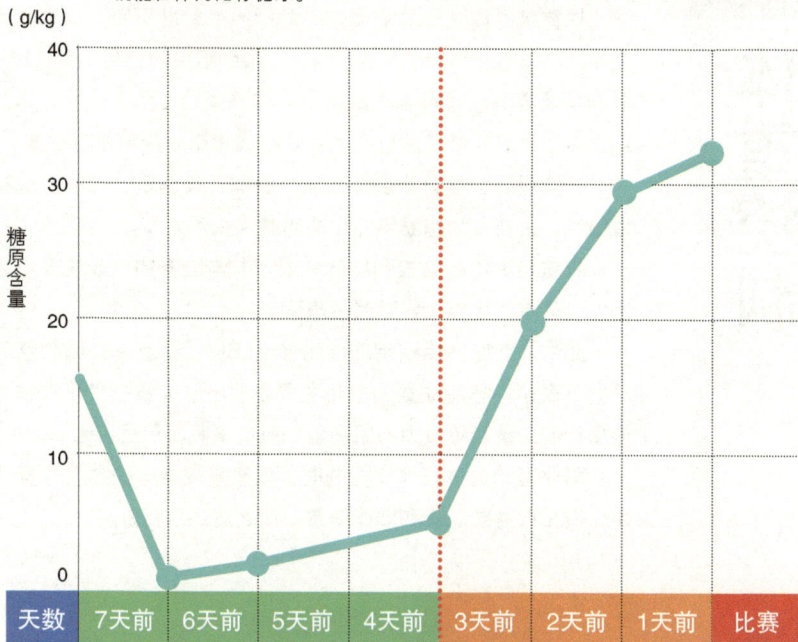

（g/kg）

糖原含量

| 天数 | 7天前 | 6天前 | 5天前 | 4天前 | 3天前 | 2天前 | 1天前 | 比赛 |

饮食与运动

饮食

控制碳水化合物的摄入，采用高蛋白高脂肪（如黄油和油类等）的饮食。

饮食

高碳水化合物（米饭和意大利面等）。

运动

在能力范围内适度运动，消耗能量。

运动

降低能量消耗。

体重控制

Weight Control

把握身体组成成分基础上的体重管理

参与体重分级制项目（P86）的运动员，要考虑各重量级的规定体重和自己想要达到的竞技能力的平衡，在此基础上通过体重控制完成增重或减重。

此外，除分级制外，其他很多运动项目也要根据竞技特性控制体重。

体重是身体全部的重量，不同组织的密度不同（以水的比重为1，则非脂肪组织的比重为1.1、脂肪组织的比重为0.9），所以单从体重的增减很难判断是肌肉还是脂肪发生了变化。因此，职业运动员要尽量了解自己的身体组成（脂肪量和非脂肪量）。

身体组成一般分为脂肪组织、骨骼、骨骼肌、内脏、脑和其他组织，主要分为脂肪组织和非脂肪组织两大类。

脂肪组织用脂肪量和体脂率表示，与激素的生成关系密切，因此过度减脂可能会导致月经障碍。

此外，非脂肪组织用非脂肪量（LBM：体重减去脂肪量后的部分）表示，非脂肪量的变化主要表现出肌肉量的变化。作为体能指标的力量和爆发力与肌肉量和肌肉横截面积呈正比。

职业运动员进行体重控制时，要频繁测量这些数值并灵活利用，增减自身脂肪量和非脂肪量，使之达到目标值。

知识点　　BMI的陷阱

● 计算公式与评价量表

$$BMI = \frac{体重（千克）}{身高^2（米^2）}$$

BMI	< 18.5	18.5~22~25（标准值）	> 25
评价	偏瘦	正常	肥胖倾向

BMI（Body Mass Index）指数是衡量人体肥胖程度和是否健康的指标之一。它是体重与身高的比例，被认为与体脂有相关关系，数值越大越说明有肥胖倾向。但是，职业运动员要参考体脂率来判断。也就是说，BMI指数虽大但只要体脂率低，就算是肌肉体质，BMI指数虽低只要体脂率高就说明肌肉量少、体脂偏多。

◉ 身体组成的测量方法

❶ 皮脂厚度法	用皮脂厚度计测量上臂背面、肩胛骨下方两处的皮脂厚度，代入估算公式计算的方法
❷ 阻抗法	让体内通过电流，利用阻抗测量身体的含水量。利用的是脂肪组织不能导电，而非脂肪组织较容易导电这一特性。由于该方法容易受体内水分的影响，尽量在体内水分分布状态一致的状态下测量
❸ 身体密度法	脂肪的密度较小，肌肉密度大。利用这一原理可以求出身体密度，从而推算体脂率
❹ DXA 法	用两种能量的 X 线照射脂肪组织，测量射线的衰减率来进行测量的方法

体重控制的要点

◉设定好一定期间的具体目标和计划。
◉频繁测量身体组成。

短时间内大幅减重一般要极端地限制能量摄入，易导致LBM降低、身体健康状况变差。如果要减重，需留出充足的时间，1个月减重目标应大致为现有体重的5%。

减重时的饮食注意点

❶ 摄入能量 < 消耗能量。
❷ 减少喜欢的食物（点心、软饮料、酒精）的摄入。
❸ 摄入包含主食、主菜、副食的食物。
❹ 防止脂肪的摄入过量。

糖类和酒精等物质的摄入过多会增加体脂。减重期间少吃喜欢的食物，改成以主食、主菜和副食为主的饮食是最基本的要求。此外，三餐宜主食、主菜和副食（不偏食）都吃，使肌糖原恢复，LBM保持稳定，从而打造易消耗热量的身体。

◉ 主食：三餐都要吃，每餐主食2~3种。
◉ 主菜：选用脂肪较少的食材，用少油的方法烹调，并保证摄入必需的量。
◉ 副食：三餐摄入富含维生素和微量元素的黄绿色蔬菜、海藻类。

增重时的饮食注意点

❶ 摄入能量 > 消耗能量。
❷ 适量加餐增加能量摄入。
❸ 多摄入糖类和蛋白质。

考虑到想增加肌肉量，要进行力量训练，提高肌肉的恢复与再生。增重时宜适度摄入以糖类为主的主食，并始终保持充足的能量摄入。此外，蛋白质有助于在力量训练中受损肌肉的超量恢复，应适当地多摄入一些。

◉ 主食：三餐都要吃，外加南瓜和薯类为主的食物。
◉ 主菜：三餐多吃一些。
◉ 副食：三餐都应摄入必需的量。
◉ 乳制品：每天摄入。
◉ 养成空腹时和训练前后加餐主食或水果等食物的习惯。记得训练后尽快摄入以主菜为主的食物。

体脂
Body Fat

适量的脂肪是高效的能量来源

体脂主要是指储存在皮肤下的"皮下脂肪"和填充在胃和肠道等内脏之间的"内脏脂肪"，其他还有些储存在肌肉之间的结缔组织中。

若一天的营养摄入量与能量消耗量不平衡，营养摄入量越多，脂肪自不必说，多余的蛋白质和糖类也会变成脂肪储存起来。

脂肪容易被认为是多余的负担，但它每克能产生 9 千卡能量，这是每克产生 4 千卡能量的糖类和蛋白质的两倍多，因此它是宝贵的能源储存仓库。

此外，内脏之间的内脏脂肪对身体的活动起着润滑的作用，皮下脂肪起着维持体温的作用。并且，体脂关系到激素的生成和骨骼的生长。由此，体脂不仅对于一般人是重要的，对于职业运动员也是必需的，在保持健康与竞技特性的平衡的基础上控制体脂量十分重要。

BMI 的计算公式（P196）是显示体格状况的，不能作为正确的体脂标准。

职业运动员等肌肉发达的人，体重与身高的比值较高但体脂较少。因此，必须要测量体重中体脂占百分之多少，也就是体脂率。体脂率的一般标准是男性 15%~20%、女性 20%~25%，职业运动员要根据各竞技项目设定目标值。

◉ 体脂率的测量方法

①皮脂厚度法	捏起皮下脂肪，用皮脂厚度计量出厚度，代入推算公式计算得出体脂率
②阻抗法	向身体输送微弱的电流，通过此时的电阻、身体体重等值推算体脂率
③身体密度法	脂肪比起肌肉和骨骼等其他组织密度较低，利用这个差值来推算

※无论用哪种方法都会产生一定误差，要特别注意。

◉ 体脂率测量法

体脂率		评估			
男性	女性				
30%以上	35%以上	非常高		肥胖	
25%～29.9%	30%～34.9%	高	隐性肥胖		
20%～24.9%	25%～29.9%	偏高		有肥胖倾向	
10%～19.9%	20%～24.9%	标准	偏瘦	正常	肌肉体质
10%以下	15%～19.9%	低	瘦	运动员型	爆发力型运动员

运动项目与体脂

●外观肥胖度与体脂率

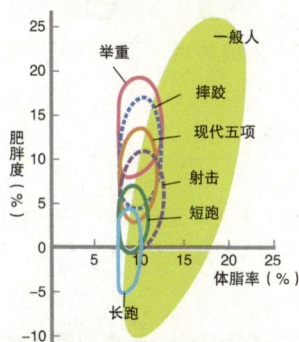

一般人的体脂率与外表的肥胖程度呈正比，但运动员是看上去肥胖，但实际是体脂率较低的。

源自：井上和彦《肥胖预防与运动》。

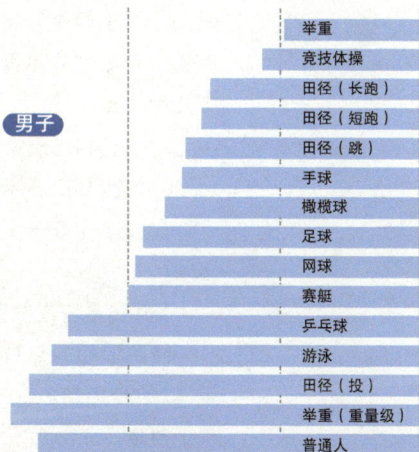

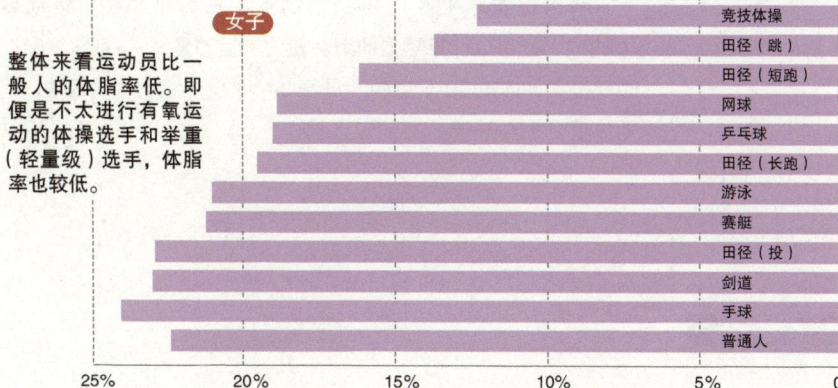

男子

举重
竞技体操
田径（长跑）
田径（短跑）
田径（跳）
手球
橄榄球
足球
网球
赛艇
乒乓球
游泳
田径（投）
举重（重量级）
普通人

女子

整体来看运动员比一般人的体脂率低。即便是不太进行有氧运动的体操选手和举重（轻量级）选手，体脂率也较低。

竞技体操
田径（跳）
田径（短跑）
网球
乒乓球
田径（长跑）
游泳
赛艇
田径（投）
剑道
手球
普通人

25%　20%　15%　10%　5%　0

热量消耗

营养摄入量与消耗量的控制基准

Calorie Consumption

通过饮食等摄取的热量和日常生活所消耗的热量如果相等，体重就能维持在一定水平。如果要减重，只要消耗的热量高于摄取的热量就可以。

人体每天消耗的热量是"安静时代谢"和"活动代谢"的总和。各种日常活动和运动消耗的能量值可以大致计算出来。

安静时的代谢量是指维持生命、保持姿势、维持意识等所必需的能量，大约相当于基础代谢的 1.2 倍。

日常活动与运动中消耗的能量是安静时代谢量的 2~5 倍，激烈运动时的消耗量则会翻倍。

总之，想要增加一天的热量消耗，要么使日常生活整体变得活跃，要么抽出时间通过运动等消耗热量。

大多数研究表明，大部分生活活动和体育运动中单位时间内消耗的热量可以计算出来。一般使用"梅脱"（MET）这一单位表示热量消耗相当于安静时的代谢量的多少倍。梅脱与运动时间、体重相乘可得出热量消耗量。一般认为减重时，每天有 300 千卡左右的热量差不会形成太大的负担。因此，可以有以下几种选择。

① 进行相当于消耗 300 千卡热量的运动。

② 减少 300 千卡热量的食物摄入。

③ 减少 150 千卡热量的食物摄入并进行消耗 150 千卡热量的运动。

其中③最容易做到。

慢跑消耗的热量有一个简单的计算公式：热量消耗量 = 体重 × 跑步距离。60 千克的人跑 5 千米，可以算出消耗了 300 千卡热量。

利用日本厚生劳动省制定的运动量衡量单位"运动量"（P202），可以计算热量的消耗量为"运动量 × 体重 ×1.05"。也就是说，体重 50 千克的人进行 4 个单位的运动量的运动，消耗的热量为 210 千卡。

运动时的热量消耗计算公式

热量消耗 =

3.5 × **强度（梅脱）** × **时长（分钟）** × **体重（千克）** × 0.005

"3.5" 为梅脱的基准值：耗氧量
"0.005" 为由耗氧量计算热量消耗的修正系数

◉ **主要运动的热量消耗量**
（务必注意因运动时间而导致的差异）
*剧烈运动无法长时间持续，故所设运动时间较短。

		运动强度	运动时长	体重			
				50 千克	60 千克	70 千克	80 千克
		梅脱	分钟	千卡	千卡	千卡	千卡
步行	1 千米 10~20 分钟	2.5	30	66	79	92	105
	1 千米 12~13 分钟	3.5	60	184	221	257	294
	1 千米 9 分钟	5.5	60	289	347	404	462
慢跑	1 千米 7.5 分钟	7.5	30	197	236	276	315
	1 千米 6 分钟	11	60	578	693	809	924
	1 千米 5 分钟	12.5	60	656	788	919	1050
有氧舞蹈	轻松	4	90	315	378	441	504
	较难	10	45	394	473	551	630
网球	对抗为主	4	120	420	504	588	672
	较难的练习	9	45	354	425	496	567
高尔夫	电动推车	2.5	300	656	788	919	1050
游泳	自由速度	4	120	420	504	588	672
	较难的练习	8	30	210	252	294	336

这只是一个例子。用实际运动的时间和自身的体重通过上述公式算算看吧。据日本厚生劳动省资料计算。

运动量

Exercise

日本厚生劳动省制定的计算能量消耗量的运动量衡量尺度

相关页

营养摄入量　　　　　P186

基础代谢与身体活动水平　P204

"Exercise"是"活动、运动"的意思，这里特指日本厚生劳动省为国民保持身体健康、预防生活方式病而制定的"运动量的衡量尺度"。

他们依据运动强度和运动时间，给"运动"和"日常活动"设定了"运动量"这样一个单位，建议用作生活中的运动量衡量标准。

具体来说，每周必需的运动量为"23 运动量以上，且其中 4 运动量以上为活跃的运动"，一般情况下人们可以按照这个标准来锻炼以达到保持身体健康，预防生活方式病的目的。

运动量不仅指体育运动，也包括散步和园艺等日常生活活动，是与生活方式相结合的。

活动强度的衡量单位为"梅脱"，指运动时的代谢相当于安静时代谢的多少倍。利用梅脱乘以"时间"即可得出上述的"运动量"。3 梅脱的活动进行 20 分钟（三分之一小时）算作 1 运动量。若 6 梅脱的运动进行 10 分钟也是 1 运动量。但是，低强度运动（2 梅脱 30 分钟等）不计入其中。

1 运动量的能量消耗量因体重不同而异，其可以根据计算各体重级别能量消耗量的简单公式计算出来。

建议生活中较为活跃的人每天进行 3 运动量的运动，每周增加一次 2 运动量的运动。

建议除周末以外很难抽时间运动的人每天进行 1 运动量的运动，周末进行略微吃力（6 梅脱）的运动，每天 90 分钟连续两天，则可达到 23 运动量。

运动量的计算公式

运动量

$$= 梅脱 \times 时长$$

热量消耗量（千卡）

$$= 1.05 \times 运动量_{（梅脱 \times 时长）} \times 体重_{（千克）}$$

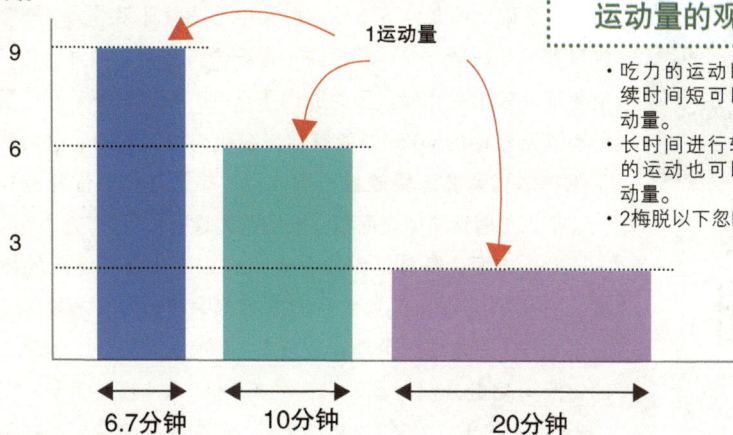

梅脱

9

6

3

1运动量

运动量的观点

· 吃力的运动即使持续时间短可以有运动量。
· 长时间进行较轻松的运动也可以有运动量。
· 2梅脱以下忽略不计。

6.7分钟　　10分钟　　20分钟

相当于1运动量（梅脱·小时）的活动示例

运动

快走
15 分钟

游泳（慢速）
10 分钟

日常运动

步行
20 分钟

上楼梯
8 分钟

第三部分　运动管理

2　体重管理

运动量

基础代谢与身体活动水平

Basal Metabolism & Physical Activity Level

维持生命所必需的能量与日常生活方式

基础代谢是指人类维持生命所需的最低限度的必要能量值。

在基础代谢条件下，以心脏为中心的循环系统为了向全身供氧需要消耗能量，而神经系统不需要进行复杂的精神活动，所以能量消耗较小。此外，因为肌肉不活动，所以就不消耗能量，但所有基础代谢的 40% 的能量都是在肌肉中消耗的。肌肉系统为了维持体温需要消耗能量，但体温的维持与体表面积有关，因此，基础代谢量与体表面积、非脂肪体重密切相关。

另一方面，身体活动水平是人在生活中是否活跃的衡量标准。它根据工作和日常生活的方式分为"低""一般""高"三个水平（日本厚生劳动省《日本人膳食标准》）。这三个水平的每天消耗量分别为基础代谢的 1.5 倍（1.4~1.6 倍）、1.75 倍（1.6~1.9 倍）、2 倍（1.9~2.2 倍）。总之，日常生活中不活跃的人每天的能量消耗约 70% 是基础代谢，其中 40% 由肌肉消耗，所以肌肉的基础代谢为一天的能量消耗的 30%（0.7×0.4）左右。

即便有适当的训练和营养管理，想要增加 1 千克肌肉也不是一件容易的事。假设肌肉量增加了 10%，能量消耗也只增加 3%（0.7×0.4×0.1）左右。

与之相比，只要单纯将身体活动水平从"低"提高到"一般"，能量消耗就能增加约 15%，如果提高到"高"，甚至能增加约 30% 的能量消耗。

因此，通过训练提高体能、提高身体活动水平对减重会有很大帮助。

虽然有"只要进行力量训练肌肉量就会增加，基础代谢就会提高，所以能更有效地减重"这种说法，但是就像前面提到的那样，这不是因为基础代谢提高了，而是因为力量增加后身体活动水平提高了。因此，身体活动水平不够活跃的人是很难减重的。

运动项目与体脂

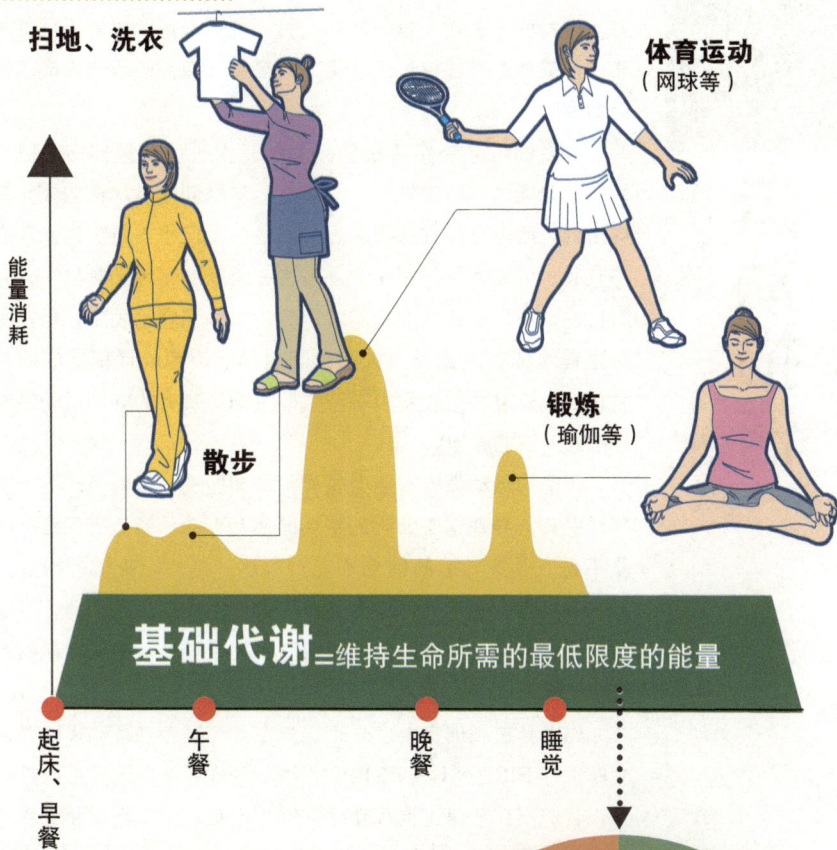

扫地、洗衣

体育运动
（网球等）

能量消耗

散步

锻炼
（瑜伽等）

基础代谢＝维持生命所需的最低限度的能量

起床、早餐　午餐　晚餐　睡觉

一天的能量消耗量是基础代谢和日常生活所消耗的能量，以及通过体育运动等消耗的能量的总和。几乎没有运动习惯的人一天的能量消耗量是基础代谢的约 1.5 倍，较活跃的人的消耗量则是基础代谢的 2 倍。也就是说，选择活跃的生活方式，能量消耗可以提高 15%~30%。

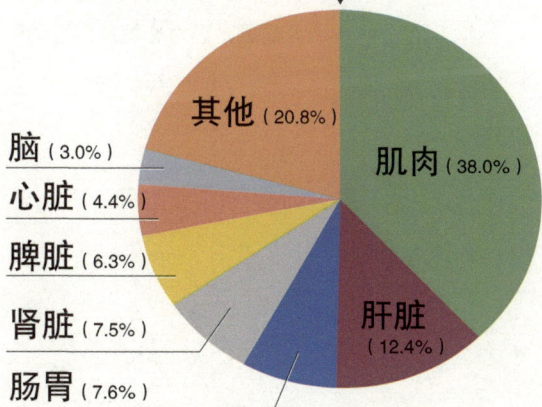

脑（3.0%）
心脏（4.4%）
脾脏（6.3%）
肾脏（7.5%）
肠胃（7.6%）

其他（20.8%）

肌肉（38.0%）

肝脏（12.4%）

● 发生基础代谢的身体部位

源自《营养学手册》技报堂出版。

205

运动损伤
Sports Injuries

急性运动外伤与慢性运动障碍

竞技和训练等运动中发生的受伤和障碍统称为运动损伤。

运动损伤分为两种：一种是在竞技和训练中由于受到强大外力而突发的（急性）运动外伤；另一种是在运动中由于反复某一动作造成身体某部位过度使用，或是由于疲劳的积累造成的慢性运动障碍。

典型的运动外伤有扭伤、脱位、骨折、软骨损伤、韧带损伤、肌腱断裂、肌肉拉伤、脑震荡、皮肤创伤等。这些外伤都是突发的，所以一般被认为只是偶发性的，但也与特定动作和疲劳等有关。例如踝关节扭伤容易发生在跳跃的落地和复位中，腘绳肌拉伤容易发生在全速奔跑时，骨折和挫伤容易发生在相扑等接触过程中伴有较大外力的时候。此外，疲劳的累积造成的判断力、反应速度和肌肉耐力下降，以及本身带有的其他运动损伤也是引起外伤的原因。

典型的运动障碍有疲劳性骨折、夹胫痛、跟腱炎、跑步膝、网球肘等。导致这些障碍的主要原因有"动作姿势有问题""力量不足""练习后的恢复不充分"等。总之，身体的构造、力量、柔韧性失衡容易造成身体各部位受到的负荷不均衡，导致负担集中在骨骼、关节、肌肉、肌腱、韧带等处，从而容易引发慢性运动障碍。

如果竞技和训练中发生运动外伤或怀疑存在运动障碍时，应立即进行 RICE 处理（P216），并尽早找专业运动医生治疗。此外，我们不仅要通过治疗使病症得到治愈，预防再发和康复训练也十分重要，因为这关系到运动和训练的持续性。

网球肘

使用球拍的运动中，肘关节的运动障碍多发。

韧带损伤

足球选手常见的突发性膝关节韧带损伤。

肌肉拉伤

短跑选手常见的跑动中腘绳肌拉伤。

◉ 身体各部位的运动损伤

损伤	部位	损伤名称	常见的竞技项目	症状
外伤	颈	伯纳综合征	橄榄球、美式橄榄球、格斗	颈部、肩部和手臂等部位剧烈疼痛，伴有麻痹等神经疾病症状
	肩	肩关节脱位	橄榄球、柔道	P210
	腿	肌肉拉伤	田径、足球、网球	P208
	膝关节	前十字韧带拉伤	篮球、足球、手球、滑雪	P214
	脚	扭伤	篮球、排球等许多运动	P211
障碍	肩	投球障碍	棒球	投球时疼痛；经常不是单一病症
		肩腱炎	游泳、棒球、网球	起初手臂抬高时肩部疼痛，之后逐渐发展为手臂无法上抬
	肘	内外侧上髁炎	棒球、网球、高尔夫球	前臂的过度使用造成肘部内外侧疼痛
	腰	腰椎病	棒球、足球、竞技体操	青春期反复的剧烈运动引发椎弓的疲劳性骨折
	骨盆	腹股沟综合征	足球	足球选手中多发，继续运动会造成髋关节功能障碍
	小腿	疲劳性骨折	田径、篮球、排球	P213
		夹胫痛	田径、篮球、排球	胫部内侧疼痛，特点是钝痛
	膝关节	奥斯古德氏病	足球、篮球	由运动负担造成的膝关节下方疼痛，常见于青春期男孩
		髂胫束综合征	跑步	膝关节外侧疼痛，出现无法跑动的症状，但休息后会恢复
		髌腱炎	篮球、排球、足球	也叫跳跃膝，由过度的反复跳跃引起
	脚	跟腱炎	篮球、排球、足球	慢性刺激造成的跟腱周围组织炎症
		足底筋膜炎	跑步	向脚底施加压力后引起的伴有疼痛的筋膜炎症

关乎运动和竞技成绩的肌肉、肌腱障碍

肌肉、肌腱的主要运动损伤

Injuries of Muscle & Tendon

运动中突然对肌肉和肌腱施加巨大的外力，以及疲劳积累、身体过度使用、炎症等的慢化，都会导致外伤和运动障碍。

肌肉的外伤包括肌肉拉伤和肌肉挫伤；障碍包括肌肉疼痛（P218）等。肌腱的外伤包括肌腱断裂；障碍包括肌腱炎和腱鞘炎等。

肌肉和肌腱的恢复需要恰当的调养和治疗。经过一段时间的休养后症状会消失，但是力量和柔韧性仍然较差，这会导致竞技能力下降。所以，肌肉和肌腱一旦出现疼痛要立即接受专业医生的诊断和恰当的治疗。根据症状的不同，治疗和康复需要花费时间不同。

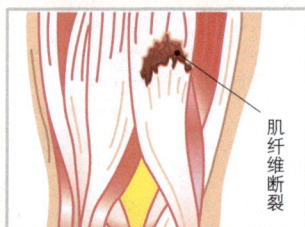

肌肉拉伤

肌纤维断裂

肌肉的剧烈收缩或强力拉伸造成的一部分肌肉断裂的状态称为肌肉拉伤。根据损伤程度分为三个等级。

多发部位

大腿前侧、后侧、小腿肚等。

腘绳肌的拉伤示例

处理方法

紧急进行RICE处理，在一定时间内停止运动。如果症状较轻则几天后进行拉伸和力量训练。若症状较为严重则几周后再根据恢复情况进行训练。

症状

肌肉收缩时疼痛以及舒张时伴有疼痛、肿胀，并有发热的感觉。严重时会出现无法走路和皮下出血的症状。

相关页

肌肉与肌腱　　　　P24

肌肉挫伤

与其他选手或器械冲撞等强大外力导致的肌纤维及其周围血管等组织的破损，称为肌肉挫伤。

大腿部位的肌肉挫伤

多发部位

运动中接触和冲撞较多的部位。

症状

压痛、自发性疼痛、运动时疼痛、肿胀、灼热感、皮下出血、明显的活动受限等。

处理方法

为防止瘀血范围扩大应立即进行RICE处理，避免负重。症状严重时需要进行手术。

肌腱炎

外力对肌腱的反复拉扯造成肌腱部分轻微损伤及变性，肌腱发生炎症的状态称为肌腱炎。

多发部位

膝关节、脚跟、脚底、手腕。

症状

运动时伴有疼痛、压痛、灼热感、肿胀等。

处理方法

使受伤处保持不动并冰敷，到炎症消除为止。之后以改善柔韧性、力量和动作能力为目的进行康复训练。

跟腱炎

知识点

抽筋

一般将"痉挛"的症状称为抽筋（痛性强制性肌肉痉挛）。肌肉收缩通常是受大脑中枢神经的指令控制，但由于某些异常会出现连续向肌肉发送指令的状态，从而出现"痉挛"。预防方法是运动前做好充分的热身和拉伸。

关节、韧带的主要运动损伤

发生在肢体连接处的关节问题

Injuries of Joint & Ligament

关节是由骨、软骨、肌肉、肌腱、韧带等复杂地连接在一起的结合体，因此，损伤通常也是复合性的。

关节的外伤有脱位（半脱位）和韧带损伤等。这些损伤主要是由于落地和冲撞的外力及接触性对抗致使关节活动超过活动范围，从而导致保持关节稳定的结缔组织破裂而引起的。

关节损伤会因为运动项目和运动动作的不同而分出许多种类。

跑步膝和棒球肘是典型的例子。它们主要是由于跑动、击球、投球等运动中反复进行的动作不够规范或过度重复造成的。

脱位

跌倒和碰撞时对关节施加的强大力量导致关节骨骼位置关系被破坏，继而出现损伤的状态，称为脱位。受伤后韧带和关节囊也会有损伤。有时与韧带连接的骨骼的一部分会剥离，进而会引起撕脱性骨折。

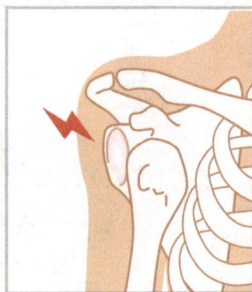

肩关节脱位

处理方法

受伤后要尽快帮助关节复位。应接受医生的复位治疗，否则有可能伤害到周围的组织。有时需要通过适当的固定和康复训练进行保守性恢复，但反复脱位或关节的稳定性变差会对运动员的运动生涯造成影响时，则需要进行手术。

多发部位

肩、肘、膝、手指等。

症状

疼痛、肿胀、灼热感、动作困难、关节变形和不稳定等。

相关页

骨、关节与肌肉　P42

韧带损伤

多发部位

脚腕、膝关节等。

症状

压痛、活动时疼痛、肿胀、灼热感、活动受限等。

处理方法

受伤后立即进行RICE处理。为了保护关节用绷带和胶布进行固定。反复扭伤会造成关节的稳定性变差，最好采取适当的静养和康复训练。

韧带损伤是指运动中落地或碰撞对关节施加的压力超过了关节的活动度，引起韧带部分或全部断裂。关节的过度扭转叫扭伤，大多数情况下扭伤会伴有韧带损伤，这两种损伤可以看作是相同的。

踝关节内翻扭伤

棒球肘（内侧型）

投球时肘部受到向外侧拉扯的力，使肘部内侧肌腱和韧带拉长。长期重复这种负荷会造成肘部内侧骨骼剥离或是韧带松弛，即棒球肘。

棒球肘（内侧型）

症状

投球时有疼痛、压痛、肿胀、灼热感等。

处理方法

要在投球后冰敷或投球前后进行肌肉拉伸，改变错误的投球姿势等。此外，发育期骨骼较脆弱，通过X线确认骨骼状态，必要时暂停投球。

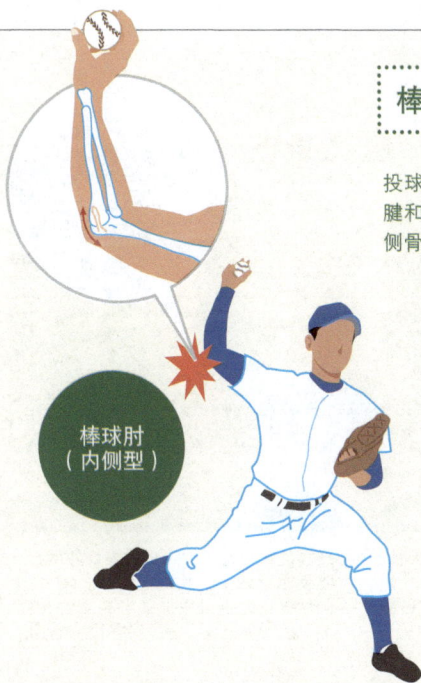

骨骼、软骨的主要运动损伤

Injuries of Bone & Cartilage

骨骼和软骨因承受过强的力量而产生损伤

在竞技比赛和训练中，对骨骼和软骨一次性施加超过其承受力的巨大力量，或反复施加轻微外力时，会引发骨骼和软骨的损伤。

骨骼的损伤可以根据症状和状态分为各种类型的骨折，其中由于反复施加外力而导致的骨骼的部分龟裂为疲劳性骨折。

椎间盘突出和发育期的骨骺疾病等属于软骨的损伤，此外，发育期的棒球肘（外侧型）等剥脱性骨软骨炎等属于骨骼和软骨的复合性损伤。

骨骼因为容易再生所以容易治疗，而软骨损伤后想要治愈非常困难，大多时候需要手术。

骨折

竞技中的摔倒和冲撞等给骨骼带来巨大冲击，使骨骼发生龟裂，造成损伤，也就是骨折。骨头的连续性被破坏的状态称为完全骨折，而所谓有裂缝的状态叫不完全骨折。没有露出体外的骨折叫闭合性骨折（单纯骨折），露出体外的骨折叫开放性骨折（复杂骨折）。

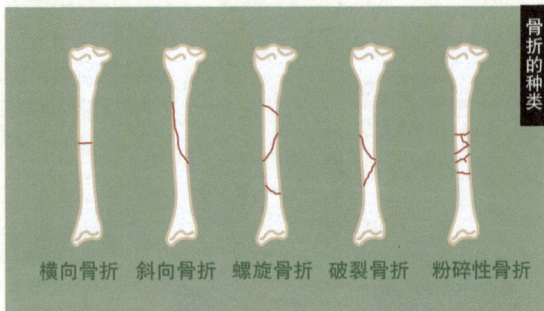

骨折的种类

横向骨折　斜向骨折　螺旋骨折　破裂骨折　粉碎性骨折

症状	处理方法
疼痛、肿胀、灼热感，完全骨折时，有时会伴有骨骼的变形和移位。	开放性骨折时，为防止感染等并发症，要及时到医疗机构进行治疗。发生闭合性骨折时最好采取适当的复位和固定，因此也建议尽早去医疗机构治疗。

相关页

骨骼系统　　　　　P20

疲劳性骨折

多发部位
小腿、大腿、脚趾。

症状
疼痛、肿胀、灼热感等。

处理方法
安静休息等待骨骼愈合。疲劳性骨折是关节柔韧性和力量不足、动作不正确造成的，所以要在改善这些问题后再回归训练。

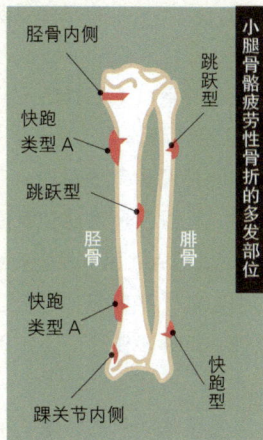

小腿骨骼疲劳性骨折的多发部位

胫骨内侧
跳跃型
快跑类型 A
跳跃型
胫骨
腓骨
快跑类型 A
快跑型
踝关节内侧

向骨骼同一位置反复施加骨骼耐力范围内的外力，导致骨骼部分龟裂，称为疲劳性骨折。早期发现时可以通过休息治愈，但带着疲劳性骨折继续参加运动有可能造成完全骨折。

软骨损伤

多发部位
肩、肘、膝、脚腕。

症状
疼痛、肿胀、异常响声、活动受限（感觉被卡住）等。

处理方式
软骨损伤非常难治愈，所以当关节有异常响声或活动受限时，要马上停止运动，接受专业医生的诊断。软骨损伤很难单纯通过X线判断，有时需要接受MRI检查。

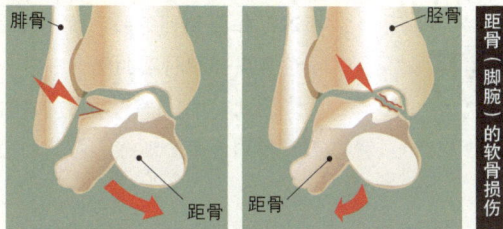

距骨（脚腕）的软骨损伤

腓骨
距骨
胫骨
距骨

扭伤时距骨与胫骨、腓骨的关节面碰撞发生损伤。

软骨起着整合关节和分散冲击的作用。大于软骨耐力的冲击和对局部的反复压迫会磨损软骨，造成损伤。这就是软骨损伤。

知识点

骨骼排列（Alignment）
与肌肉僵硬（Tightness）

骨骼在关节处的形状和排列叫骨骼排列，肌肉僵硬（紧张状态）叫肌肉硬度。骨骼排列异常会对肌肉造成额外负担，引起肌肉僵硬，反之，肌肉僵硬会引起骨骼排列异常。二者相互作用的结果是关节和骨骼障碍，所以了解容易发生异常的部位，保持力量的平衡，避免负担集中在特定部位十分重要。

运动损伤的预防

Prevention of Sports Injuries

了解常见的运动损伤的产生原因并注意预防

参加运动就会容易受伤，并且很遗憾，想要完全避免受伤几乎是不可能的，但近几年的研究表明，运动容易引发的伤病的特征越来越明晰。

例如，严重的下肢运动损伤——前十字韧带拉伤常见于落地急停和暴力扭转等动作中。此外，踝关节扭伤多发于脚腕柔韧性较差的人和腿外侧负荷过重的人身上。

研究表明，其原因是落地和复位时，脚尖朝外膝关节朝内的动作（Knee-in、Toe-out）使脚腕和膝关节发生不自然的扭转，这不仅容易引起前十字韧带损伤，还容易导致许多下肢的运动损伤。也就是说，只要改变这个不正确的动作就可以在很大程度上预防受伤。

此外，重复投球动作的棒球选手多出现肩和肘部的慢性运动障碍，其原因大多是错误的投球动作。练习中要多次重复投球动作，导致每次投球的负担虽小但因重复而不断积累，最终形成了巨大的负担，引发损伤。

为了预防投球损伤，掌握正确的投球动作非常重要。此外，投球动作要用到下肢、躯干和上肢，是全身性的运动，所以不仅要注意肩部和肘部的保养，对全身的保护也是必不可少的。

因此，为了有效预防损伤，大家要了解容易导致损伤的原因，找到合适的训练、保养和预防方法，并掌握正确的动作。

帮助青少年棒球运动员预防损伤的问诊

横滨市运动医学科学中心定期开设面向青少年棒球运动员、棒球教练和家长的门诊。

相关页

运动损伤　　　P206

运动损伤的预防
（下肢损伤的案例）

预防方法

● 通过拉伸和按摩等方法提高脚腕的柔韧性。
● 加强髋关节周围和躯干的训练。
● 加强平衡训练。
● 注意个别关节的保养。
● 利用镜子等来练习动作。

补充

最理想的是从深蹲动作等简单的动作开始，逐渐增加复杂的项目，来提高难度。

[主要原因]
◉ Knee-in、Toe-out动作造成的不自然扭曲。
◉ 脚腕柔韧性差。
◉ 髋关节和躯干功能偏弱。
◉ 想象中的动作与实际动作不同。

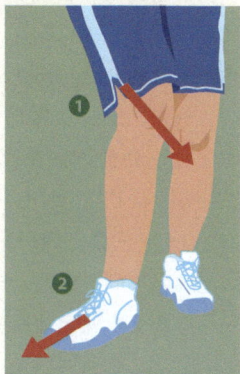

Knee-in、Toe-out
相比理想的连线，❶膝关节向内、❷脚腕向外的动作是膝关节扭伤等各种各样的下肢损伤发生的主要原因。

运动障碍的预防
（投球障碍的案例）

预防方法

● 针对肩部、肘部和髋关节等部位的柔韧性以及躯干的稳定性加强全身的训练和保护。
● 检查投球姿势，掌握肩和肘负担较小时的投球姿势。

补充

要客观找出让身体负担较小的投球姿势和适当的保养并不容易。为了确认安全的投球姿势，并掌握正确的动作，最好接受专业人员的指导，并要学习自我保护的方法等。

[主要原因]
◉ 用错误的动作投球对肩和肘造成的负担不断积累。
◉ 髋关节柔韧性不足、躯干力量不足等是造成投球动作不正确的主要原因。这乍一看是与肩和肘无关的身体部位的功能不足造成的，但其结果却会造成肩和肘的负担增大。

投球姿势
❶体重落在轴心腿上，保持平衡，两臂呈丁字形上举，❷前脚落地顺势转体，❸挺胸掷球。到掷出为止，肩和肘呈一条直线。

RICE处理

RICE

运动损伤的应急处理与预防

体育活动中发生肌肉拉伤、扭伤或骨折等运动损伤时，首先要在现场进行基本的处理，叫 RICE 处理。它是由"Rest"（休息）、"Ice"（冷却）、"Compression"（压迫）、"Elevation"（抬高）四个词的首字母组合而成的，几乎适用于所有运动损伤。

损伤发生时，应避免在不确认受伤情况的状态下继续运动。损伤部位的活动会加剧肿胀和内出血，有可能引发功能障碍，因此要尽早进行 RICE 处理，防止损伤部分出现炎症和二次损伤。这个及时的处理对伤处的恢复影响很大。

首先，应马上暂停比赛和练习进行"休息"（R）。然后，为了将伤处的灼热感和肿胀控制在最小范围内，要对伤处进行"冷却"（I）。此外，为将肿胀降到最小，用弹力绷带等"压迫"（C）伤处。同时，"抬高"（E）患处使其高于心脏，可以防止肿胀加剧。但是，RICE 处理只是应急处理措施，伤者之后还应尽早接受专业运动医生的诊断。

此外，训练中受伤或感到疼痛时，最好立即中止训练进行 RICE 处理，并停止之后的训练。比赛中也会暂停对抗进行 RICE 处理，赛场的医生如果给出"可以继续"的判断，可以选择继续比赛，但更重要的是根据自己的判断决定是否继续比赛，以避免轻易继续比赛而造成更严重的后果。此外，棒球的投手下场后对肩和肘进行冷却可预防慢性运动障碍，这是充分利用 RICE 处理的例子之一。

进行RICE处理的注意事项

● 冰敷时，可以直接将冰袋敷在伤处，但冷却时间过长会伤害细胞，所以可以用绷带等把冰缠起来不直接接触皮肤，或是每间隔1~1.5小时冰敷一次。

● 对于快要肿起来的部位，可以放上冰袋，用绷带缠好，同时进行冷却和压迫。

● 冷却要间歇性地进行，压迫要持续1天。

相关页

运动损伤　　　P206

RICE处理的顺序

R_{est}（休息）

一旦受伤要立即停止运动，确保不活动伤处，并根据受伤程度用夹板等固定。

I_{ce}（冷却）

最好是将冰袋直接贴在皮肤上。接触时间以 10~30 分钟为宜，每 1~1.5 小时冰敷一次。根据受伤程度需要持续 24~72 小时。

C_{ompression}（压迫）

快要肿起的部位用垫子、毛毡或海绵按住，并用绷带或胶带缠好，轻轻压住伤处。

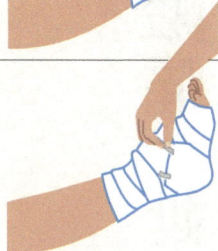

E_{levation}（抬高）

将受伤的腿吊起来，人平躺，保持腿部高于心脏。腿很容易肿胀，所以睡觉时也要保持抬高的姿势。

RICE处理前的准备

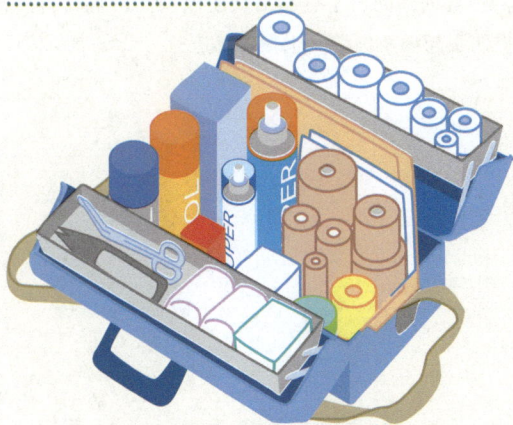

进行 RICE 处理要准备的东西主要有 I（冷却用品）、C（压迫用品）、E（抬高用品）。

I（冷却用品）：用来降低温度的东西，例如冰袋、冷喷剂、冷包等
（佩戴用品）：将冰袋等固定在躯干部位的东西，例如保鲜膜等

C（压迫用品）
垫子、毛毡（快要肿起的部位用垫子按住，并在上面加压）、弹性绷带、弹性胶带等

E（抬高用品）
医用绳（有效保持受伤患部处在较高位置）等

一段时间后出现的肌肉疲劳

肌肉酸痛（延迟性肌肉酸痛）

Delayed Onset of Muscle Soreness

相关页	
肌肉收缩	P46
肌肉拉伸	P178

肌肉连续发力会逐渐出现力度减弱的现象。这称为"肌肉酸痛"，它不会在运动中或运动之后马上出现，而是出现在运动后第二天，因此被称为"延迟性肌肉酸痛"（Delayed Onset of Muscle Soreness，DOMS），具体原因不详。有研究说其原因是肌肉进行离心收缩（P46）会受到损伤，为了修复会发生炎症并伴有酸痛。延迟性肌肉酸痛通常在运动后 24~48 小时达到高峰，有时会持续数日。

与短缩运动（P46）相比，肌肉被拉长的运动更容易使肌肉受到伤害，不仅肌纤维，肌内膜和肌外膜等结缔组织也易受损，修复这些组织的过程会让人感到疼痛。

具体来讲，深蹲等下蹲动作中的腘绳肌、卧推时将杠铃放低到胸部位置时的胸大肌、下坡或下楼梯时的股四头肌等，都容易因为肌肉被拉长发力而出现延迟性肌肉酸痛。

肌肉损伤的程度与延迟性肌肉酸痛的疼痛程度并不相关。因此以肌肉的疼痛程度来判断训练效果很可能是错误的。

应对方法是缩短运动与运动的间隔，这样不容易发生肌肉酸痛，运动间隔超过 4 周以上，会再次出现肌肉酸痛。因此，一般认为在重要比赛的前 1 周最好进行相同的运动。

此外，准备运动中进行肌肉拉伸等，给肌肉一个较轻的拉长负荷，或者提前一天提高肌肉温度，可以有效预防肌肉酸痛。

另一方面，迟发性肌肉酸痛发生后，即使进行拉伸，症状似乎也不会减轻。

通常认为，经常训练的人不容易出现肌肉损伤，肌肉的代谢也较快，所以损伤引起的肌肉酸痛也很容易痊愈。

肌肉酸痛的诱因中拉长运动示例

杠铃等的上举动作　　　　下坡跑　　　　球类比赛中的停顿动作

预防肌肉酸痛的方法

1 缩短运动间隔（天数）

运动与运动的间隔天数较短时，不容易发生肌肉酸痛，1 周后进行相同运动等可以预防肌肉酸痛。间隔超过 4 周会再次出现肌肉酸痛。

2 运动前活动肌肉

准备运动中拉伸肌肉，给肌肉施加轻度的拉长负荷，或提前一天提高肌肉温度等能有效预防肌肉酸痛。肌肉酸痛发生后，即使进行拉伸也不会有太大效果。

3 通过积累训练预防肌肉酸痛

一般认为经常训练的人不容易出现肌肉损伤，肌肉的代谢也较快，所以损伤引起的肌肉酸痛也很容易痊愈。适量的训练能预防运动后的肌肉酸痛。

关于肌肉酸痛的误解

●年龄与肌肉酸痛

有人认为随着年龄增长肌肉酸痛的出现会越来越晚，但实际实验中并未发现年龄差别。

●乳酸与肌肉酸痛

有人认为激烈运动导致血乳酸上升，乳酸可能是引起肌肉酸痛的原因。但乳酸值的变化迟发性肌肉酸痛出现和恢复过程在时间上并不相关，所以无法认为二者有因果关系。

●肌肉酸痛与训练效果

肌肉损伤的程度与延迟性肌肉酸痛的疼痛程度之间不存在相关关系，以肌肉疼痛的程度作为训练效果的判断标准很可能是错误的。

第三部分　运动管理

3　运动损伤

肌肉酸痛（延迟性肌肉酸痛）

慢性疲劳的危险征兆

过度训练综合征

Over Training Syndrome

体育活动中产生的生理性疲劳由于得不到充分的恢复而不断累积，进而引起慢性疲劳的状态叫"过度训练综合征"（以下简称为过度训练）。

需要注意的是，身体的一部分长期积累负荷引起的"过度训练综合征"与一次激烈训练导致疲劳的"过度劳累"并不相同。

过度训练综合征较严重时，回归赛场需要花费相当长的时间。所以，根据训练量合理安排休息，充分补充营养，及早发现及早治疗十分重要。

过度训练综合征初期人会出现不明原因的竞技成绩下滑。

继续发展会出现易疲劳、全身倦怠、睡眠障碍、食欲不振、体重减轻、注意力不集中等症状，最严重时会出现类似抑郁症的精神异常。

一般认为，过度训练综合征的原因是过大的身体或精神压力长期持续，导致下丘脑－脑垂体功能障碍，脑垂体的激素分泌失调。

尽管没有观察到贫血和感染等疾病，但会出现安静时的心率增加，安静时血压上升，或运动后恢复到安静时血压的速度较慢，竞技能力下降，最大爆发力降低等症状，都可以诊断为过度训练综合征。

预防过度训练综合征，要注意根据训练量进行休息，补充营养。当训练或日常生活中出现下列方面的变化时，要注意检查。

①起床时的心率

②心率对运动训练的反应

③体重变化

④食欲下降

⑤疲劳

⑥以前能轻松完成的练习变得吃力

此外，POMS 检查、TSMI 检查等心理测试也是有效的检查。

相关页	
饮食	P184
运动损伤	P206

过度训练综合征的症状

轻度症状

日常生活中几乎没有症状，提高训练强度后无法完成。

中度症状

轻度训练也感到吃力，提高训练强度后无法完成。

严重症状

轻度训练也几乎无法完成，伴随失眠等烦恼。

过度训练综合征的处理

去除诱因

↓

一段时间内降低训练强度或暂停训练

↓

一段时间后逐渐开始训练同时进行多种项目的训练（交叉训练，P172）也很有效

过度训练综合征的征兆

生理学征兆
● 持续的肌肉疼痛和疲劳状态。
● 起床时的心率和安静时血压的变化。
● 易感冒。
● 体重减轻。
心理学征兆
● 积极性降低甚至丧失、食欲不振。
● 失眠、焦躁、抑郁。

（川原 贵）

知识点

检查起床时的心率

据说疲劳症状加重时，起床时的心率也会提高。起床时的心率突然提高（提高 10 次 / 分钟以上）被认为是早期发现过度训练综合征的非常实用的指标。

221

中暑
Heat Stroke

高温环境下的运动和日常生活中要警惕的障碍

中暑是在炎热的环境中发生的运动障碍的统称，也是脱水造成体温调节功能失调、有时甚至会造成生命危险的障碍。此外，中暑还细分为热昏厥、热疲劳、热痉挛、热射病，运动中常见的是热疲劳和热射病。

中暑的发生机制是炎热环境下出汗量增多造成人体脱水，体温调节出现问题。然后体温上升的同时，人会出现无力、疲倦、晕眩、头痛、恶心等症状，有时伴有体温上升造成的循环－呼吸中枢失调或意识障碍，病死率较高。

为了让大家了解它的危险性，日本体育协会总结了预防中暑的原则"预防中暑 8 条守则"，以呼吁大家注意预防中暑。

运动引发的中暑事故，只要采取"不在炎热环境中运动"或"摄入充足的水分和盐分"等适当的预防措施，原则上是可以避免的。

此外，虽然很多中暑是由高温下的长时间运动造成的，但要注意它也会发生在气温迅速上升时和没有日光照射的体育馆内，有时环境条件相同但身体状态不好也容易发生中暑。

中暑发生后要采取适当的措施，当然预防中暑，也十分重要。例如要选择合适的环境条件、训练内容和充足的水分补给等。

◉ 中暑的类型

名称	症状
热痉挛	大量出汗，伴有水和电解质（特别是钠）流失引起的疼痛性肌肉痉挛，有时也会出现腹痛和呕吐
热疲劳	脱水导致体温上升，乏力，会出现意识障碍，但患者体温不像热射病那么高；体温调节能力尚存，会出汗
热射病	特点是患者出现意识障碍、体温40℃以上、皮肤干燥等症状，闷热导致体温调节中枢功能失调，体温上升，造成循环－呼吸中枢失调等；如果不及时进行恰当的处理会引起多器官衰竭，甚至有生命危险

相关页	
水分的补充	P190

城市马拉松的指针

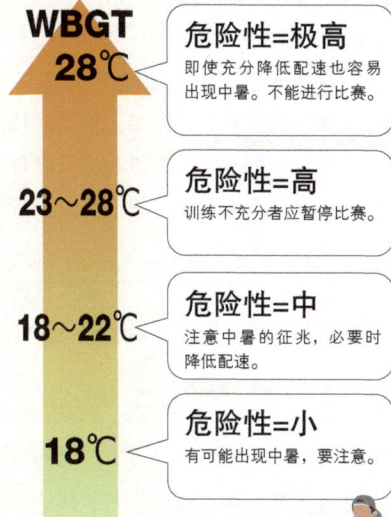

WBGT

28℃　危险性=极高
即使充分降低配速也容易出现中暑。不能进行比赛。

23~28℃　危险性=高
训练不充分者应暂停比赛。

18~22℃　危险性=中
注意中暑的征兆，必要时降低配速。

18℃　危险性=小
有可能出现中暑，要注意。

WBGT
即湿球黑球温度。采用了对人体的热量收支有很大影响的湿度、辐射热、气温三个指标，是通过干球温度、湿球温度和黑球温度的值计算出来的。

源自：日本体育协会《预防中暑指南》。

预防中暑8条守则

- 了解中暑的原因，预防中暑
- 发病时不慌张马上急救
- 炎热天气下的不合理运动是事故之源
- 警惕天气突然变热
- 补充流失的水分和盐分
- 通过体重了解健康状况和出汗量
- 穿衣以轻薄凉爽为宜
- 身体状况不佳易发生事故

源自：日本体育协会《预防中暑8条守则》。

◉ 水分流失率与脱水症状

水分流失率	症状
1%	大量出汗，口渴
2%	强烈的口渴，晕眩，恶心，呆滞，呼吸困难，食欲减退，尿量减少
3%	超过3%就会停止出汗
4%	全身无力，动作迟钝，皮肤潮红，烦躁，精神不稳定
6%	指尖颤抖，头昏，头痛，体温上升，脉搏上升，热衰竭
8%	出现幻觉，呼吸困难，晕眩，发绀，口齿不清
10%~12%	肌肉痉挛，Romberg氏征，昏厥，失眠，循环衰竭，血液浓缩，肾功能障碍
15%~17%	皮肤干瘪，吞咽困难，视野变暗，排尿有痛感，听力损伤，皮肤感觉钝化，舌尖麻痹
18%	皮肤干裂，尿的生成停止
20%以上	有生命危险，死亡

注意体重的减轻不要超过2%。

223

训练管理

Training Management

提高训练效果的关键

无论是为了比赛还是为了健康，训练的目的都在于提高身体能力。如果是为了比赛，就要追求更好的成绩，如果是为了健康，就要追求提高生活质量。

身体能力分为基础体能和运动技能。

体能可以通过力量训练（P74）这种运动刺激和高原训练（P164）这类环境刺激引起身体的适应反应来提高。而运动技能可以通过技术、姿势练习等，整合神经系统（P12）、肌肉骨骼系统（P20、P 22）等身体系统，优化各系统的调节能力，从而得到提高。

为了有效提高训练效果，要了解身体的结构，并采取符合目的的训练实践，为了防止引起身心障碍，要掌握运动损伤、饮食和休息的相关知识。

要在实践中充分应用训练的基础理论，是要花一些心思的。

各种理论都是经过科学研究（基础理论、应用）得出的具有普遍性的理论，或是经过许多人反复实践、经过时间检验证明确实有效的智慧、秘诀和经验等。

从现有的最佳方案中选择合适的进行训练，也就是基于基础理论进行组合训练，这样不会偏离目标太远，能够高效地进行训练。

但是，无论如何这些方法的适用程度因人而异。把握这其中的差别，来调整计划，并寻找适合自己的方法才是提高训练效果的关键。

在把握差距、适当调整时，每天自检、记录、测量和检查自己的身体状况是十分有价值的。基于这些尝试调整、改善训练计划，并在个人的实践中不断反复这些做法，经过时间的检验后得出一个原创的最佳方案，这就是训练管理。

挑战马拉松 训练管理的实战案例

以马拉松项目为例来看一看如何进行训练管理。实际挑战马拉松时，运动员不仅要跑，还要完成身体的检查、多元化的训练、适合自己的强度设定、适当的保养等任务。

参加大赛
· 高原训练（P164）
· 碳水化合物负荷（P194）
· 中暑（P222）
· 水分的补充（P190）

生理学依据
· 呼吸系统（P14）
· 抗阻训练的原理（P74）
· 肌耐力训练的原理（P130）
· 有氧运动（P154）
· LT（P144）
· 最大心率（P132）
· 最大摄氧量（P134）

定期检查
· 运动负荷测试（P136）
· 体脂（P198）

每天的检查
· 训练日志（P226）
· 热量消耗（P200）
· 基础代谢与身体活动水平（P204）

有氧训练
· LSD（P160）
· 目标心率（P140）
· RPE（P146）
· 跑步机（P148）
· 测功单车（P150）

日常保养
· 肌肉拉伸（P178）
· 运动损伤（P206）
· 过度训练综合征（P220）
· 饮食（P184）
· 营养剂（P192）

力量训练
· 核心训练（P174）
· 交叉训练（P172）

姿势的掌握
· 协调性训练（P170）
· 意象训练（P176）

通过记录来观察训练的效果

训练日志

Training Diary

不管有没有训练，都可以每天记录自己的饮食、睡眠、起床时的脉搏、疲劳程度、体重等，以此来管理自己的身体状态。在制定训练内容时这是非常重要的参考，有助于预防过度训练综合征。

身体状况检测表

填写示范 检测项目	6月5日（一）	6月6日（二）	
前一天的饮食	啤酒1瓶	正常	记录日常以外的饮食
睡眠	7	6	睡眠状况（小时）
起床时的脉搏	62次/分钟	61次/分钟	在被窝里测量
起床时的疲劳感	乏力	−	醒来时的精神状态
早晨的体重	61.3千克	61.2千克	早饭前的体重
实行训练			
力量训练类	−	◎	训练量用◎○△记录
有氧运动	45	−	进行的时间（分钟）
其他	−	网球2小时	进行的内容

月度检测表

填写示范 项目		4月8/14日	5月6/12日	6月3/9日
体脂率	%	18.8	18.5	18.4
腹围	厘米	82.1	80.8	81.1
LT：跑步速度(跑步机)	千米/小时	8	8.3	8.6
LT：跑步速度（室外）	分·秒千米	7'30	7'15	7'00
LT时心率	次/分钟	128	127	126
LT：自行车运动	瓦特	65	75	75
LT时心率	次/分钟	125	126	124
深蹲	10RM（千克）	30	35	40
硬拉	10RM（千克）	30	37.5	42.5
仰卧起坐	15RM（千克）	自重	自重+1	自重+2
伸膝	10RM（千克）	7.5	10	10
屈膝	10RM（千克）	5	5	7.5
卧推	10RM（千克）	30	35	40
俯身划船	10RM（千克）	20	22.5	22.5
肩上推举	10RM（千克）	12.5	15	17.5
肱三头肌下拉	10RM（千克）	10	12.5	15
肱二头肌弯举	10RM（千克）	10	12.5	15
提踵	15RM（千克）	20	25	30
屈腕	15RM（千克）	10	12.5	15

每月1次，检测LT、10RM和15RM，并记录结果。通过数值来评价这段时间的训练成果，根据结果调整训练强度。

填写示范

	6月15日(一)	6月16日(二)	6月17日(三)	
训练时间	18:00~19:20	~	17:30~19:00	
开始前的身体状况	3		4	← 积极性等，分5级填写
收缩压（最高）	126 毫米汞柱	毫米汞柱	122 毫米汞柱	
舒张压（最低）	74 毫米汞柱		68 毫米汞柱	
脉搏（心率）	68 次/分钟	次/分钟	64 次/分钟	← 测量30秒或1分钟
训练				
运动项目	测功单车		慢跑	
运动强度	105 瓦		7 分钟/千米	← 填写瓦数、速度、坡度等
持续时间	35 分钟	分钟	60 分钟	← 总运动时间
运动中的心率	132 次/分钟	次/分钟	136 次/分钟	← 平均心率
自觉运动强度	13		13	← (P146)
运动中的心率				
运动后的脉搏	126 次/分钟	次/分钟	130 次/分钟	
恢复期的脉搏	94 次/分钟	次/分钟	98 次/分钟	← 结束后第3~5分钟
恢复期的收缩压	140 毫米汞柱	毫米汞柱	142 毫米汞柱	
恢复期的舒张压	64 毫米汞柱	毫米汞柱	58 毫米汞柱	
结束后的身体状况	无		略疲劳	← 疲劳状况

有氧训练日志

每天记录步行、慢跑或跑步机和测功单车上的有氧运动的实行状况。配合训练内容（项目和强度），管理脉搏和自觉运动强度（P146）等，这样在掌握训练效果的同时，考虑今后的训练内容。

填写示范

		训练日	6月15日(一)	6月16日(二)	6月17日(三)	6月18日(四)	
		训练时间	~	17:30~19:20	~	18:00~19:00	
		分割式训练		全身		上半身	
		训练项目					
1	深蹲	负荷　千克		负荷 30 千克	负荷　千克	负荷　千克	
		次×　组		10次×3组	次×　组	次×　组	
2	硬拉	负荷　千克		负荷 30 千克	负荷　千克	负荷　千克	
		次×　组		10次×3组	次×　组	次×　组	
3	仰卧起坐	负荷　千克		负荷 自重 千克	负荷　千克	负荷 自重 千克	
		次×　组		10次×3组	次×　组	10次×3组	
4	伸膝	负荷　千克		负荷 7.5 千克	负荷　千克	负荷　千克	
		次×　组		10次×3组	次×　组	次×　组	
5	屈膝	负荷　千克		负荷 5 千克	负荷　千克	负荷　千克	
		次×　组		10次×3组	次×　组	次×　组	
6	卧推	负荷　千克		负荷 30 千克	负荷　千克	负荷 30 千克	
		次×　组		10次×3组	次×　组	10次×3组	
7	俯身划船	负荷　千克		负荷 20 千克	负荷　千克	负荷 20 千克	
		次×　组		10次×3组	次×　组	10次×3组	
8	肩上推举	负荷　千克		负荷 12.5千克	负荷　千克	负荷 12.5千克	
		次×　组		10次×3组	次×　组	10次×3组	
9	肱三头肌下拉	负荷　千克		负荷 10 千克	负荷　千克	负荷 10 千克	
		次×　组		10次×3组	次×　组	10次×3组	
10	肱二头肌弯举	负荷　千克		负荷 10 千克	负荷　千克	负荷 10 千克	
		次×　组		10次×3组	次×　组	10次×3组	
11	提踵	负荷　千克		负荷 20 千克	负荷　千克	负荷　千克	
		次×　组		15次×3组	次×　组	次×　组	
12	屈腕	负荷　千克		负荷 10 千克	负荷　千克	负荷 10 千克	
		次×　组		15次×3组	次×　组	15次×3组	

力量训练日志

明确训练目标，如在提高训练效果的基础上，提高手臂的最大力量，根据目标选择适当的强度进行训练非常重要。此外适当的休息能够促进超量恢复（P76），再配合分割式训练，效果会更好。因此，把实施的训练内容（负荷和次数）记录到日志中，有助于安排以后的运动内容。

掌握正确的知识和信息，改变对自己身体的态度

更加充实的运动生活！

Information

➡ 学习健身

在日本，公共体育中心和体育馆都开设有训练室，如果没有采取会员制，很多都可以随时利用。此外，如果是运动俱乐部，还附带有丰富的娱乐设施。不少机构还会开设面向初学者的器械使用和训练方法的讲座。此外，很多机构都有常驻的导师和教练，除训练方法外，他们会告诉你最新的体育运动信息。近年来，也出现了单独指导的私人教练。

➡ 预防、治疗运动损伤

在日本，最近，"运动门诊""运动整形外科"等专门诊断运动方面损伤和运动困扰的医疗机构正在增加。这类医疗机构中有持运动医师、运动医生资格证的医师坐诊。也有的机构有物理治疗师，可以为回归体育活动提供帮助。

> **运动医师的官方资格（日本）**　日本体育协会公认运动医生、日本整形外科学会认定运动医生、日本医师会认定健康运动医生等。
> ※在日本体育协会官网、日本整形外科学会官网上可以查到。

➡ 医学检测

为了预防运动损伤和事故，能安心享受运动的乐趣，可以在医疗机构进行医学检测（运动前的医学检查）。为了避免运动引起严重的危险，主要以心脏为中心进行检查。但是，接受检查不能完全避免运动造成的身体状况恶化或异常。建议有意参加城市马拉松大赛或挑战某些运动项目的人一定要接受检查。

> **可以做检查的公共机构介绍（日本）**　新潟县健康与运动医学中心、横滨市运动医学中心等（有的机构不能以个人身份接受检查）。
> ※有些私人机构也可以做检查。

➡ 通过体检了解自己

有一种以职业运动员为服务对象，针对项目特点进行测量，并提供数据和建议的服务。运动员可借助完善的设备进行呼吸代谢分析和血乳酸浓度检测（全身耐力），力量测定（最大力量），腿部伸展爆发力测定（瞬间爆发力能力）等。有的机构还可以进行营养和动作分析等检测。

> **可以做检测的公共机构介绍（日本）**　青森县运动科学中心、新潟县健康与运动医学中心、日本国立运动科学中心、横滨市运动医学中心、Yamaguchi运动医学科学支持中心等（有的机构不能以个人身份接受检查）。
> ※有些私人机构也可以做检测。

横滨市体育协会
横滨市运动医学中心

横滨市运动医学中心是为了在体育医学的基础上推进市民健康管理和提高竞技能力，以及振兴体育活动而设立的。其为了使更多的人能够安全、有效地进行体育运动而提供了各种各样的运动医学方面的服务设施。

〒222 -36
神奈川县横滨市港北区小机町3302-5(日产体育场内)
045-477-5050 / FAX: 045-477-5052

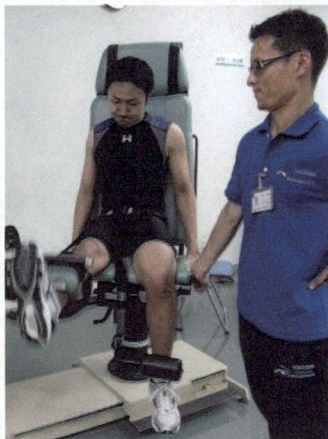

▲使用机器测定肌肉力量

基于运动医学事业的发展

横滨市运动医学中心
为您提供从诊疗、医学测试、体能测试到运动计划制定
的全方位康复治疗服务。

体育节目SPS服务
医学检查、运动负荷测试、体能测试将在一天内完成。有体育版体检，接受诊断后提供适合个人的运动项目的建议。

为运动者提供
● 练习室(可进行游泳、体操等练习)
● 可供个人使用的25米游泳池练习室

为需要检查和治疗的人提供
● 体育门诊
　内科、整形外科、康复科

为需要运动疗法的人提供
● 医学练习课程
　运动指导

为以重返比赛为目标的人和以提高竞技能力为目标的人提供
● 普通检查
● 姿势检查
● 营养咨询

写给想更上一层楼
的朋友！

结语

Epilogue

在互联网上可以找到许多关于训练的信息。但是认真看它的依据，会发现只有一个实验数据的不在少数。一个结果往往涉及各种各样的因素。因此，找到一个信息时要确认相关的信息，这样就能容易辨别自己找到的信息是否可信。本书以大众科普为主。想要深刻了解更专业的知识的朋友，建议阅读专业书籍，或咨询专家。本书如果能帮助大家进行有科学依据的训练，或是理解运动医学的重要性，将不胜荣幸。

主要参考文献 　　日本体育学会编《最新运动科学事典》平凡社2006年
临床运动医学《运动医学关键词》临床运动医学vol.16（临时增刊号）
浅野胜己译《奥斯特兰德运动生理学》大修馆1976年
提姆·诺克斯著，跑步协会译《跑步大事典》大修馆1994年

235